新编21世纪高等职业教育精品教材
人力资源管理系列

绩效管理实务

（活页式教材）

主　编　王　冰
副主编　麻菡薇

中国人民大学出版社
·北京·

图书在版编目（CIP）数据

绩效管理实务：活页式教材 / 王冰主编 . -- 北京 ：中国人民大学出版社，2023.7

新编 21 世纪高等职业教育精品教材 . 人力资源管理系列

ISBN 978-7-300-31673-4

Ⅰ. ①绩… Ⅱ . ①王… Ⅲ . ①企业绩效 — 企业管理 — 高等职业教育 — 教材 Ⅳ . ① F272.5

中国国家版本馆 CIP 数据核字（2023）第 076740 号

新编 21 世纪高等职业教育精品教材 · 人力资源管理系列

绩效管理实务（活页式教材）

主　编　王　冰

副主编　麻菡薇

Jixiao Guanli Shiwu

出版发行	中国人民大学出版社		
社　　址	北京中关村大街 31 号	**邮政编码**	100080
电　　话	010 – 62511242（总编室）		010 – 62511770（质管部）
	010 – 82501766（邮购部）		010 – 62514148（门市部）
	010 – 62515195（发行公司）		010 – 62515275（盗版举报）
网　　址	http://www.crup.com.cn		
经　　销	新华书店		
印　　刷	鑫艺佳利（天津）印刷有限公司		
开　　本	787 mm × 1092 mm　1/16	**版　　次**	2023 年 7 月第 1 版
印　　张	14	**印　　次**	2023 年 7 月第 1 次印刷
字　　数	330 000	**定　　价**	45.00 元

前言

PREFACE

绩效管理是人力资源管理工作的重要内容，大多数企业对自身的绩效管理体系都非常重视，但又或多或少存在些许困惑。如何确立绩效管理工作在企业中的地位？绩效实施过程中管理者与员工分别承担什么任务？应该如何进行绩效反馈？为什么看似合理完整的绩效管理方案却没有带来预想的效果？对于将要从事绩效管理工作的学生来讲，能够结合实际解决问题是关键。

本教材的编写以习近平新时代中国特色社会主义思想和党的二十大精神为指导思想，关注学生职业发展，突出知识体系的完善性与对学生职业能力的训练，理论知识的选取紧紧围绕工作任务完成的需要来进行。同时，以企业绩效管理工作流程为主线进行内容设计与编排，内容逐层递进，突出学习主体，强化实践操作，帮助学生更加全面清晰地掌握绩效管理工作各个环节中的知识与技能。

第一，根据企业工作岗位确定教材内容，同时体现教学逻辑和职业需求。教材内容按照绩效管理的基本流程编写，即绩效管理工作认知、绩效计划、绩效实施、绩效考评、绩效反馈与结果应用，具体包括绩效管理工作认知，绩效计划的制订，绩效指标、权重与标准的设定，绩效指标体系设计，绩效沟通与绩效信息收集，确定绩效考评主体与周期，绩效考评方法应用，绩效反馈和绩效结果应用等九大项目，每个项目根据实际情况分为若干任务。

第二，内容设计逐层递进、形式丰富，体现职业教育要求。每个项目包含项目导入、任务、项目作业单、考核评价等内容；每个任务包含任务导入、引导案例、关键知识点、课堂互动、案例评析、技能训练等环节。逐层递进的内容设计，能帮助学生更加全面清晰地掌握绩效管理工作各个环节中的知识、技能与职业要求。

第三，考核评价采用“1+X”模式，内容选取灵活，适用分层教学。在内容编排上，每一个项目均有总体考核评价，在考核评价设计上根据分层教学需要安排任务与考核。项目作业单为“1”，即必选，其他技能训练项目可自行选择是否采用；不选则填“0”，表示不作为考核内容，教师可以根据需要确定比例。这样的设计有利于针对不同学习层次的教学需求，方便灵活。

本教材编写立足教学实践，结合职业教育教学的新方法和新要求，潜移默化融入思政元素，强调学习与实践之间的匹配，使整个教学活动的“学生中心化”特点更加明显。本教材适用于高职院校、职业本科院校的人力资源管理及经管类相关专业，同时也可以作为对绩效管理感兴趣的企业员工的入门读物。

本教材在编写过程中得到了许多支持，感谢所有提供无私帮助的朋友们！在编写过程中，编者参考了国内外大量的著作、文章、网站等，在此也向有关作者表示深深的感谢！限于编者的学识和阅历，教材中难免存在不足，欢迎广大读者批评指正，以使本教材更加完善。

编　者

目录

CONTENTS

01

项目一

绩效管理工作认知

- 任务一　绩效与绩效管理认知
- 任务二　厘清绩效管理的人员分工
- 任务三　绩效管理的基本理论运用

项目导入

<table>
<tr><td>项目名称</td><td>绩效管理工作认知</td><td>项目任务</td><td>任务一　绩效与绩效管理认知
任务二　厘清绩效管理的人员分工
任务三　绩效管理的基本理论运用</td></tr>
<tr><td>项目描述</td><td colspan="3">• 现代企业管理尤其注重人力资源的管理，绩效管理是人力资源管理的重要组成部分，其地位也上升到了战略层面。那么，什么是绩效？什么是绩效管理？绩效管理之于组织又具有什么样的作用？谁是绩效管理的组织者？谁是绩效管理的参与者？不同的组织成员又分别承担了什么样的角色？组织绩效管理要遵循什么样的要求？其依据又是什么？解决这些基础问题，是我们理解绩效管理工作、培养职业意识、完成职业准备的基础环节。</td></tr>
<tr><td>项目准备</td><td colspan="3">• 学习小组的建立：
• 1. 构建内容：以目标（包含兴趣、爱好等）为导向，自行组成学习小组，共同完成课程相关内容的学习。
• 2. 目标（兴趣、爱好）界定：有一个共同的目标，如希望提高英语水平、希望学会某种乐器、想要学习数据处理、想要参加公益活动、喜欢观影并进行评价、想学会一种办公软件的操作、喜欢阅读、喜欢运动……
• 3. 小组规模：4～6 人。
• 4. 小组功能：共同完成需要团队合作的小组任务；以小组目标为出发点，形成考核机制，互相督促达成目标。
• 5. 小组准备：确定小组名称、小组目标（上述目标、兴趣或爱好）、小组座右铭（即一句话概括小组的期望）。</td></tr>
<tr><td>项目期待</td><td colspan="3">• 学生对项目学习的期望，在学习之前写一写。</td></tr>
<tr><td>备　注</td><td colspan="3"></td></tr>
</table>

任务一

绩效与绩效管理认知

任务导入

任务名称	绩效与绩效管理认知	
学习目标	知识目标	• 了解绩效的内涵、层次和性质； • 了解影响绩效的因素； • 理解绩效管理的内涵、目的和作用； • 掌握绩效管理的流程。
	能力目标	• 具备分清绩效管理与绩效评估的能力； • 具备分析绩效管理每个环节具体任务和要求的能力。
	素养目标	• 从绩效管理在组织中的运用入手，认识到组织绩效管理的正确实施对员工发展、组织发展、员工与组织和谐共存具备的重要意义，培养学生强烈的主人翁精神和大局意识； • 通过学习使学生对自身职业内容有更清晰的认知，激发职业兴趣，培养基本的职业情怀。

引导案例

李君跳槽谁之过?

李君是一家公司的销售员，刚开始工作时，因为欠缺销售经验，也不太熟悉业务，销售业绩常常垫底。后来，随着经验日渐丰富和业务网络发展，李君的销售业绩不断攀升。到第三年时有同事私下告诉他，说他已经是公司的销售冠军了。到第四年时，李君在三季度已经完成了全年的销售任务，不过销售经理对此闭口不提。

工作虽然顺利，但是李君总觉得憋得慌，干活越来越没动力。公司从不公布大家的销售业绩完成情况，也没有人关注销售人员销售额的实际完成情况，让人感觉完成得多少、好坏都是一个样。

李君听说另外一家公司在做销售人员的销售业绩竞赛和奖励的活动，公司内部也有专人对销售业绩情况及时做出评价，大家的销售任务完成的数量和质量都完全公开透明。李君对自己公司的做法非常不满，于是主动找到销售经理交流自己的想法，但经理说目前情况是公司既定政策，也是公司文化的一部分，并拒绝了他的建议。几天后，公司领导吃惊地发现，李君递交了辞呈，跳槽到了竞争对手的公司。

思考：造成李君辞职的真正原因是什么?

资料来源：钟鑫，刘莉．绩效管理：理论与应用．成都：西南财经大学出版社，2020.

关键知识点

一、绩效

（一）绩效的内涵

绩效的英文为“Performance”，在《牛津现代高级英汉词典》中的解释是“执行、履行、表现、成绩”。从不同角度进行理解，绩效有不同的内涵。

从语言学的角度来看，绩效包含有成绩和效益的意思。在经济管理活动方面，绩效是指社会经济管理活动的结果和成效。在人力资源管理方面，绩效是指主体行为或者结果中的投入产出比。

从管理学的角度来看，绩效与薪酬正好相对。薪酬是员工对组织的期望；而绩效是组织对员工的期望，是组织为实现目标而展现在不同层面上的有效输出。

目前，人们对绩效的内涵并没有达成一致，比较流行的主要有以下三种观点：结果说、行为说和素质说。

一是结果说。结果说认为绩效是员工最终行为的结果，是员工行为过程的产出，是对工作结果的记录，相当于通常所说的业绩。对绩效的描述通常采用目标、产能、结果、责任、关键成功因素等词语，并通过评价员工的完成情况来判断其绩效的高低。如凯恩（Kane，1996）指出，绩效是“一个人留下的东西，这种东西与目的相对独立存在”，就表达了此类内涵。

二是行为说。行为说认为，绩效是行为本身，是员工在完成工作过程中表现的一系列行为特征，如责任心、工作态度、协作意识等。墨菲（Murphy，1990）将绩效定义为“是与一个人工作的组织或组织单元的目标有关的一组行为”。坎贝尔（Campbell，1993）指出，“绩效不是行动的后果或结果，它本身就是行动⋯⋯绩效由个体控制之下的与组织目标相关的行为组成，无论这些行为是认知的、生理的、心智活动的还是人际的”。

三是素质说。1973年，哈佛大学教授麦克利兰（McClelland）在《美国心理学杂志》上发表论文论证了行为品质和特征较之潜能测试（如智商测试）能够更有效地决定人们工作绩效的高低，而这些直接影响工作业绩的个人条件和行为特征被称为素质。知识经济时代，从事脑力劳动的知识型员工占员工队伍的比重加大，人们也更加关注员工的素质即技能、能力、价值观等内容。越来越多的企业将以素质为基础的员工特性纳入绩效的范围中，更加重视素质与高绩效之间的关系。素质说关注员工及组织的未来发展，不再认为绩效是对历史的反映。冰山模型对此进行了很好的解释。冰山模型中，“冰山以上部分”包括基本知识、基本技能，是外在表现，是容易了解与测量的部分，相对而言也比较容易通过培训来改变和发展；而“冰山以下部分”包括社会角色、自我形象、特质和动机，是人内在的、难以测量的部分，它们不太容易通过外界的影响而得到改变，但对人员的行为与表现起着关键性的作用。

课堂互动

对于结果说、行为说和素质说，你持有怎样的看法？为什么？

关于以上三种观点，有学者从对考评的侧重点角度将其进行概括：对于劳动过程可见、工作结果易于评估的员工，比如可以实行计件管理的部门，主要控制员工的结果就可以了；而像服务行业等注重过程的企业，就要着重评估员工的行为；对于劳动过程不可见、工作结果难以评估的员工，主要是那些脑力劳动者或者说知识型员工，还应当对他们的价值观、技能和能力进行管理，激励其内在主动性，使其尽力工作，进而产生高绩效。

关于绩效的内涵，本书采用李文静、王晓莉编著的《绩效管理》一书中的观点。绩效是员工依据其所具备的与工作有关的个人素质所做出的工作行为及工作结果，这些行为及结果对组织目标的实现具有积极或消极的作用。

（二）绩效的层次

绩效一般可分为员工个人绩效、团队绩效和组织绩效三个层次。层次不同，绩效所包含的内容、影响因素及测量方法也不同。组织绩效和团队绩效更侧重于强调集体性绩效，指组织或团队在某一时期内努力工作，进而产生高绩效，这样的绩效主要用产量、盈利、员工满意度等指标来衡量；相对于组织绩效和团队绩效，员工个人绩效更倾向于强调个体性绩效，是指员工在某一时期内的工作对个体产生的效益。

案例评析

某企业是一家生产性企业。甲在A部门工作，工作业绩在部门内部非常优异；乙在B部门工作，工作业绩一般。一个年度下来，由于A部门整体绩效水平偏低（只有70分），因此甲的绩效得分上限是70分；而由于B部门整体绩效水平很高（100分），乙的绩效得分上限是100分。因此产生的问题是，从个人绩效而言，甲远远优于乙，但由于受到组织绩效的“连累”，最终的考评结果乃至收入水平是甲不如乙。甲愤愤不平，觉得乙是“搭便车”。

绩效的这三个层次既有差异，又密切相关。个人绩效考查的是员工个人达成目标的方法是否达到其职业行为的标准，是否按照职业化程序在运作；而团队绩效则要受制于团队合作的程度，团队建设、跨团队职能合作、知识经验共享、学习型组织的建立是团队高绩效的决定因素；组织绩效是建立在个人绩效和团队绩效实现的基础上，但个人绩效和团队绩效的实现并不一定能保证组织是有绩效的。只有当组织绩效目标按一定的逻辑关系被层层分解到每个工作岗位以及每个员工，而每个员工都达到了组织的要求时，组织绩效才有可能实现。组织绩效、团队绩效、个人绩效三者的关系如图1-1所示。也就是说，员工的个人绩效整合之后形成团队绩效，团队绩效再整合产生组织绩效，组织绩效带来组织的辉煌；组织辉煌之下辐射出团队成就，而团队成就再辐射出员工成功，员工成功必然表现为员工绩效。

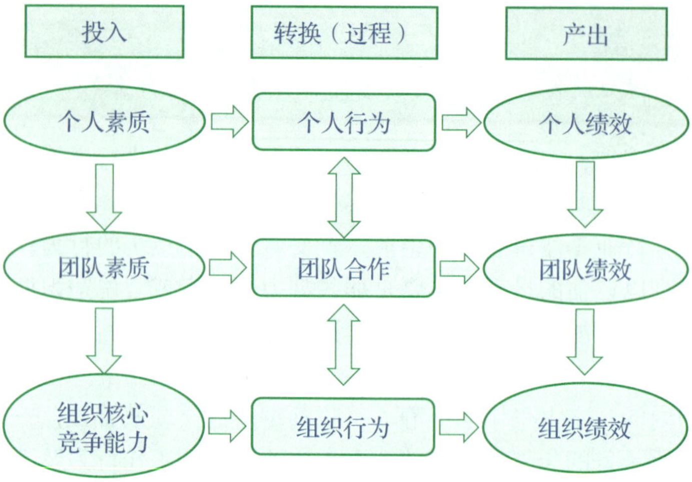

图 1-1　组织绩效、团队绩效、个人绩效的关系

课堂互动

一个组织中团队绩效与个人绩效相互之间有什么影响？举例谈谈你的想法。

（三）绩效的性质

对绩效性质的理解有助于我们进一步理解绩效的内涵，一般认为绩效有如下性质：

第一，多因性。绩效的多因性是指一个员工绩效的优劣不是由单一因素决定的，而是受制于主、客观多种因素。它既受到环境因素的影响，又受到工作特征因素的影响，也与组织的制度和机制有关，同时更受到员工的工作动机、价值观的影响。

第二，多维性。绩效的多维性是指需要从多个维度或方面去分析与评估绩效。比如，考查一个销售部门经理的绩效时，我们不仅要看他的销售量完成情况，还要综合考虑其他的管理指标，如对销售员的监控和指导、他所管理的团队是否有创造性等，通过综合评估各种主、客观指标得出最终的评估结论。通常，我们在进行绩效评估时应综合考虑员工的工作业绩、工作能力和工作态度三个方面的情况，而这三个维度分别包括许多具体的评估指标，构成了一个多维的、立体的评估体系。

第三，动态性。绩效的动态性是指绩效不是一成不变的。绩效不仅会随着员工的激励状态、技能水平和环境因素的变化而变化，还会随着时间的推移而发生变化。人的职业生涯是一个过程，其绩效必然是一条曲线，原来较差的绩效有可能好转，而原来较好的绩效也可能变差。这就要求我们在评估一个人的绩效表现时要充分注意绩效的动态性，用发展的观点而不能用一成不变的、固定的思维来看待有关绩效的问题。

（四）影响绩效的因素

员工绩效水平的高低往往并不是由单一因素引起的，影响员工工作绩效的因素一般被认为来源于三个方面：个人、组织和工作。

第一，个人因素。个人是承担工作的主体，其主观特性是影响绩效的关键因素之一。具体主要包括员工本人的工作态度、工作能力、工作知识、工作动机和个性特点等。例如工作能力，一般来讲，在其他条件相同的情况下，工作能力越强，绩效水平也越高；

工作态度也会影响员工绩效，有些员工工作能力很强，但工作态度欠佳，工作绩效就不一定能达到要求了。可见，个人不同层面的特点，都会影响其绩效水平。

第二，组织因素。组织因素包括群体压力因素、激励因素、组织文化因素等。

员工的实际工作绩效受到组织内群体压力的影响，所谓群体压力是指已经形成的群体规范对成员的心理和行为产生的约束力。例如，当一个员工的工作绩效大大低于或超过群体中大多数人的工作绩效时，他就会感到群体的压力，即当一个人发现自己的工作绩效水平与群体不相一致时，就会害怕受到群体其他成员的排挤和冷落，从而促使他提高或降低自己的工作绩效水平，以与群体保持一致。

激励就是要通过管理工作创设一定的条件，激发起被管理者实现工作目标的积极性、主动性和创造精神。组织的激励对员工绩效水平有重大影响，是保证员工良好工作绩效的基础。科学的激励手段可以有效地激发员工的工作热情和动机强度，使员工最充分地发挥其才能，不断提高工作效率，进一步激发其创造性和革新精神，从而实现高水平的工作绩效。例如，是否采用合适的考评手段就是激励的一种形式。

组织文化是指一个组织的所有成员共同具有的价值观、信念、看法和行为准则的集合。组织文化为员工工作绩效的实现提供组织环境，如压制创新的组织文化要求员工一切按部就班、压制员工的创造力、严惩失败，这些都会使员工畏首畏尾，就容易阻碍员工绩效水平的提高。

第三，工作因素。工作因素主要包括工作本身、工作方法、工作环境等。工作本身主要包括工作目标、计划、资源要求、复杂程度、工作过程控制等。如工作目标是否明确、工作计划是否可行、工作时间是否充分、工作过程是否容易控制和掌握等，都将影响到员工的绩效。工作方法主要包括工作手段、工具、流程、协调等。工作手段、工具的使用会直接影响工作的速度和质量，工作流程涉及工作步骤和工序，工作协调则涉及各工序之间、各工种之间的衔接及有序性。上述因素的合理性、科学性对工作绩效有直接影响。工作环境主要包括工作条件、文化氛围、人际关系等。工作条件涉及工作场所的物质条件和资源配备等；文化氛围涉及员工的精神风貌、团队精神、参与管理的水平等。工作环境虽然是外部条件，但同样影响员工的工作绩效。

二、绩效管理

（一）绩效管理的概念

目前对于绩效管理的界定有诸多不同。有学者指出，绩效管理是管理者对员工在企业运行中的行为状态和行为结果进行定期考查和评估，同时和员工就所要实现的目标互相沟通、达成共识的一种正式的系统化行为（胡君辰、宋源，2008）。也有学者将绩效管理进行总结，认为绩效管理是指管理者用来确保员工的工作活动和工作产出与组织的目标保持一致的手段及过程；是防止员工绩效不佳和提高工作绩效的有力工具；特别强调沟通辅导及员工能力的提高；不仅强调绩效的结果，而且重视达成绩效目标的过程（刘秀英，2017）。另有学者认为绩效管理是指组织及其管理者在组织的使命、核心价值观的指引下，为了达成愿景和战略目标而进行的绩效计划、绩效监控、绩效评价以及绩效反馈的循环过程，其目的是确保组织成员的工作行为和工作结果与组织期望的目标保持一致，通过持续提升个人、部门以及组织的绩效水平，最终实现组织的战略目标（钟鑫、刘莉，2020）。此外，还有其他各种界定，总体上来讲，有从目的出发的，也有从流程出发的，还有从达成效果角度出发的，等等。本书选用人力资源管理学专家李业昆先生对绩效管理的定义，即绩效管理是从员工绩效管理出发，实现员工绩效管理与组织的绩效管理的整合，包括绩效计划、绩效实施、绩效考评、绩效反馈和绩效结果应用等一系列环节的一个完整的系统。

（二）绩效管理的流程

对于绩效管理的流程，或者说绩效管理系统，不同的学者在提法上存在差异，但在包含基本的内容上总体相同。一般而言，绩效管理的基本流程包含绩效计划、绩效实施、绩效评估、绩效反馈与绩效结果应用等环节，如图 1－2 所示。

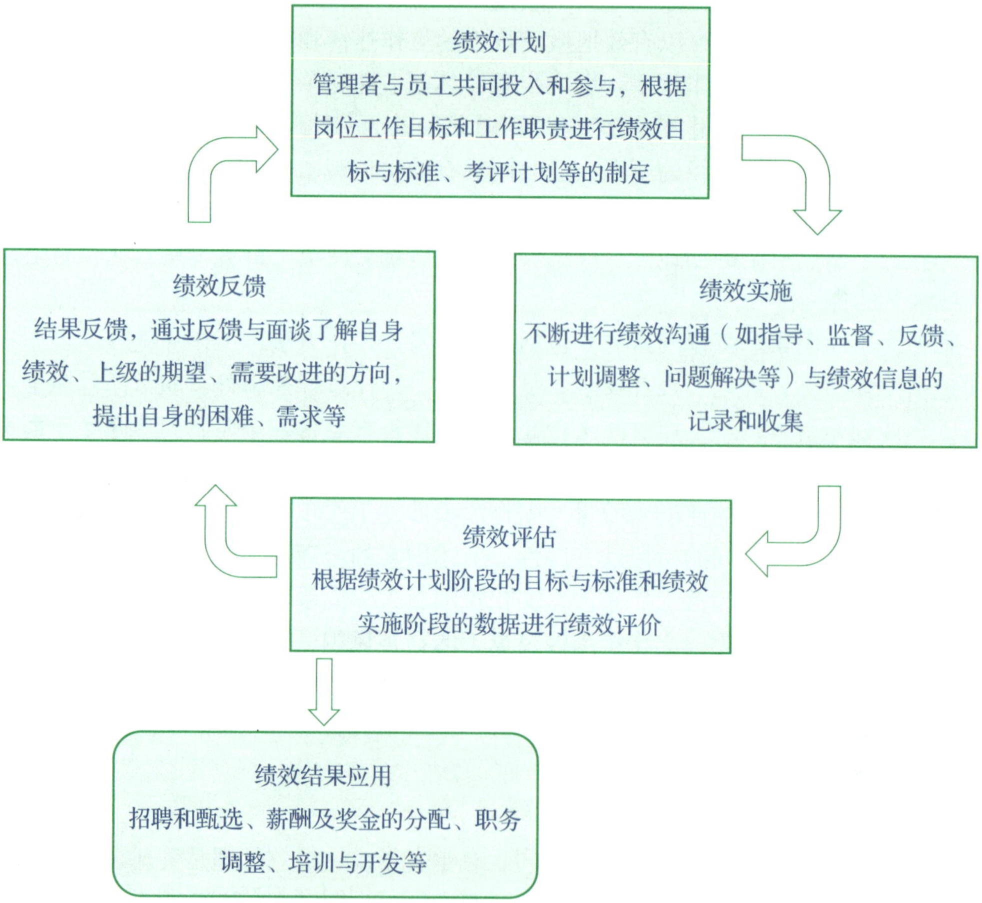

图 1－2　绩效管理的流程

绩效计划阶段是绩效管理的第一个环节，是绩效管理工作的起点。在这个环节中，各级管理者和员工共同参与，根据组织战略目标的分解、岗位职责等相关信息，确定岗位的绩效内容、标准、考核办法等内容，并最终通过书面形式达成共识、签订协议。

绩效实施阶段贯穿整个绩效管理周期，是管理者和员工共同完成绩效目标的过程。在这个环节中，管理者要对员工的工作进行辅导和监督，发现问题并及时解决，还要根据实际工作进展情况对绩效计划进行适当调整。绩效计划并非制订后就一成不变，在遇到一些具体情况的时候需要进行相应的调整，例如政策调整、国际形势变化等情况都会影响行业及企业的生产运营，因此相应岗位的绩效内容或标准也很有可能需要做出调整。当然，在这里需要指出的是，沟通应是双向的，管理者与员工的沟通也应是持续不断的。此外，在绩效实施阶段中，还应该注意绩效信息的收集，记录工作过程中的关键事件、绩效数据等，为绩效评估做准备。

绩效评估发生在绩效周期结束的时候，管理者要根据绩效计划阶段制定的绩效目标和绩效实施过程中收集的绩效数据，对员工的绩效目标完成情况进行评估、检查，判断其是否达到了绩效计划阶段所制定的目标要求。绩效评估是绩效管理工作的重心，不仅关系到绩效管理系统运行的质量和效果，还影响员工的利益。

绩效反馈发生在绩效评估之后，是管理者与员工通过绩效面谈等形式，将评估结果反馈给下属，共同分析绩效不佳的方面及其原因，制订绩效改进计划的过程。绩效反馈在绩效管理过程中同样具有重要的作用，是绩效管理过程中的一个重要环节。通过绩效反馈，员工可以知道管理者对他的评价和期望，从而不断地修正自己的行为；管理者也可以通过绩效反馈指出员工的绩效水平和存在的问题，从而有的放矢地进行激励和指导。绩效管理的目的要着眼于提高绩效，确保员工的工作行为和工作产出与组织目标保持一致，从而实现组织的绩效目标；而绩效管理能否确保组织目标的实现，则在很大程度上取决于管理者如何通过绩效反馈环节使员工充分了解并不断改进自己的绩效水平。

绩效结果应用发生在绩效管理周期的最后阶段，主要是将绩效评估结果用于薪酬设计、奖金分配、职务调整、员工培训、职业生涯规划等内容中。绩效评估结果具有多种用途。首先，绩效评估的结果适用于员工工作绩效和工作技能的提升，通过发现员工在完成工作过程中所遇到的困难和工作技能上的差距，制订有针对性的员工发展计划和培训计划；其次，绩效评估的结果可以比较公平地显示出员工对企业所做贡献的大小，据此决定对员工的奖励和报酬的调整；此外，通过员工的绩效状况，也可以发现员工对现有职位是否适应，根据员工绩效高于或低于绩效标准的程度，决定相应的人事变动，使员工能够从事更适合自己的职位。

课堂互动

以某学生组织（如学生会、学生社团等）为对象，参照绩效管理的流程，描述对学生干部进行绩效管理的各个环节及具体做法。

（三）绩效管理与绩效评估

由上可知，绩效管理是一个完整的管理过程，绩效评估则是按照一定的标准，采用合适的方法，对员工绩效目标完成情况进行检查和评价的过程。但是在管理实践中，常有人将绩效管理与绩效评估的概念混淆使用。事实上，两者之间虽有紧密联系，但仍有显著的区别，具体见表 1-1。

表1-1 绩效管理与绩效评估的区别

项目	绩效管理	绩效评估
定义	一个完整的管理过程	管理过程中的局部环节和手段
目的	侧重于信息沟通与绩效提升	侧重于判断和评估
时期	伴随管理活动的全过程	只出现在特定时期
特点	具有前瞻性和过程性，注重事先的承诺与持续的沟通	具有阶段性和总结性，注重事后的评估
关系	双方是合作伙伴	双方是对立的

案例评析

王君最近情绪糟糕透了，坐在办公室，冲着墙上那张“××年度销售统计表”不断叹气。全公司23个办事处，除自己负责的A办事处外，其他办事处的销售绩效全面看涨，唯独自己办事处不但没升，反而有所下降。

在公司，王君是公认的销售状元，进入公司仅五年，除前两年打基础外，后三年荣获“三连冠”，可谓“攻无不克、战无不胜”。也正因为如此，王君从基层的销售工程师，发展到客户经理、三级客户经理、办事处副主任，最后成为办事处最高长官——办事处主任。

王君担任A办事处主任后，深感责任重大，决心再创佳绩。他把最困难的片区留给自己，并且经常给下属传授经验。但事与愿违，一年下来，绩效令王君非常失望！

临近年末，除了要做好销售总冲刺外，还要做公司年中才开始推行的“绩效管理”。王君叹了一口气，自言自语道：“天天讲管理，天天谈管理，市场还做不做。管理是为市场服务，不以市场为主，这管理还有什么意义。又是规范化，又是考核，办事处哪有精力去抓市场。公司大了，花招也多了，人力资源部的人员多了，总得找点事来做。考核来考核去，考核得主管精疲力竭，考核得员工垂头丧气，销量怎么可能不下滑。不过，还得要应付。”

好在绩效管理也是轻车熟路了，通过内部电子流程系统，王君给每位员工发送了一份考核表，要求他们尽快完成工作自评。同时自己根据员工一年来的总体表现，利用排序法对所有员工进行了评价。排序是件非常伤脑筋的工作，时间过去那么久了，下属又那么多，自己不可能一一都那么了解，谁好谁坏确实有些难以区分。不过，好在公司没有什么特别的比例控制，特别好与特别差的，王君还是可以把握的。

排完序，员工的自评差不多也结束了，王君随机选取6名下属进行了5～10分钟的考核沟通，问题总算解决了。考核又是遥远的下个年度的事情了，每个人又回到“现实工作”中去。

（四）绩效管理的目的和作用

1. 绩效管理是提高组织绩效的有效手段

在日趋激烈的市场竞争中，企业要想取得和保持竞争优势，必须不断提高其整体绩效。传统的绩效考核已经不适应新环境的要求，实践证明提高绩效的有效途径是进行科学的绩效管理。因为绩效管理是一种提高组织员工绩效和开发团队、个体潜能，使组织不断获得成功的管理思想和具有战略意义的、整合的管理方法，可以帮助组织实现绩效的持续发展。绩效管理能够清楚及时地反映组织重要的经营管理活动，实现对绩效目标的监控，及时发现问题并给予纠正，进而提高实现绩效目标的效率和降低管理成本。

2. 绩效管理有助于推进战略实施和组织变革

绩效管理是组织战略实施的执行工具，它将战略转化为具体的定性目标或定量目标，这些目标经过层层分解、层层确认，转化为各部门和每个员工的行动计划，使得整个组织的成员目标与战略目标保持一致。在组织变革的过程中，绩效管理的“指挥棒”作用能够让组织成员的行为、态度发生有效转变，引领他们向着组织期望的方向前进。

3. 绩效管理有助于促进组织内的沟通与合作

绩效管理是一个各级管理者与员工互相沟通与合作才能完成的过程，而这本身也是绩效管理的重要作用之一。通过上级与下级之间的目标分解与确认，可以实现有效的授权；通过在日常工作中的监督与指导，上级可以向下级提供有效的辅导和反馈；通过对评估结果的沟通讨论，员工可以找出工作中的优点与不足，有效确定改进方向和措施。这些都会对组织绩效的改善提供帮助。

4. 绩效管理有助于员工个人发展

绩效管理可以使员工明确自己的工作任务和目标，在工作过程中获得一定的指导与帮助，也能了解取得了一定绩效之后会获得什么奖励。这样就会对员工的工作产生激励作用，促使其通过学习新知识、新技能等方法提高自己的工作能力进而取得理想的绩效。从这一点看，绩效管理也可以作为一种促进员工发展的人力资本投资手段。

5. 绩效管理有助于塑造高绩效的组织文化

优秀的组织文化会对组织绩效产生强大的推动作用，而且科学的绩效管理系统也有助于高绩效组织文化的塑造。参与绩效目标的设定可以对员工产生自我激励、自我约束作用，明确的绩效标准可以形成公正评价的氛围进而保证分配的公正性，公开透明的评价制度和过程有助于组织内沟通与合作的开展。上述这些都对组织形成公开、公平、公正的价值观，塑造透明、健康、鼓励良性竞争的组织文化具有重要意义。

（五）绩效管理的基本原则

1. 公平公开原则

管理者在进行评估时要公平公正，不得徇私舞弊，评估应让员工了解流程、方法和结果，对于同一岗位的员工使用相同的评估标准，提高过程透明度。

2. 客观公正原则

评估应以事实为依据，客观地反映员工的实际工作情况，尽量做到用数据说话，避免主观臆断和个人情绪因素的影响。只对员工在绩效时期和工作范围内的表现进行评估，不得对此以外的事实和行为做出评价。

3. 双向沟通原则

管理者与员工在绩效评估事前、事中、事后都要进行双向沟通、及时反馈，以确保评估结果的准确、合理。

4. 充分激励原则

评估的目的在于促进组织和员工的共同发展与成长，注重绩效结果的多向应用，而不是单纯的奖罚，重点关注个人绩效、团队绩效、组织绩效的共同提高。

法治护航

《中华人民共和国劳动法》（1995 年 1 月 1 日施行，2018 年 12 月 29 日修正）第四十六条规定：工资分配应当遵循按劳分配原则，实行同工同酬。

按劳分配原则是指把劳动量作为个人消费品分配的主要标准和形式，按照劳动者的劳动数量和质量分配个人消费品，多劳多得，少劳少得。

我国现行的分配制度是以按劳分配为主体、多种分配方式并存的分配制度。十九届四中全会将按劳分配为主体、多种分配方式并存的收入分配制度，与以公有制为主体、多种所有制经济共同发展，社会主义市场经济体制作为我国三大基本经济制度。这是党的历史上第一次将按劳分配为主体、多种分配方式并存的收入分配制度列为基本经济制度。党的二十大报告提出要完善分配制度，指出分配制度是促进共同富裕的基础性制度。

绩效管理是与按劳分配的分配制度相适应的，在组织中通过绩效管理制度的实施，有助于打破平均主义、扫除“大锅饭”现象，建立劳动者的贡献与回报之间的对等关系，实现充分激励，激发劳动者的工作积极性，以实现良性竞争态势。

技能训练

任务名称	学习小组组建与展示
训练目标	• 强化学生对绩效管理在组织中地位与作用的清晰认知，培养合作意识，形成良好的团队精神，构建责任强化、顾全大局的高尚素养。
训练内容	• 对组建的小组进行组织角色的认知与定位，明确小组愿景，搭建组织构架，说明管理关系，进行汇报展示。
质量评价	• 设定内容完整，要求把握准确（50%）。 • PPT 制作符合情境、美观大方（20%）。 • 汇报展示表述清晰、逻辑性强、具有感染力（30%）。
成果摘要	• 本次训练成果以电子版为载体，学生可以将主要内容在此呈现。

任务二

厘清绩效管理的人员分工

任务导入

任务名称	厘清绩效管理的人员分工	
学习目标	知识目标	• 了解各级人员在绩效管理中的角色； • 理解各级人员在绩效管理中的职责； • 掌握绩效管理工作各项职责与不同角色之间的对应关系。
	能力目标	• 具备区分人力资源管理人员与直线经理的绩效管理工作分工的能力。
	素养目标	• 从各级人员在绩效管理中不同角色定位出发，认识到不同岗位员工各司其职的意义，培养学生强烈的责任意识和参与意识； • 通过绩效管理工作的人员职责认知，培养权责清晰的良好职业素养。

引导案例

谁的错？

A公司是一家去年新成立的制药企业，企业高层管理者非常重视人力资源管理，在成立之初就在全公司全面推行绩效管理，公司各个管理层和员工也表现出极大的热情。A公司实行的是以半年度为周期的考核，到了年中，人力资源管理部门启动了考核程序，将具体的要求下发到各个部门，并要求各个部门的经理在相应的时间内完成相关工作。销售部门的张经理，在收到人力资源管理部门的通知后不淡定了，他跑到人力资源管理部办公室，气哄哄地说："绩效管理不是你们的事吗？怎么到最后都要我们来做？"人力资源管理部李经理很诧异："你们部门员工的考核，你不做谁做？"

那么，出现这样的情况，问题在哪里呢？

关键知识点

一、各级人员在绩效管理中的角色和职责

实施绩效管理就是让企业中的每一个员工都在其中扮演一个角色，承担相应的责任。这个问题必须明确，否则，绩效管理将流于形式。通常，在一个组织中存在四个层面的角色，即高层管理者、人力资源管理人员、直线经理和员工。每个人的分工不同，绩效管理责任也有所不同。

（一）高层管理者

所有的管理活动要想取得理想的效果，都必须取得高层管理者的支持，因为高层管理者掌握着企业资源的支配权，他们支持和参与的活动，所获得的资源相对就多。所以，高层管理者必须支持和亲自参与绩效管理活动。绩效管理在推行的时候可能会遭遇阻力，员工不愿意被考评，直线管理人员害怕评价下属会引起冲突和麻烦，绩效管理工作常常因此受到阻碍，甚至半途而废。高层管理者的支持和参与与否本身就传达了这样一种信息：什么是企业鼓励的、什么是企业不鼓励的，这反映了企业的取向。企业高层管理人员亲自参与，将企业目标逐级分解下去，同时将绩效管理的理念和方法渗透到企业的各个角落，推动直线经理和员工参与到绩效管理中来，他们同样也会在这个过程中得到提高，使绩效管理取得明显的效果。

（二）人力资源管理人员

人力资源管理人员组织设计绩效管理实施方案、流程和工具，提供有关绩效管理的咨询，组织绩效管理的实施。此外，人力资源管理人员还要完成以下工作以保障绩效管理的实施。

第一，取得高层管理者的支持。

绩效管理是企业的重要管理改革，其一举一动都牵动整个企业，高层管理人员的态度和支持的力度在很大程度上决定着绩效管理实施的成败。因此，绩效管理方案必须首先获得高层的支持，并请其参与其中，获得他们持续的关心和推动，使绩效管理方案得到逐步的落实。

第二，培训直线经理。

组织直线经理参加与绩效管理有关的知识、技巧和能力的培训与研讨，使他们真正掌握绩效管理的要义和方法，从而用正确的方法管理员工的绩效。

第三，组建绩效管理团队。

依据绩效管理的流程和理念分配每个人的角色，赋予其相应的权限和责任；编制职责明确的工作说明书，确立每个人的工作目标和努力方向。

（三）直线经理

直线经理是绩效管理实施的主体和中坚力量，在绩效管理的实施中举足轻重。没有他们的支持，再好的绩效管理方案也只能流于形式，得不到有效的实施。直线经理需要让下属认识公司的管理模式、经营理念和行为取向，在日常工作中不断加强他们在这方面的知识，创造和维持一个良好的工作环境，使员工尽展所长；持之以恒地训练和发展

员工，让他们的潜力得到充分发挥，逐步增强其工作能力，使他们能为公司做出更大的贡献；适时考核员工的绩效，根据具体情况采取及时和适当的行为。

（四）员工

绩效管理不是管理者单方面对被管理者做的事，而是双方共同合作的结果。员工是绩效管理的主人，对自己的发展负主要责任，拥有绩效并产生绩效。各级员工的参与能够激发他们的积极性和主动性，建立合理的工作目标，并与管理者讨论发展计划和目标，跟踪自己的发展计划，最终达到个人和组织绩效都得到提高的目的。

总体而言，绩效管理不是简单地填写考核表，也不仅仅是涨薪的依据，而是一个全面的管理过程。在这个过程中，高层管理者、人力资源管理人员、直线经理、员工等企业的所有人员都涉及其中，而且都是绩效管理的受益者。

课堂互动

作为未来的专业人力资源管理工作者，你是怎么理解自己在绩效管理工作中的职责的？

二、人力资源管理人员与直线经理的绩效管理工作分工

微课

各级人员在绩效管理中的角色和职责

在上述四个层面的绩效管理实施角色中，人力资源管理人员与直线经理承担着更为繁多和具体的工作。两者需要分清双方的具体工作职责与内容，才能进一步推动绩效管理工作的开展。

下面对人力资源管理人员与直线经理的绩效管理工作分工进行比较，详见表 1－2。从表 1－2 中我们可以看到，人力资源管理人员主要是绩效管理方法、程序等的制定者，而直线经理则是绩效管理活动的主要实施者，双方在绩效管理工作中相互配合、共同协作，才能使绩效管理工作更加有效地开展。

表 1－2　人力资源管理人员与直线经理的绩效管理工作分工

人力资源管理人员 （重设计、宣传、组织、培训）	直线经理 （重细化、实施）
开发和制定绩效管理系统	制定部门绩效目标
为考评者和被考评者提供培训	控制绩效实施
监督评价系统的实施	参与绩效评估
提供系统运行的服务与支持	提供绩效反馈
总结、汇总、分析和反馈	参与结果运用、改善和指导

案例评析

根据绩效管理的流程及角色分工，直线经理在绩效管理实施过程中，可以试着扮演好以下五个角色。

角色一：员工的合作伙伴

直线经理与员工是绩效合作伙伴关系。直线经理的工作目标通过员工完成，因此，

可以说直线经理的绩效是通过员工的绩效来体现的。绩效管理使直线经理与员工真正坐到了同一条船上，风险共担，利益共享，共同进步，共同发展。这也就意味着，在绩效管理过程中，直线经理有责任、有义务与员工一起制订绩效计划，帮助员工持续改进和提高绩效，促进员工实现绩效目标。

因此，直线经理与下属之间的关系，应以“合作伙伴关系”代替过去“单向控制关系”，直线经理在工作中给员工更多的尊重、关心和爱护；同时，实现真正意义上的平等，让员工参与决策，实行民主管理；积极为员工开展工作创造条件、搞好服务；最大限度地激励员工开发内在潜能，使他们更愿意主动工作，即使在面对困难时，也能坚持不懈地完成工作。

值得一提的是，在制订绩效计划时，直线经理不要仅依靠传统的行政命令方式下达工作任务、建立工作目标，而是要鼓励员工参与绩效计划的制订过程，与员工一道通过平等、真诚的沟通，就如下问题达成一致意见并形成绩效计划：员工在本期绩效期间应达到的工作目标是什么？达成目标的结果是怎样的？这些结果可以从哪些方面去衡量，评判的标准是什么？从何处获得关于员工工作结果的信息？员工的各项工作目标的权重如何？为完成这些工作，要得到哪些支持？需要提高哪些知识、技能？直线经理能为员工提供什么样的支持与帮助？需要为员工扫清哪些障碍？

员工参与绩效计划的制订并对有关问题做出正式的承诺，会大大提高员工对绩效计划的可接受性，为接下来的绩效管理工作开一个好头。

角色二：员工的辅导员

绩效计划制订以后，直线经理要做的工作就是帮助员工实现目标。在员工实现目标的过程中，直线经理扮演的是辅导员的角色。

合理的绩效目标通常都会略高于员工的实际能力，员工需要跳一跳才能够得着。所以，员工在实现绩效目标的过程中难免会出现困难，遇到这样或那样的障碍和挫折。同时，由于市场环境千变万化，企业的经营方针、经营策略也会出现相应的调整，员工的绩效目标也将不得不做出调整。所有这些都需要直线经理发挥自己的作用和影响力，努力帮助员工排除障碍。此时，与员工做好沟通，不断辅导员工改进和提高业绩是必不可少的。

在这个过程中，双向持续沟通是关键。沟通包括正面沟通和负面沟通。在员工表现优秀的时候，及时地给予表扬和鼓励，可以扩大正面行为所带来的积极影响，强化员工的积极表现，给员工一个得到认可的机会；在员工表现不佳、没有完成工作的时候，应该及时地指出，提醒员工改正和调整。需要注意的是，沟通不仅仅是在工作开始时，也不仅仅是在工作结束后，而应贯穿于绩效管理的全过程，需要持续不断地进行。

角色三：绩效信息记录（收集）员

记录是指以直线经理为主体，将员工的绩效行为记录下来；而收集则是指不是由直线经理本人，而是由其他人员进行观察或记录，直线经理间接获取这些员工的绩效信息。

绩效管理需要达到的一个很重要的目标就是“没有意外”。即在对员工进行绩效考核时，直线经理与其他员工对员工绩效表现或绩效结果的看法和判断应该是一致的。

争吵是令直线经理感到比较头疼的问题，也是许多直线经理回避绩效考核的一个重要原因。为什么会在绩效反馈时出现争吵？主要是因为缺乏有说服力的真凭实据。试问，平时不记录（收集）员工绩效表现的信息，有哪一个直线经理可以清楚说出一个员工一年的工作情况？工作存在哪些纰漏？何时发生的？什么原因造成的？恐怕没有。缺乏真凭实据的考核，极易造成争吵的局面。即使员工顾及领导的权威，没有争吵，也会滋生不满。

为了避免这种情况的发生，直线经理有必要花点儿时间，花点儿心思，认真当好员工绩效信息的记录（收集）员。主要应侧重于围绕员工工作目标或任务的完成情况、来自客户的积极和消极的反馈情况、工作中存在的有代表性的（包括正面和负面的）行为表现，记录（收集）有关员工绩效表现的信息，形成绩效管理的文档，以作为考核时的依据。为做好员工绩效信息记录（收集）工作，直线经理应当坚持以下几个原则：观察，应以不影响员工的工作为前提；信息来源，不能是道听途说，否则可能会引起争议；采用抽样的方法，记录（收集）信息或验证他人反馈信息的真伪；有目的地记录（收集）信息，以节约人力、物力和时间等资源。

角色四：员工绩效考核的公证员

在绩效管理过程中，一个倍受员工关注的环节就是绩效考核。考核结果往往和员工发展计划、培训开发、薪酬调整、奖金发放和人事变动等方面联系紧密，关系到员工的切身利益。同时，直线经理比其他人更了解下属员工的工作和行为表现，并对下属员工负有直接的管理责任。因此，在考核过程中，直线经理客观的评价显得至关重要。

此时，直线经理应扮演好“绩效考核公证员”的角色，即客观、公平、公正地评价员工的绩效表现，既要指出员工工作表现好的方面，也要指出员工需要改进的地方。

对直线经理来说，如果前期的员工绩效辅导和绩效信息记录（收集）工作做得很到位，做一名好的“公证员”应该是水到渠成的事情。直线经理在进行员工绩效考核时，首要的原则是一定要有客观、公平、公正的心态，要有意识地预防绩效考核误差（晕轮效应、严格化倾向、从众心理等）的产生。只有这样，才能从真正意义上保证考核的公正性。

角色五：员工绩效问题的诊断专家

绩效改进是绩效管理过程中的一个重要环节。传统绩效考核的目的是通过对员工的工作业绩进行考核，将考核结果作为确定员工薪酬、奖惩、晋升或降级的依据。而现代企业绩效管理的目的不仅限于此，员工能力的不断提高以及绩效的持续改进，才是其根本目的。所以，绩效管理工作不仅要找出员工绩效不佳的方面，还要找出导致这种绩效不佳的原因，并指导和帮助员工采取针对性措施加以改进和提高。

直线经理要做好绩效改进工作，应注意以下几个基本问题：

一是与员工双方应对某方面工作是否需要改进达成共识。很多时候，直线经理认为员工在某方面的工作存在问题，但员工并不这么认为。此时，直线经理就应该不仅让员工认识到这个问题确实存在，并且要让他认识到这个问题对组织的影响，以及如果不改进和提高绩效，对其个人和组织将要产生的后果。唯此，才能大大提高员工解决该绩效问题的自觉性。

二是要深入分析绩效问题产生的原因。只有明确绩效问题的症结所在，才能做到有的放矢，对症下药。一般来说，导致员工出现绩效问题可能有以下三方面原因：其一是员工自身，如技能不足、对主管或同事不满、与本职岗位不匹配等；其二是主管人员行为不当或行为不到位，如监管太严、工作要求没说清楚、不授权给员工等；其三是环境方面，如可能存在工作条件不够完善，受噪声、光线不佳等问题影响比较严重。

三是应与员工共同探讨解决绩效问题的途径，并把绩效改进融入部门日常管理工作之中。直线经理应广泛地听取员工的意见，特别是对由员工自身原因引起的绩效问题，应与员工一同制订绩效改进计划，明确绩效改进的项目、方式、目标及期限等，并将其作为自己日常管理工作的一个重要组成部分。只有这样，才能确保绩效改进工作收到良好的效果。

技能训练

任务名称	企业绩效管理工作职责调查
训练目标	• 提升学生对不同层级人员在绩效管理工作中职责的清晰认知，形成团队合作意识，培养良好的沟通能力和分析、解决问题的能力。
训练内容	• 选择一个组织，以小组为单位，对其人力资源管理专业人员与各个部门的负责人绩效管理工作职责进行调查并分析。
质量评价	• 调查内容完整，要求把握准确，分析到位（60%）。 • 以 Word 形式完成文本，格式规范（20%）。 • 小组成员积极参与，体现团队合作（20%）。
成果摘要	

任务三

绩效管理的基本理论运用

任务导入

任务名称	绩效管理的基本理论运用	
学习目标	知识目标	• 理解各类理论在绩效管理中的运用意义； • 掌握公平理论的内容和对绩效管理的启示； • 掌握期望理论的内容和对绩效管理的启示。
	能力目标	• 具备将基本理论在绩效管理实际中应用的能力； • 能够结合基本理论提出构建绩效管理系统的相关建议。
	素养目标	• 通过对公平理论的理解，使学生认识到公平在绩效管理中的意义，培养学生形成正确的公平观； • 通过对期望理论的理解，使学生能够正确看待努力、绩效、奖励的关系，培养学生形成正确的价值观。

引导案例

绩效考评为什么伤了小李的心？

在公司20××年度员工绩效考评工作中，小李的绩效被评为A（考评分五级，A是杰出；B是良好；C是正常；D是需改进；E是淘汰），小李很高兴，因为自己的工作得到了领导的认同和肯定。

绩效考评是由各部门经理对员工20××年工作绩效、任职状况、工作态度等方面的全面评价，其结果会影响员工职位以及薪级的调整。小李很好地完成了本职工作，全年没有明显失误，尤其前一段时间经常加班到晚上9点多，而且很多节假日不休息，表现还是值得肯定的。但是，当他听到一个消息后这种喜悦感就没有了，而是愤愤不平地向女友诉苦："下午生产部的一个同事告诉我，他们部门的小张也得了A，大家都觉得不公平。我听了很惊讶，第一感觉是，是不是搞错了，我并不是嫉妒他而是觉得太不可思议了。小张每天都利用单位座机给女朋友打电话，一天要打上三四次，有时长达半个小时之久，公司规定用单位座机打私人电话每次不能超过3分钟。另外，他还经常上班玩游戏，其实在不忙的时候上上网看看新闻公司是允许的，可要是玩游戏就不成了。你说这样的员工不得D就算不错了，竟然能被评为A，是不是有些不公平？还有天天上网炒股的小刘，最后被评为B，而有的人全年表现都不错只是出现过一两个小错误就被评为D。我加班加点努力工作的考评是A，他们天天打私人电话聊天、玩游戏也是A，考评制度岂不形同虚设？"

关键知识点

人力资源管理基本理论中与绩效管理联系尤为紧密的是公平理论和期望理论。

一、公平理论

（一）公平理论的基本观点

微课

公平理论

公平理论也叫社会比较理论，是由美国心理学家亚当斯（Adams）提出的。该理论认为，一个人所得报酬的绝对值与其积极性的高低并无直接的必然联系，只有他对所付出的劳动与所获得报酬的比值，与同等情况下的参照人相比较，主观上感到是否公平、合理，这才会真正影响人的积极性。

如图 1－3 所示，图中“O/I”是公平理论的基本概念，即个人投入（贡献）与其所得报酬的比值。“O”表示个人从某项工作中得到的报酬或产出的结果，如工资、奖金、地位等，“I”表示个人完成工作所付出的努力或投入的代价，包括经验、技能、努力程度等。

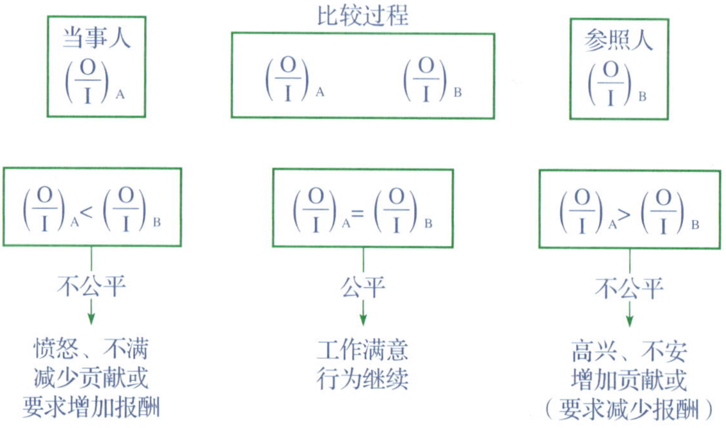

注：O（Outcome）=报酬：工资、奖金、津贴、晋升、荣誉、地位等；I（Input）=代价：工作数量与质量、技术水平、努力程度等。

图 1－3 公平理论示意图

课堂互动

对于员工而言，在组织中感受到不公平的原因可能有哪些？

公平理论指出，管理者必须对员工的投入（贡献）给予恰如其分的承认，否则员工就会产生不公平的感觉。当不公平感产生而感到紧张不安时，他们往往会采取如下办法：

第一，采取一定行动，改变自己的收支情况。例如，以罢工、旷工等相威胁要求增加工资报酬，或者以怠工、推卸工作来减少自己的劳动投入。

第二，采取一定行动，改变别人的收支情况。例如，通过要求请客等手段降低他人的实际收入；增加他人的支出，“谁拿得多，谁去干”，由此消除认知失调。

第三，通过某种方式进行自我安慰。例如，换一个比较对象，以获得主观上的公平感，“比上不足，比下有余”；或通过自我解释，如曲解自己的或别人的收支情况，造成一种主观上公平的假象，以消除自己的不公平感等。

第四，在无法改变不公平现象时，可能采取发牢骚、制造人际矛盾、放弃工作等行为。

事实上，员工进行公平比较时可能是纵向，也可能是横向的。纵向比较包括组织内自我比较即员工在同一组织中把自己现在的工作和待遇与过去的相比较，也包括组织外的比较即员工将自己在不同组织中的工作和待遇进行比较。横向比较包括组织内他比即员工将自己的工作和报酬与本组织中的其他人进行比较，也包括组织外他比即员工将自己的工作和报酬与其他组织的员工进行比较。

（二）公平理论对绩效管理的启示

社会比较是人们普遍的心理现象，组织应正确地检查和评定企业员工对职务所规定的职责的履行程度，从而确定其工作绩效，建立合理的报酬政策。根据公平理论，在绩效管理过程中应注意五大机制的建设。第一，员工参与机制，即要让员工清楚了解整个过程；第二，反馈机制，即要明确告诉员工；第三，申诉机制，即要给员工提出异议的机会；第四，监督机制，即要让员工参与监督执行；第五，绩效信息收集机制，即要通过佐证作为事实依据进行评价。

案例评析

小刘去年进入一家小有名气的外资企业。这家公司实行工资保密制度，一般情况下，员工之间相互都不知道彼此的收入。小刘对这份工作还是很满意的，一方面公司人际关系和谐，气氛轻松，工作虽累却挺舒心；另一方面就是薪水也不错，底薪每月 6 000 元，还有不固定的奖金。

小刘一门心思扑到了工作上，经常加班加点，有时还把工作带回家做，取得了显著的成效。比如，湖北的一个设备安装项目，在小刘的努力下只用了原定时间的 1/3 就完成了，为公司节约了大量成本。项目负责人为此还专门写了份报告表扬小刘。同事们都很佩服他，主管也很赏识他。

年终考核时，人力资源主管对小刘的工作予以了高度评价，并告诉小刘公司将给他加薪 15%。听到这个消息，小刘高兴极了。这不仅是钱的问题，也是公司对他的业绩的肯定。

同年进入公司的小李却开心不起来，因为他今年的业绩并不好。午饭时两人聊了起来，小李唉声叹气地说：“你今年可真不错，不像我这么倒霉薪水都加不了，干来干去还是 6 900 元，什么时候才有希望啊。”

猛然间小刘意识到，原来小李的底薪比他高 900 元。他对小李并没有意见，可是他想不通，即使不考虑业绩，他俩同样的职务，小李的学历、能力都不比他强，为什么底薪却比他高这么多呢？他不仅感到不公平，而且有一种上当的感觉：原来我一直以为自己的工资不低了，应该好好干，原来别人的工资都比我高。他马上就往人力资源部跑去……

你能预测小刘到人力资源部会说些什么吗？这个问题不解决，小刘以后的工作表现将会怎样？

二、期望理论

（一）期望理论的基本观点

美国心理学家和行为科学家维克托·弗鲁姆（Victor Vroom）深入研究组织中个人的激励和动机，于1964年率先提出了形态比较完备的期望理论模式。

通常，人们在预期他们的行动将会有助于达到某个目标的情况下，才会被激励起来去做某些事情以达到目标。该理论认为，任何时候一个人从事某一行动的动力，将决定于他的行动之全部结果的期望值乘以那个人预期这种结果将会达到所要求目标的程度。即人们对某项工作积极性（激励力量）的高低，取决于他对这种工作能满足其需要的程度（效价）及实现可能性大小（期望值）的评价。这个理论可以公式表示为：

激动力量＝期望值 × 效价

在这个公式中，激动力量指调动个人积极性，激发人内部潜力的强度；期望值是根据个人的经验判断达到目标的把握程度；效价则是所能达到的目标对满足个人需要的价值。这个理论的公式说明，人的积极性被调动的大小取决于期望值与效价的乘积。

期望理论告诉我们：管理者应重视目标的激励作用，但目标难度不能太大，应具可接受性，否则会使员工失去信心。同时要处理好工作绩效与奖励、奖励与满足个人需求之间的关系。奖励必须随个人的工作绩效而定，只有贡献没有奖励会降低人的积极性，奖励不当也会使人产生不公平感；同时因人的不同需求，应采取多种奖励方式，才能收到较大的激励效果。具体可以表现为三组关系：一是努力与绩效的关系，即成功的可能性；二是绩效与奖励的关系，即获得奖励的可能性；三是奖励与目标满足的关系，即奖励的吸引力。

（二）期望理论对绩效管理的启示

结合期望理论，在绩效管理过程中要注意以下几点：第一，一定要选择员工感兴趣、评价高，即认为效价大的项目或手段；第二，凡是想起广泛激励作用的工作项目，都应是大多数人经过努力能实现的；第三，要注意对达到目标员工的激励措施及承诺的兑现。

课堂互动

举例说说生活中的期望理论应用实例。

技能训练

任务名称	期望理论案例分析
训练目标	• 培养学生对绩效管理基本理论的理解、分析与运用能力，强化学生良好的分析能力和语言表达能力，塑造专业的职业形象。
训练内容	• 案例分析： 一位公司销售经理对他的一位销售员说：如果你今年完成 1 000 万元的销售额，公司将奖你一辆新车。销售员可能有如下三组反应： 第一组反应： A1：好！这正是我想要的，我一定要努力去争取。 A2：车子？我现在开的车已经够好了，况且如果我一人拿了车，同事们会不满的，这对我没有什么吸引力！ 第二组反应： B1：1 000 万元的销售额，照今年的行情，如果我比去年再卖力一点，是能做到的。 B2：1 000 万元？简直是天方夜谭，经理要么是疯了，要么就是根本不想把车给我，我才不会白花力气呢！ 第三组反应： C1：只要销售到 1 000 万元就能得到车，我一定好好努力！ C2：经理向来说话不算数，我打赌经理到时一定能找出 10 条理由说："我也不想说话不算数，但我实在是无能为力。" 问题：三组反应分别说明什么因素会影响员工作积极性？
质量评价	• 对案例的基本内容把握准确，分析合理（60%）。 • 语言组织到位，描述清晰流畅（40%）。
成果摘要	

项目作业单

<table>
<tr><td>作业名称</td><td>《绩效管理制度》撰写（一）</td></tr>
<tr><td>作业说明</td><td>• 绩效管理制度包含总则、考核组织与职责、绩效考核内容、绩效考核实施、绩效反馈、绩效结果应用、附则等七项内容，本次作业为撰写其中的一部分内容。根据项目匹配的分块内容完成后，即构成完整的绩效管理制度。</td></tr>
<tr><td>作业目的</td><td>• 进一步体会绩效管理基础知识与理论在组织绩效管理中的实际意义与运用价值，能够撰写绩效管理制度中的对应内容；形成规则意识，培养遵章守纪的良好习惯，强化职业认知。</td></tr>
<tr><td>作业内容</td><td>• 参照组织绩效管理制度的撰写，完成小组“绩效管理制度”的“总则”“考核组织与职责”两部分内容的撰写。“总则”包含考核目的、适用范围、基本原则；“考核组织与职责”包含考核组织、具体职责。</td></tr>
<tr><td>作业提示 / 参考</td><td>• 某企业绩效管理制度撰写参考：
第一章　总则
1　考核目的
1.1　通过绩效管理体系的有效实施，增强公司经营管理能力，提升企业的整体运行效率和经济效益，保证公司战略目标的实现。
……
2　适用范围
本制度适用于公司总经理以下的所有正式员工，入职不满半年者或中途参与项目者不参加该阶段考核。
3　基本原则
3.1　公平公开原则：考核者在进行考核时要公平公正，不得徇私舞弊，考核应让被考核者了解考核流程、方法和结果，对于同一岗位的员工使用相同的考核标准，提高过程透明度。
……
第二章　考核组织与职责
4　考核组织
4.1　公司绩效考核工作由人力资源管理部、各业务部门共同推进。
4.2　人力资源管理部和各部门负责人在绩效考核中各自承担不同的责任，人力资源管理部为公司绩效考核工作的建设和推动部门，在公司最高管理者领导下工作，负责组织、推进、协调和支持各部门开展绩效考核工作，各部门负责人……
5　具体职责
5.1　人力资源管理部
5.1.1　制定并不断完善企业的绩效管理制度，并推动其执行。
……
5.2　各部门负责人
……</td></tr>
<tr><td>质量评价</td><td>• 结构合理、要素齐全（40%）。
• 内容描述准确、符合实际（40%）。
• 语句通顺、格式规范（20%）。</td></tr>
</table>

考核评价

项目评价说明：本项目的评价主要由教师评价与组内评价构成，评价内容包含过程与结果两个部分，涉及学生知识、技能、情感等内容，结合不同评价主体特征设定具体评价内容与权重。

项目考核内容采用“1+X”方式选取，“1”是指“项目作业单”，为考核必选内容；“X”是指每个任务模块的“技能训练”，为考核可选内容。教师根据学情或分层教育等要求进行选择和权重配置，不作为项目考核内容的百分比设置为“0”或不填。

项目一　考核评价表

项目名称	绩效管理工作认知		操作人		
考核内容	评价主体	评价指标 / 分值	评分		总计得分
项目作业单 (　)%	教师评价 (　)%	完成质量 /80 分			
		完成时效 /20 分			
	组内评价 (　)%	贡献度 /50 分			
		参与度 /50 分			
技能训练 1－1 (　)%	教师评价 (　)%	完成质量 /80 分			
		完成时效 /20 分			
	组内评价 (　)%	贡献度 /50 分			
		参与度 /50 分			
技能训练 1－2 (　)%	教师评价 (　)%	完成质量 /80 分			
		完成时效 /20 分			
	组内评价 (　)%	贡献度 /50 分			
		参与度 /50 分			
技能训练 1－3 (　)%	教师评价 (　)%	完成质量 /80 分			
		完成时效 /20 分			
	组内评价 (　)%	贡献度 /50 分			
		参与度 /50 分			
项目总评	项目得分＝项目作业单得分 ×(　)%+ 技能训练 1－1 得分 ×(　)%+ 技能训练 1－2 得分 ×(　)%+ 技能训练 1－3 得分 ×(　)%				

02

项目二

绩效计划的制订

- 任务一　设计绩效计划表
- 任务二　制订绩效计划

项目导入

项目名称	绩效计划的制订	项目任务	任务一　设计绩效计划表 任务二　制订绩效计划
项目描述	• 凡事预则立，不预则废。绩效计划是绩效管理的首要环节，把握好开端，是后续绩效管理工作顺利开展的基础。那么，绩效计划包含哪些具体要素？应该如何制订？又包含哪些步骤呢？制订绩效计划的过程中，分别由谁承担相应的职责，又如何进行匹配呢？通过本项目的学习，把握绩效计划的基本内容，树立计划概念，培养沟通意识。		
项目准备	• 1. 通过网络等媒介查找不同企业的绩效计划书实例，了解常见的绩效计划书的格式。 • 2. 回顾小组设定的目标与设想。		
项目期待	• 学生对项目学习的期望，学习之前写一写。		
备　注			

任务一 设计绩效计划表

任务导入

<table>
<tr><td>任务名称</td><td colspan="2">设计绩效计划表</td></tr>
<tr><td rowspan="3">学习目标</td><td>知识目标</td><td>• 理解绩效计划的含义；
• 了解绩效计划的特点；
• 掌握绩效计划的构成要素。</td></tr>
<tr><td>能力目标</td><td>• 具备分析绩效计划构成要素具体内涵的能力；
• 具备设计常见绩效计划表的能力。</td></tr>
<tr><td>素养目标</td><td>• 从对绩效计划内涵及重要性的认知入手，强化计划意识，进而激发爱岗敬业的责任意识；
• 从绩效计划联系自身职业规划，提前认清自身所处环境，触发提前意识，养成良好的职业习惯，强化学生精益求精的工匠精神。</td></tr>
</table>

引导案例

小周的抱怨

小周走向赵经理，抱怨道："经理，为什么扣了我这个月的奖金啊？"

"因为你这个月迟到了两次！"经理说。

"你事先又没说迟到两次会扣奖金。"小周辩解道。

那么，如果赵经理事先确实没说过，小周是不是有理？

关键知识点

一、绩效计划的内涵及特点

“凡事预则立，不预则废”，绩效计划是绩效管理的基础，是关于工作内容和标准的契约。所谓绩效计划，一般是指管理者和员工双方对员工应该实现的工作绩效进行沟通的过程，也就是根据组织目标、本工作单元的业务重点与工作职责共同讨论，以确定员工在绩效周期内应该完成什么工作和达到什么样的绩效目标，并将沟通的结果落实为订立正式书面协议的过程。

绩效计划作为绩效管理系统封闭循环的第一个环节，是一个确定组织对员工的绩效期望并得到员工认可的过程。绩效计划必须清楚地说明期望员工达到的工作结果以及为达到该结果所期望员工表现出来的行为和技能。在这一过程中，人力资源管理部门承担监督和协调的责任，各职能部门管理人员和员工的参与则最为关键。也就是说，在新的绩效周期开始时，管理者和员工经过讨论员工在新的绩效周期内将要做什么、为什么做、需要做到什么程度、何时应该做完、员工的权限和能够获取的帮助等问题，进行识别、协商并达成目标协议，是绩效管理一个至关重要的环节。通常，绩效计划具有以下特点：

（一）绩效计划的主体是管理者与员工

在绩效计划过程中，管理者与被管理者双方都有责任，无论管理者单方面提出还是员工单方面设定都不合理。

（二）绩效计划是一个双向沟通的过程

绩效计划是双方的事，离开了管理者与员工之间的双向沟通，对员工来说，绩效目标就成为一个外在的、强制的负担，难以发挥对员工的激励与牵引作用。

（三）绩效计划是关于工作目标和标准的契约

绩效契约通常以目标任务计划书的形式出现，管理者与员工在对目标任务计划书诸项内容达成一致后签字认可，作为员工开展工作以及绩效周期结束时对其绩效完成情况进行评价的依据。

（四）绩效计划特别重视员工的参与和承诺

社会心理学关于态度改变的研究表明，若人们参加了某项决策的制定过程，与没有参与这一过程相比较，他们会倾向于更加坚持这一决策，参与程度越大，态度改变的可能性越小。另外，是否对某一观点立场公开表明自己的态度，即承诺程度，也会影响态度改变，因为人们有一种维护自我形象前后一致性的需要。因此，在制订绩效计划时，让员工参与并达成一致后签字，即员工做出了很强的公开承诺，这样在实施阶段就会更倾向于遵守自己的承诺。

案例评析

社会心理学家多伊奇和杰勒德做过一个承诺对态度改变影响的经典心理实验。在实验的第一阶段，被试者随机分为四组，每组分别面临不同的情况，要求他们在特定情况下对某件事情做出自己的判断，四组分别如下：

第一组：被试者只需要做出自己的判断，不需要用任何方式把自己的观点表达出来，称为“无承诺组”。

第二组：被试者要把自己的判断写在一块儿童玩具写字板上，这种写字板上面是一层透明纸，揭下纸后写在上面的字就立即消失，称为“弱私下承诺组”。

第三组：被试者要把自己的意见写在一张纸上，写在纸上的字很难擦掉，并被告知这张纸要收上去，但他们不用签名，称为“强私下承诺组”。

第四组：被试者要把自己的意见写在一张纸上，还要签上自己的名字，并被告知要收上去，称为“公开承诺组”。

在实验的第二阶段，当不同组的被试者对某一问题作了不同程度的承诺后，先请代表群体压力的假被试者发表一致的意见，再让这些真被试者发表意见，看他们在群体压力下产生从众行为的程度有什么不同。结果，“无承诺组”“弱私下承诺组”“强私下承诺组”“公开承诺组”改变最初意见的百分比分别为24.7%、16.3%、5.7%和5.7%。

课堂互动

上述心理学实验结果说明了什么问题？

二、绩效计划的构成要素

微课

绩效计划的常见构成要素

绩效计划可以通过表格的形式来呈现，一般情况下，表格中的信息可以包括以下几类。

（一）被考评人员信息

被考评人员信息包括员工的姓名、职位等。如被考评人员李小伟，职位为销售员。

（二）考评人员信息

考评人员是按照业务管理权限来确定的，常常是由被考评人员的直接主管担任。考评人员的信息可以便于了解被考评人员的直接负责人和所属管理部门。如销售部门员工的绩效考评者一般就是他们的上级销售经理。

课堂互动

被考评人员和考评人员信息，除了上面提到的内容以外，还有哪些？

（三）关键职责

关键职责是制订绩效计划及考评内容的基本依据。如某公司销售助理的关键职责是协助销售人员与客户联系、提高服务质量等。

（四）计划内容

计划内容主要是绩效目标，可以用来衡量被考评人员的重要工作成果，是绩效考评项目的主要组成部分。如销售经理的绩效目标就是完成对大客户的销售目标、建立大客户数据库、完善《客户管理规范》等。

（五）权重

列出各项考评内容的权重，以体现工作的可衡量性及对组织整体绩效的影响程度，同时便于查看不同职位类型在权重设置上的规律及一致性。

（六）绩效标准

通常可以对绩效目标设定基本标准和卓越标准两类，以界定绩效目标实际完成情况与绩效目标所得绩效分值的对应关系。

（七）考评周期

绩效计划考评周期常常以年度为单位，但对不同性质的岗位其设置长短也有所不同，如销售人员、市场人员等，可以根据其职务和应完成的工作目标等具体工作特点，以月度或季度为考评周期。

（八）能力发展计划

为了让员工明确为实现绩效目标需要发展什么样的能力、如何发展，把企业对员工能力的要求落实到人，以具体知识技能获得的方式，制订能力发展计划。

（九）其他

除了以上内容，绩效计划还常常包含一些其他要素，如完成时限、数据来源等。

技能训练

任务名称	设计绩效计划表
训练目标	• 提升学生对绩效计划表基本构成要素的清晰认知，并将其通过表格的形式呈现；在训练过程中，计算机等通用能力在实践中得到具体运用和强化，培养学生举一反三、灵活思辨的能力；强化学生精益求精的工匠精神。
训练内容	• 设计一张通用的绩效计划表模板，用以后续的相关表格填制。
质量评价	• 绩效计划表的要素完备（60%）。 • 表中各项内容描述用语准确（20%）。 • 表格格式选用恰当，排版规范、美观（20%）。
成果摘要	• 本次训练成果以电子版为载体，学生可以将主要内容在此呈现。

任务二

制订绩效计划

任务导入

任务名称	制订绩效计划	
学习目标	知识目标	• 掌握绩效计划的制订程序； • 理解绩效计划制订每个阶段的要点。
	能力目标	• 具备绩效计划制订前各项准备工作的能力； • 具备制订绩效计划的能力。
	素养目标	• 从对绩效计划的内涵和制订程序的认知出发，强化计划意识、沟通意识和责任意识； • 从绩效计划制订环节的难点要点出发，为培养学生有条不紊做事、细心耐心办事的良好职业工作习惯打下基础。

引导案例

某 IT 集团企业的绩效计划

某 IT 集团企业下属十几个公司，其中有两个销售公司。总公司在年初的时候为每一个公司制定了一个目标，但是到年终考核时，不仅销售公司没有完成任务，其他公司和部门工作完成质量也不佳。

此时，大家最先指责的是销售部门，说它们没有完成任务。两个销售公司非常气愤，觉得总公司当初给定的指标就是不现实的，其他的资源也没提供。由此，销售部门、财务部门、生产部门和科研部门都各说各的理，最后考核变成了一场争吵。

那么，争吵的原因是什么？制订绩效计划时应注意哪些问题呢？

关键知识点

绩效计划的制订要围绕组织战略，全面反映组织战略目标的要求，通过对组织目标的层层分解，保证组织、部门和个人三个层次的绩效计划相互支撑。在绩效管理的实践中，绩效计划的制订通常包括准备、沟通、审核和确认三个步骤。

一、准备阶段

绩效计划的制订需要管理者和员工进行双向的沟通，在绩效计划的准备阶段，主要是调动员工积极性和充分交流信息，保证各个层次的绩效计划共同为组织的战略目标服务。因此，准备工作主要包括信息的准备和沟通方式的准备两大类。信息的准备主要是组织信息的准备、部门信息的准备和个人信息的准备三个方面；沟通方式的准备则主要是根据需要选择何种方式进行沟通，包括员工大会、小组会议、单独面谈等。

（一）信息的准备

（1）组织信息的准备。

组织的绩效计划是为了最终实现组织的战略目标而制订的，组织信息的准备有利于绩效管理的成功实施，组织的使命、愿景、核心价值观和战略是组织内所有成员必须熟悉的，这有利于组织战略能够有效落地。管理者和员工要以组织的战略目标、发展计划和企业的年度经营计划为核心来制订绩效计划。当组织信息的内容确定之后，企业可以通过不同的方式及时传达给所有组织成员。管理者熟悉组织目标后才能进行有效的分解；而员工则在熟悉组织目标后才能在自己制定工作目标时保持正确的方向。

（2）部门信息的准备。

部门信息是制订部门的绩效计划所必需的信息，主要包括四个方面：第一，与部门的战略相关的资料，一方面要能够牢牢紧扣组织的使命、核心价值观及愿景，支持组织的战略，另一方面要与组织文化相契合；第二，与部门的职责相关的资料，通常来自对各部门工作内容的有效分析与归纳，能够保证部门战略的有效执行；第三，部门上一绩效周期的绩效情况，绩效计划的制订通常是建立在上一个绩效周期的基础之上，需要取其精华、去其糟粕；第四，与部门的人力资源配置相关的资料，在制订绩效计划时要充分考虑到部门的分工，使绩效计划能更好地完成。部门和团队的目标是组织整体目标的分解，是员工绩效目标建立的依据之一。

（3）个人信息的准备。

个人信息的准备主要包括两方面的信息：一是所在岗位工作描述的信息；二是员工上一个绩效期间的绩效评估结果。从主要工作职责出发设定工作目标可以保证个人工作目标与职位的要求紧密联系，也容易得到员工的认可并使员工产生公平感。岗位说明书通常规定了工作的主要职责及任职资格等，以工作分析为基础，可以更好地促使员工对个人职位的理解，将个人的工作目标与职位的要求相联系，使组织的战略目标落实到个人的工作之中。当然，工作职责可能会随着环境的变化而有所调整，在每一个新的绩效计划开始前有必要对此进行调查。同时，每个绩效期间的工作目标通常是连续的或有关联的，通过上一绩效周期的评估结果，发现问题和有待改进的地方，针对绩效不佳的问题提出绩效改进计划，有利于下一周期的绩效提升。

（二）沟通方式的准备

在准备阶段还要进行沟通方式的准备，而沟通方式的选择通常需要考虑企业文化、员工特点以及所要达到的目的等。一般而言，常见的绩效计划沟通方式有以下几种：

第一，员工大会。员工大会就是在整个组织范围内召开的旨在宣讲以引起全体员工警觉和重视的一种沟通方式。员工大会由于参加人数多、时间长，不可能经常召开，因此一般是遇到非常重大事项的时候才召开。在绩效计划阶段，这种全体性的动员大会还是有必要的，要让全体员工意识到绩效管理和每一个员工都是息息相关的，进而意识到绩效计划在整个绩效管理体系中的重要地位。这样，才能调动起全体员工的积极性，使其真正成为绩效计划的主体。如果希望借助绩效计划机会向全体员工做动员，使员工了解公司前景和目标，激发士气，员工大会是不错的选择。

第二，小组会议。小组会议一般是在员工大会的精神主旨下，在各个职能部门或者各个职能部门下的团队中召开的。小组会议相较员工大会来讲，参加的人数少，讨论的事项比较集中，其讨论结果基本上就是绩效计划阶段的预定产物——绩效契约的雏形。此外，小组会议除了明确个人在目标完成过程中的分工外，还有助于不同成员之间的协调配合，通过讨论还可以提前发现工作中可能存在的问题。尤其是如果工作目标需要一个部门或团队紧密合作才能完成，就适合召集部门或团队员工一起讨论，明确分工，沟通协调。

第三，单独面谈。如果员工个人感觉自己的绩效契约有问题，那么员工就可以和职能部门经理进行单独面谈，就绩效契约达成的困难，达成绩效契约所需得到的帮助、所需的资源支持等进行商讨，部门经理应尽可能地满足员工的需求，帮助员工制订合理的、具有可实施性的绩效计划。比如针对员工个性化的工作目标，管理者就可以采用单独面谈的方式。

课堂互动

你认为对于上述三种沟通方式，分别适合在什么情况下选择？

二、沟通阶段

沟通阶段是整个绩效计划阶段的核心，在这个阶段，管理者与员工经过充分的交流，对员工在本次绩效期间内的工作目标和计划达成共识。

（一）营造良好的沟通环境

第一，管理者和员工都应该确定一个专门的时间用于绩效计划的沟通。在这个时间段，双方都应该放下手头的工作专心致志地来做这件事情。

第二，应该选择不被人打扰的地方。如果选择比较嘈杂的地方会分散双方的注意力，影响沟通效果。把沟通地点选在管理者的办公室时，应特别注意避免受到过多打扰。

第三，沟通应在宽松的气氛中进行。特别是管理者应尽量消除员工的紧张情绪，可以先选择一些轻松的话题让气氛缓和下来，然后再切入正题。

（二）沟通的原则

在沟通之前，管理者和员工都应该对以下几个问题达成共识：

（1）管理者与员工在沟通中的地位是平等的，目标是一致的。

（2）员工是最了解自己工作的人，因此应尽量多地听取员工的意见。

（3）管理者应着眼于如何使员工个人目标与组织目标结合在一起，并保证员工个人目标与其他人目标的协调配合。

（4）管理者应帮助员工做决定，而不是代替员工做决定，应尽量发挥员工积极性。

课堂互动

为了塑造良好的沟通氛围，管理者可以怎么做？

（三）沟通的过程

第一步，对有关信息的回顾、传递和交流。在进行绩效计划沟通时，首先往往需要回顾一下已经准备好的各种信息，在讨论具体的工作职责之前，管理者和员工都应该知道公司的要求、发展方向以及对讨论具体工作职责有关系和有意义的其他信息，包括企业的战略发展规划、年度经营计划、所在职能部门的工作计划、员工的工作描述和上一个绩效期间的评估结果等。

第二步，确定个人绩效目标。在对有关的信息进行简短的回顾后，就应该尽快把绩效计划的目标具体化。目标就是期待员工创造或达到的具体结果的描述。管理者和员工在设定目标的时候要把注意力集中在结果上，而不是过程上，注意使每个目标尽可能具体，并将每个目标同工作或结果联系起来，明确规定出结果的时限和资源使用的限制，使每个目标简短、明确和直接。

第三步，制定衡量的标准。绩效标准是评判员工是否成功达到目标的标准。绩效标准应该具体、客观、方便度量，在员工通过努力后可以达到。它通常回答这样一些问题，如什么时候、怎么样、有多少失误、让谁满意等。

第四步，讨论计划实施的困难和需要提供的帮助。当管理者和员工制定绩效标准之后，还需要了解员工完成计划和达到标准过程可能遇到的困难、障碍和问题，应尽可能防止计划执行过程中可能出现的各种问题，而不是等问题出现后再来解决，管理者应尽可能对员工遇到的困难提供帮助。

第五步，讨论重要性级别和授权问题。要明确每项任务或计划目标的重要性级别，比如可将它们分为必须级、一般级和重要级。管理人员和员工必须就哪些计划目标重要和哪些次要的问题达成一致，这样员工就可以根据情况自主分配时间，而不必事事请示上级。设置重要性级别的过程相对简单，但是一定要注意管理者和员工要共同参与，以便他们的理解一致并保证重要性级别能正确反映企业的需要。

要讨论授权的问题。员工需要知道何时可以自己作决定，何时必须请示上级。对于每一个绩效目标，都需要讨论清楚员工拥有的决策权力，如完全授权、先执行后报告或请示等。当然，在决定授权水平的时候，需要参考员工的能力和过去的表现、决策问题的重要性和性质、员工开展有效率和效力的工作需要什么权力、管理者需要什么信息等方面的因素，同样，关于授权问题，员工和管理者双方也必须有共同的理解。

案例评析

以下是绩效计划制订中的沟通示例。

张总（以下简称张）：前几天，在总经理办公会上制定了今年下半年的绩效目标，因此接下来这几天我会分别与你们这几位部门经理进行一次交流，落实市场部下半年的工作目标。

今年上半年成立客户部主要是为了能有一批人专门为大客户服务，因为大客户是我们公司重要的资源，这从销售额上也可以体现出来，目标的大客户有……

陈经理（以下简称陈）：13 个。

张：但这 13 个大客户的销售额占了整个公司销售额的 20%，而且今后的比例还会更高，这半年来，你们工作有什么问题吗？

（注：绩效计划的形成过程也是员工的参与过程，多听取下属意见，不可直接由领导拍板。）

陈：我觉得目前的工作还有很多问题，比如，现在对大客户进行管理的规范还不是很明确，有些工作到底是由我们部门还是由企划部门做还不够明确，于是就出现了有的大客户有事情不知道到底应该找谁这样的情况。

张：这些情况我也有所了解。所以，下一步就想以你为主完善《大客户管理规范》，有了这个规范，大家就有了共同的行事规则，对这方面你有什么想法？

陈：我认为《大客户管理规范》中不仅对责任的划分不够明确，流程上也有混乱的地方，比如，现在的付款问题，手续复杂，客户觉得很麻烦，我们完全有必要从客户的角度出发简化。

张：那好，我看你对这方面有很多想法，你多长时间能把新的《大客户管理规范》做出来？

陈：如果从现在就着手做，我想 8 月下旬差不多。

张：好，8 月 20 日的时候把初稿交给我，到 8 月底最后定稿，你看有问题吗？

陈：目前没有问题，另外，我觉得如果按照下半年的销售目标，我这里的人手比较紧缺，最好能尽快招聘一些人员。

张：这个问题我是这样想的，应该招人的时候我们肯定去招，但你有没有考虑过现在人员的能力是否得到了充分的发挥？每个人都不可能完美无缺，但组成团队就不一样了，在一个团队中大家可以更好地取长补短。每个人的优势充分发挥出来，加在一起就是 1+1>2，你说呢？

陈：这也正是我所考虑的，对大客户的销售我们是否可以采用销售小组的形式，因为毕竟一个人势单力薄，以团队的形式能够更好地维护住大客户。

张：那你不妨把客户部的内部结构重组一下，形成若干个项目小组，把人员按照各自的优势和特点组合起来，接下去再考虑补充人员的问题。而随着工作重心向大客户这边转移，其他部门也会有一些员工转到你这个部门中。

陈：那好吧，我现在就着手进行部门重组，争取在 9 月初的时候能够按照项目组的方式运作。另外我觉得客户越来越多，必须有相应的管理手段，比如说建立客户数据库。

张：关于建立数据库，我有几点想法，一是一定要注意数据库与公司管理信息系统的接口，以前曾经开发过数据库，但接口不好，很多时候要进行数据的重复录入，非常浪费人力、物力；二是要注意数据库的安全性，必须进行权限设置，因为这些数据都是公司的核心机密；三是要设计一些进行深入统计分析的功能模块，以适应对业务进行深入分析的要求。你还有什么想法吗？

陈：我认为，这套数据库应该是一套使用便捷的系统，可以成为业务人员工作中的一个得力的帮手，因为业务人员普遍不喜欢比较复杂的操作系统，而且他们的业务也比较多，在数据管理方面应该考虑他们的需要。

张：你说得对，就按照我们的想法去做吧，企划部会拿出整体方案，具体的协调工作由你们双方来做。

陈：好，我们会全力配合。

张：那么，按照今天我们讨论的结果，你自己先做个计划。本周交到我这里来，好吗？

资料来源：赵曙明，赵宜萱.绩效考核与管理：理论、方法、实务.北京：人民邮电出版社，2018.

三、审核和确认阶段

在经过了周密的准备并且与员工进行了充分沟通之后，绩效计划就初步形成了。最后，管理者和员工要对双方协商达成的绩效计划签字确认，绩效计划是管理者和员工对员工工作的绩效目标和标准达成的一致性的契约，在员工的绩效计划表中，至少包括以下几方面内容：

（1）员工在本次绩效期间内所要达到的工作目标是什么？

（2）达成目标的具体结果如何？

（3）这些结果可以从哪些方面去衡量，评价的标准是什么？

（4）从何处可以获得员工工作结果的信息？

（5）员工各项工作目标的权重如何？

绩效计划一式两份，管理者和员工各持一份，作为员工未来绩效周期内的工作指引，也是管理者对员工的工作进行监督、检查与评价的重要依据。当然，也要保证计划的灵活性，也就是说，当情况变化时，必须调整或修改整个计划或其中的部分内容。

最后要说明的是，绩效计划的签订是非常重要的，当人们做出公开承诺后，更容易努力去完成其所承诺的内容。

表 2-1 是一个具体的绩效计划表的例子。

表 2-1　人力资源经理助理绩效计划表

职位名称：人力资源经理助理　　　任职者签名：　　　　上级管理者签名：

计划适用于 20××年×月×日至 20××年×月×日

工作要项	目的	重要性	权重	潜在障碍	绩效目标	可能的业绩评价指标	行动计划
协助人力资源经理对各部门进行业务评估；为公司制定战略规划	为经理节约时间	节约成本，提高工作效率	25%	实施过程中不能得到各部门的有效支持	在一个季度内能准确地将对各部门进行绩效考核的结果整理完毕	由以前的半年时间缩短为四个月，对每一个部门进行详尽的绩效考核及调查	6月至8月进行基本情况考核；9月总结并进行详尽了解

续表

工作要项	目的	重要性	权重	潜在障碍	绩效目标	可能的业绩评价指标	行动计划
起草报告	提高工作效率	有序的工作计划及总结有助于提高工作效率	20%	许多工作没有被明确分工	及时准确地完成对各部门人员规划的报告起草	上级的满意度、报告的准确性和及时性	起草报告的时间由以前的平均5小时缩短为3个半小时
人际关系的协调	使各项工作更顺畅	调节上下级关系，使信息及时得到反馈，缓和公司气氛，提升员工士气，提高其积极性	15%	员工不满上级的决策，致使影响工作积极性；上下级之间交流不够	让员工可以感受到公司如同家庭般温暖，上级像兄长，同事像亲人	员工能感受到上级对下级的关心及支持，同时也能积极支持公司所做的任何决定	国庆假期及各个节假日期间向上级发送祝福短信；12月举行文艺会演，上下级合作演出并发放奖品以资鼓励
人员招聘、培训与开发	为公司引进人才	推陈出新，为公司增加士气，找到更多能助力公司发展的优秀人才	15%	内部提升与外部招聘容易产生分歧；培训过的员工跳槽	经过培训，能让应聘者迅速适应公司环境并全心为公司服务	所有的员工都要接受适合于自己特定方面的培训，并接受与公司战略发展相关的技术培训	2月15日完成新进人员的全部培训，为员工提供详尽的培训安排，确保员工尽快适应新工作的要求
会议事项的督办与反馈；及时的信息收集	使信息得到及时传递，问题得到及时解决	信息反馈错误可能使公司付出较高的代价	25%	收集信息时来源的真实性与准确性难以衡量；在会议反馈期间的失误	反馈及时无错误	能否一次准确无误地完成督办与反馈报告，使信息准确无误地上报	每次会议之后的信息反馈，找出所存在问题并提出解决方案，收集最新有效信息并为己所用

资料来源：赵曙明，赵宜萱．绩效考核与管理：理论、方法、实务．北京：人民邮电出版社，2018.

中国方案

党的十九届五中全会审议通过了《中共中央关于制定国民经济和社会发展第十四个五年规划和二〇三五年远景目标的建议》，这是中国共产党即将完成第一个百年奋斗目标，迈向全面建设社会主义现代化国家和第二个百年奋斗目标制定的第一个五年规划以及未来十五年的发展规划，引起世人高度关注。从1951年开始，中国共产党就着手制订“一五”计划，并于1953年实施，至今已提出十四个五年规划。通过规划擘画并实现党和国家发展蓝图，成为中国共产党规划治国的重要特征和管党治党的成功经验。

中国共产党历来重视五年规划在国民经济和社会发展中的重要性，规划涉及经济、政治、文化、社会、民生、生态、军队、国防、外交、党建等方方面面，体现了社会主义事业需要同步推进、系统推进、有序推进的内在要求。

国家的建设与发展需要进行长远规划，组织与个人的发展同样需要做好计划。在组织绩效管理过程中，做好绩效计划是第一步，对于个人而言，也只有做好职业生涯规划才能拥有更好的发展。

技能训练

任务名称	制订绩效计划
训练目标	• 提升学生对绩效计划制订程序的清晰认知，明确每个阶段主要的工作与注意点；训练过程强化基本工具的使用，用图表等形式培养职业所需的理性逻辑思维；强化学生合作意识，培养互帮互助的集体主义精神和高尚品质。
训练内容	• 请选择一个具体岗位，结合绩效计划制订的基本程序，描述每个阶段的主要工作及注意事项，并完成思维导图的制作。
质量评价	• 绩效计划制订程序各阶段内容描述准确（60%）。 • 思维导图制作结构合理、形式美观（40%）。
成果摘要	• 本次训练成果以电子版为载体，学生可以将主要内容在此呈现。

项目作业单

作业名称	绩效计划的制订
作业说明	• 绩效计划是绩效管理的首要环节，凡事预则立、不预则废，所以绩效计划的制订尤为重要。本次作业以学生较容易把握的学生干部岗位（包括班级、学院、社团等各个层级的学生干部岗位）为对象，模拟制订绩效计划。
作业目的	• 进一步熟悉绩效计划表的构成要素，在实际应用中加深对绩效计划制订的程序和要点的理解；树立良好的沟通意识，强化计划意识，培养前瞻性，养成做事有章法的良好习惯。
作业内容	• 选定一个合适的学生干部岗位，以小组为单位完成这个岗位的年度绩效计划表的制订。
质量评价	• 结构合理、要素齐全（40%）。 • 内容描述准确、符合实际（40%）。 • 格式规范（20%）。

考核评价

项目评价说明：本项目的评价主要由教师评价与组内评价构成，评价内容包含过程与结果两个部分，涉及学生知识、技能、情感等内容，结合不同评价主体特征设定具体评价内容与权重。

项目考核内容采用“1+X”方式选取，“1”是指“项目作业单”，为考核必选内容；“X”是指每个任务模块的“技能训练”，为考核可选内容。教师根据学情或分层教育等要求进行选择和权重配置，不作为项目考核内容的百分比设置为“0”或不填。

项目二　考核评价表

<table>
<tr><th>项目名称</th><th colspan="2">绩效计划的制订</th><th colspan="2">操作人</th><th></th></tr>
<tr><th>考核内容</th><th>评价主体</th><th>评价指标 / 分值</th><th colspan="2">评分</th><th>总计得分</th></tr>
<tr><td rowspan="4">项目作业单
（ ）%</td><td rowspan="2">教师评价
（ ）%</td><td>完成质量 /80 分</td><td></td><td rowspan="2"></td><td rowspan="4"></td></tr>
<tr><td>完成时效 /20 分</td><td></td></tr>
<tr><td rowspan="2">组内评价
（ ）%</td><td>贡献度 /50 分</td><td></td><td rowspan="2"></td></tr>
<tr><td>参与度 /50 分</td><td></td></tr>
<tr><td rowspan="4">技能训练 2－1
（ ）%</td><td rowspan="2">教师评价
（ ）%</td><td>完成质量 /80 分</td><td></td><td rowspan="2"></td><td rowspan="4"></td></tr>
<tr><td>完成时效 /20 分</td><td></td></tr>
<tr><td rowspan="2">组内评价
（ ）%</td><td>贡献度 /50 分</td><td></td><td rowspan="2"></td></tr>
<tr><td>参与度 /50 分</td><td></td></tr>
<tr><td rowspan="4">技能训练 2－2
（ ）%</td><td rowspan="2">教师评价
（ ）%</td><td>完成质量 /80 分</td><td></td><td rowspan="2"></td><td rowspan="4"></td></tr>
<tr><td>完成时效 /20 分</td><td></td></tr>
<tr><td rowspan="2">组内评价
（ ）%</td><td>贡献度 /50 分</td><td></td><td rowspan="2"></td></tr>
<tr><td>参与度 /50 分</td><td></td></tr>
<tr><td>项目总评</td><td colspan="4">项目得分＝项目作业单得分 ×（ ）%+ 技能训练 2－1 得分 ×（ ）%+ 技能训练 2－2 得分 ×（ ）%</td><td></td></tr>
</table>

03

项目三

绩效指标、权重与标准的设定

项目导入

<table>
<tr><td>项目名称</td><td>绩效指标、权重与标准的设定</td><td>项目任务</td><td>任务一　绩效指标的设定
任务二　指标权重的设定
任务三　绩效标准的设定</td></tr>
<tr><td>项目描述</td><td colspan="3">• 绩效目标的设定是绩效计划的重要组成内容。绩效目标给评估者和被评估者提供所需的评价标准，以便客观地讨论、监督和衡量绩效。员工的绩效目标和整个组织的绩效目标有紧密的联系，因此绩效目标的设定也是有效绩效管理的基础。那么，绩效目标的内涵是什么？什么是绩效指标？绩效指标的来源是什么？什么是权重？绩效指标权重在绩效评估中具有哪些意义？什么是绩效标准？它与绩效指标有什么联系与区别？通过本项目的学习，理解与掌握绩效指标、权重和标准的基本内容，培养目标意识，形成规则概念。</td></tr>
<tr><td>项目准备</td><td colspan="3">• 1. 通过网络等媒介查找有关目标的企业实例或生活小故事，并与同学进行分享。
• 2. 回顾小组前期设定的目标与设想，检视其可行性。</td></tr>
<tr><td>项目期待</td><td colspan="3">• 学生对项目学习的期望，学习之前写一写。</td></tr>
<tr><td>备　　注</td><td colspan="3"></td></tr>
</table>

任务一

绩效指标的设定

任务导入

任务名称	绩效指标的设定	
学习目标	知识目标	• 了解绩效指标的含义与来源； • 掌握绩效指标的类型和内容； • 掌握绩效指标设定的方法。
	能力目标	• 具备根据绩效指标选取的依据为相关岗位进行指标的选择与设定提供技术支持的能力； • 具备优化绩效指标描述的能力。
	素养目标	• 从对绩效指标的认知出发，认识到绩效指标的正确设定对员工完成岗位工作，进而实现组织目标的深远意义，激发与培养学生形成良好的目标意识和规则意识。 • 从绩效目标联系自身职业生涯，形成学习生活有目标的良好状态，培养树立目标的良好习惯，形成积极向上的职业状态。

引导案例

保洁员的绩效指标

有一个新上任的 HRD（人力资源总监）给四个楼层的保洁员制定了同样的薪酬和绩效考核标准，主要是出于对公平公正的考虑，认为应该同工同酬。第二天，一楼的保洁员很开心，二楼和三楼的保洁员有些疲倦，四楼的保洁员提出要辞职。HRD 很疑惑，心想我制定的绩效指标怎么会有问题呢？后来，他亲自去每一个楼层做了一天的保洁，才明白其中的原因。这是一个男员工多女员工少的公司，只有一楼有女卫生间，其余楼层均为男卫生间，且每个楼层的保洁员都要到一楼清洗拖布，这使得四楼的保洁员的工作量最大，得到的工资却和其他保洁员一样。HRD 之后便调整了绩效指标体系及绩效考评方案。

这个小故事说明了什么问题呢？

资料来源：钟鑫，刘莉．绩效管理：理论与应用．成都：西南财经大学出版社，2020.

关键知识点

一、绩效指标的内涵

在具体阐释绩效指标的定义前，我们需要分清楚几个概念及其相互关系。首先是绩效目标，目标是指根据组织的使命而提出的组织在一定时期内所要达到的预期成果，绩效目标则是指给考评者和被考评者提供所需要的评估标准，以便客观地讨论、监督、衡量绩效。例如，“生产部门本年度第三季度产量要达到21 000件”这就是一个绩效目标。以此为例，考核的是工作业绩，具体绩效指标是产量，绩效标准是达到21 000件。从中，我们能够理解绩效目标、绩效指标、绩效标准之间的关系，我们平时所说的绩效目标包含了绩效指标和绩效标准。

绩效指标是用以衡量员工绩效的依据，如办公室的绩效用文件编写质量、行政车辆管理、总体工作令领导满意度等指标来考核；销售员的绩效用销售额、回款率、客户满意度等指标来考核。简单来说，绩效指标是解决评价什么的问题，即从哪些方面对工作进行衡量或评价。

课堂互动

绩效目标、绩效指标与绩效标准之间存在怎样的关系？

二、绩效指标的类型

按照不同的分类方法，绩效指标有不同的类型。

（一）工作业绩、工作能力和工作态度指标

根据评估的内容，可以将绩效指标分为工作业绩指标、工作能力指标和工作态度指标。

1. 工作业绩指标

所谓工作业绩，就是指工作行为所产生的结果。对于业绩的评估结果能直接反映绩效管理的最终目的——提高企业的整体绩效以实现既定的目标。

组织成功的关键要素决定了绩效评估中需要确定的关键绩效指标。这种关键绩效结果规定了在评估员工绩效时应着重强调的工作业绩指标。这些指标表现为该职务的关键职责或一个阶段性的目标，也可能是年度的综合业绩。工作业绩指标通常具体表现为完成工作的数量指标、质量指标、时间指标以及成本指标。

在绩效管理中经常采用绩效四分法，即格里波特提出的质量、数量、成本、时效四个方面的绩效原则。胡君辰、宋源（2008）提出，可以采用固定的表达方法：“于什么时间期限，用多少成本资源，完成多少数额数量，达到何种质量标准”，简称“于、用、完、达”表述法。以工资及统计岗位为例，工资计划管理是这个岗位的重要职责之一，采用“于、用、完、达”的表述方法，可以提炼出岗位绩效指标。比如“于每月15日，用沟通协调方式，与财务部共同完成纳税计划，达到一次报批通过的水平”，“于每月30

日，用财务系统完成工资报表，达到完整可行、一次通过的要求”。这两条工作内容用了该绩效指标的表达形式，就能充分体现绩效的四个方面原则。表 3－1 是工作业绩指标的内涵及举例。

表 3－1　工作业绩指标的内涵及举例

指标类型	内涵	指标举例
工作质量指标	提高产品质量和服务质量是绩效管理的主要目标，质量指标可以是主观的也可以是客观的，但一般主要以客观的质量指标对工作进行评价	合格率、次品率、返工率、出错率、独特性、耐用性
工作数量指标	数量指标提供的是发生频率、周期长短等计数方面的信息，考核的重点是在一定时期内，在一定质量水平上，以合理的成本所实现的数量	产量、销售量、销售额、利润、市场占有率、招聘计划完成率
工作时间指标	时间指标反映的是在数量、质量、成本基础上的工作效率	研发周期、生产周期、交货周期、新产品开发周期、维修周期、及时性
工作成本指标	产品成本和服务成本是企业在市场中进行竞争的重要砝码，因此成本指标也是重要的工作业绩指标之一	总成本、产品单位成本、人工成本、培训成本、招聘成本

2. 工作能力指标

不同的职务对于人的工作能力的要求也是不同的，只有在绩效评估体系中加入工作能力方面的评估指标，才能使评估结果真正反映出员工的整体绩效。另外，通过能力指标的行为引导作用，鼓励员工提高与工作相关的工作能力，并通过能力评估的结果做出各种有关人事调整的决定。

课堂互动

一般而言，一名专业的人力资源管理者应该具备哪些能力呢？小组讨论谈谈你们的想法。

3. 工作态度指标

不同的工作态度会产生截然不同的工作结果。一个能力很强的人出工不出力，没能实现较高的工作绩效；而一名能力一般的员工兢兢业业，却做出了十分突出的工作业绩。因此，为了对员工的行为进行引导，从而达到绩效管理的目的，在绩效评估中应加上对工作态度的评估。

（二）定量指标和定性指标

定量指标是以统计数据为基础，把统计数据作为主要评估信息，建立评估数学模型，并以数量表示评估结果的绩效指标。定量指标要相对客观、公正，可以摆脱主观因素和个人经验的影响，评估结果更加准确、可靠。但是当所依据的数据不准确时，评估结果就难以客观和准确，且定量指标缺乏灵活性，有时难以表现工作的全部事实。

定性指标是指无法直接通过数据计算分析评价内容，需对评价对象进行客观描述和分析来评价结果的指标。定性指标可以充分发挥人的主观能动性，在绩效评估时可以综合考虑更多因素，使评价更加全面。但定性指标所反映的被考评者的业绩往往是笼统的，涵盖多方面内容，考评者是凭着对被考评者业绩的总体感觉给出一个印象分，所以，定性指标的准确性有待考量。

综合考虑定量指标和定性指标的优点和不足，企业在实际运用过程中会将二者结合起来以达到扬长避短的效果。在数据充足全面的情况下，以定量指标为主、以定性指标为辅来设定绩效指标；在数据缺乏或者难以量化的情况下，以定性指标为主、以定量指标为辅来设定绩效指标。

（三）特质指标、行为指标和结果指标

这也是一种比较常见的指标分类，主要根据绩效考核的三类定义来分类。

特质指标指的是个人的性格和能力，如忠实、敬业、吃苦、领导能力和管理能力等都属于特质指标。特质指标注重的是什么样的人，而不考虑工作成果。

行为指标关注的是工作流程，工作具体如何执行，适用于程序化的工作方式。

结果指标强调以结果为导向，重点是结果，而不是行为。

特质、行为和结果三类指标的适用范围和特点详见表 3－2。

表 3－2　特质、行为和结果三类指标的比较

项目	特质指标	行为指标	结果指标
适用范围	适用于工作潜力开发的预测	适用于按照固定流程和标准进行的工作，方法单一，方式程序化	适用于通过多种方式方法实现绩效目标的岗位，且不同岗位指标不同
不足	1. 没有考虑情景因素，通常预测效度较低 2. 评价指标有效性差，公平和公正程度不够 3. 以难以改变的人的特质为评价指标，易造成员工情绪消极，不利于改进绩效	1. 需要对所有的工作行为加以区分，工作量大，工作难度大，造成绩效考核成本过高 2. 当员工认为其工作重要性较小时，意义不大	1. 难以预料的客观因素会影响被考核者的工作结果，且这些因素不能够被控制 2. 容易导致被考核者急功近利，为达到目标不择手段，影响企业的长远利益和发展

资料来源：赵曙明，赵宜萱．绩效考核与管理：理论、方法、实务．北京：人民邮电出版社，2018.

三、绩效指标选择的依据

绩效指标应与绩效评估的目的和评估对象的系统运行目标相一致，因此，绩效评估的目的以及被考评人员所承担的工作内容和绩效目标等就成为绩效指标的选择依据。

（一）绩效评估的目的

能够用于评估某一个岗位绩效情况的绩效评估指标往往很多，但是绩效评估不可能面面俱到，因此，根据绩效评估的目的对可能的绩效评估指标进行选择是非常重要的。

（二）被考评人员所承担的工作内容和绩效目标

每个被考评人员的工作内容和绩效目标都是通过将企业的总体目标分解为分目标落实到各个部门，再进行进一步的分工而确定的。每个员工都应有明确的工作内容和绩效

目标，以确保工作的顺利进行和组织目标的实现。绩效指标就应体现这些工作内容和目标，从而引导员工的行为，使员工的行为与组织的目标一致。

（三）取得评估所需信息的便利程度

为了使绩效评估工作顺利进行，方便地获取与评估指标相关的统计资料或其他信息成为选择指标时必须考虑的因素之一。因此所需信息的来源必须稳定可靠，获取信息的方式应可行。只有这样，绩效指标体系才是切实可行的，同时，在进行绩效评估时才能有据可依，避免主观随意性，使绩效评估的结果易于被评估对象所接受。

四、选取绩效指标的原则

（一）目标一致性

绩效指标应与绩效评估对象的系统运行目标保持一致，这是在选择绩效指标时应遵循的最重要的原则之一。这种一致性不仅包括内容上的一致，同时还包括了完整性的含义。评估指标应该能够完整地反映评估对象系统运行总目标的各个方面。

（二）内涵明确清晰

应对每一个绩效指标规定出明确的含义，以避免不同的考评者对绩效指标内容产生不同的理解，从而减少评估误差的产生。绩效指标的表达应明确清晰，用于定义绩效指标的名词应准确，没有歧义，使考评者能够轻松地理解它的含义。在必要的时候可通过不同的方式对绩效指标做出详细的定义，以统一考评者对每一个绩效指标的理解。

（三）具有独立性

在同一指标体系中每一指标都是相对独立的，其指标概念外延界定是明确、清晰的，指标之间所含内容不能包含交叉。尽管在同一指标体系中绩效指标之间有高度的统一性，但一定要有独立的内容，包括独立的含义、清晰的边界。

（四）具有可测性

绩效指标只有可以进行测量并产生不同的评估结果，才具有存在的意义。无论哪种类型的指标应当都是可以测量的，不可测量的是不可以作为绩效指标的。

（五）具有针对性

绩效指标的针对性强调的是具体针对某一特定的绩效因子，具有特指性。相同的指标名称在不同的指标体系中，含义是有差别的，因此，应根据岗位职能所要求的各项工作内容及相应的绩效目标和标准来设定每一个指标体系中的某一绩效指标。

（六）具有可操作性

在确定绩效指标时，还要考虑到评估中可能遇到的种种现实问题，确定获取所需信息的渠道和是否有相应的考评者能够对该指标做出评估等，这也是确定评估指标时需要注意的一点。

案例评析

我国春秋战国时期的著名政治家、军事家和改革家吴起，著有《吴子》，与孙子连称“孙吴”。后世将《孙子》《吴子》合称为《孙吴兵法》，其在中国古代军事典籍中占有重要地位。吴起从小立志做将领，寒窗苦读，在入仕以后提出具体的军事改革方案，明确各军营职责，令魏国和楚国成为当时战国的霸主。吴起在出征途中身先士卒，愿意与士卒同甘共苦，作战军纪严明，深得士兵爱戴，以至于士卒为其战死亦在所不惜。在军事改革中，吴起注重培养底层优秀士兵，摸索出一套适合魏国和楚国的训练体系，革除当时士卒作战不积极的弊病。

这个故事表明，员工个人要有明确清晰的目标，同时领导要关注目标的执行情况，保证目标的顺利完成，这与目标管理思想不谋而合。在目标管理中，领导平等对待部门或团队的每个成员，并提供顾问、教练、保姆服务，就会创造出惊人的团队业绩。

资料来源：钟鑫，刘莉．绩效管理：理论与应用．成都：西南财经大学出版社，2020.

素养提升

绩效管理的导向作用，主要体现在绩效指标的导向作用。绩效指标就是为员工在工作中明确目标、指导工作，导向正确，事半功倍；导向错误，事倍功半。

有这样一个小故事，几只爱吃萝卜的小兔在草原上开垦了一块土地，种了好多萝卜。到了收获的季节了，它们的朋友小羊和小牛用尖尖的角帮小兔们把萝卜从地里刨了出来，然后小羊和小牛就忙自己的事情去了。几只小兔看着那一大堆红红的萝卜，心里乐开了花。眼看就要下雨了，几只小兔决定把萝卜收回驻地。

小兔甲试了试，发现自己一次可以抱起两只萝卜，于是便每次抱着两只萝卜往返于萝卜地与驻地之间。这样做虽然有点吃力，但它越干越起劲。

小兔乙找来一根绳子，把五个萝卜捆在一起，然后背着向驻地走去。虽然背了五个萝卜，可它的速度一点也不比小兔甲慢。

小兔丙找来一根扁担，用绳子把萝卜捆好，前面五个，后面五个，走起来比小兔甲和小兔乙都快。

小兔丁和小兔戊一起找来一只筐，装了满满一筐萝卜，足有三四十个，然后抬着筐向驻地走去。

最后，小兔们收完了全部的萝卜。

同样都在努力工作，可五只小兔的工作效率和工作成果却有显著的差别。因为工作方式的不同，有人虽然看起来忙忙碌碌，工作却难见成效；有人虽然显得悠闲，却是成绩显著。好的工作方法可以有效地提高工作效率，而团队的合作效率明显高于相同个体劳动成果之和。因而，在对员工进行绩效评估的时候切不可以忙闲论英雄，导向很重要。

技能训练

任务名称	“绩效管理实务”课程评价指标设定
训练目标	• 提升学生对绩效指标的清晰认识，塑造其遵章守纪、自觉自律的职业认知；培养沟通意识，提升分析、总结、归纳的基本能力。
训练内容	• 运用绩效指标设定的相关知识，充分考虑指标的不同类型，为学生进行“绩效管理实务”课程学习设定绩效评价指标，并写出指标的含义。
质量评价	• 设定的指标准确、规范化、具有可行性（50%）。 • 指标的含义界定准确、合理（30%）。 • 小组成员积极参与、体现团队合作（20%）。
成果摘要	

任务二

指标权重的设定

任务导入

任务名称	指标权重的设定	
学习目标	知识目标	• 了解指标权重的内涵； • 了解指标权重设定的原则； • 熟悉指标权重设定的方法。
	能力目标	• 具备在指定背景下进行权重分解的能力。
	素养目标	• 从对指标权重的基本认知出发，认识到分清轻重缓急的重要性，培养进行合理时间管理的基本职业素养。

引导案例

老马的考核

罗云在天龙航空食品公司担任地区经理快一年了。他分管 10 家供应站，每家供应站有 1 名主任，负责向一定范围内的客户销售和服务。

天龙公司不仅服务于航空公司，也向成批订购盒装中、西餐的单位提供所需食品。天龙公司采购全部原料，并按客户要求的规格，烹制订购的食品。供应站主任要负责订计划、编预算、监控分管指定客户的销售服务员等活动。

罗云上任的第一年，主要是巡视各供应站，了解业务情况，熟悉各供应站的所有工作人员。通过巡视，他收获不少，也增加了自信。

供应站的 10 名主任中资历最老的是马伯兰。他只念过一年大专，后来就进了天龙，从厨房班长干起，三年多前当上了供应站主任。

通过近一年的接触，罗云了解了老马的长处和缺点。老马很善于和他的部下与客户搞好关系。他的客户都是“铁杆”，三年来没一个转向天龙的对手去订货的；他招来的部下，经过他指点培养，有好几位已被提升，当上其他地区的经理了。

不过他的不良饮食习惯给他带来严重的健康问题，身体过胖，心血管病加胆囊结石，使他这一年里请了三个月病假。其实医生早给过他警告，他置若罔闻。再则，他太爱表现自己了，做了一点小事，也要来电话向罗云表功。他给罗云打电话的次数，超过另 9 位主任的电话数总和。

由于业务扩展，已盛传要给罗云配备一名副手。老马已公开说过，供应站主任中他资格最老，他觉得这地区副经理非他莫属。但罗云觉得老马若来当他的副手，真叫他受不了，两人管理风格悬殊；再说，老马的行为准会激怒地区和公司的工作人员。

正好年终考绩要到了。公正地讲，老马这一年的工作，总的来说，是干得挺不错的。天龙的年度考绩表，总体评分是 10 级制，10 分是最优；7 ～ 9 分属于良好；5 ～ 6 分合格；3 ～ 4 分是较差；1 ～ 2 分最差。罗云不知道该给老马评几分。评高了，老马就更认为该提升他；太低了，他一定会认为对他不公平。

老马自我感觉良好，觉得跟别的主任比，他是鹤立鸡群。他性格开朗豪迈，爱去拜访客户，也爱跟手下人打成一片，他最得意的是指导部下某种新的操作方法，卷起袖子亲自下厨，示范手艺。跟罗云谈过几次后，他就知道罗云讨厌他事无巨细，老打电话表功，不过他还是想让罗云知道自己干的每项成绩。他也知道罗云对他不听医生劝告，饮食无节制的看法。他为自己学历不高但成绩斐然而自豪，觉得这副经理非他莫属。

考虑再三后，罗云给老马考绩总体分评了 6 分。他觉得这是有充足理由的：因为老马请了三个月的病假。他知道这分数远低于老马的期望，但他要用充分的理由来坚持自己的评分。他开始考虑给老马各考评维度的分项分数，并准备怎样跟老马面谈，向他传达所给的考绩结果。

资料来源：沈丽，勾景秀 . 绩效管理 . 北京：中国人民大学出版社，2013.

关键知识点

一、权重的内涵

由于环境因素对工作绩效有很大影响，因此在绩效评价中，指标体系就是要将各类指标按照一定比例实现动态平衡。比例的确定主要取决于绩效管理的目标、工作性质与要求。例如，针对一个生产岗位，工作结果可能占了考核指标内容的90%；而对一个服务性岗位，行为和能力指标可能占到整体的90%。对不同的绩效管理对象，绩效指标的重要性也不同。因此，具体设计和确定绩效指标体系时，需要同时确定每个指标的权重，或者标出优先顺序。

权重也称权数，是指对测量对象的不同属性进行权衡比较时的一种量上的区分判断，也可以说是对测量对象所属的各个要素的影响程度做出的量化限定。权重用以表明绩效指标的重要性，因此对不同的指标应根据实际情况选择不同的比例系数。

案例评析

二八定律

二八定律，又名帕累托法则、80除以20定律、巴莱特定律、不平衡原则等，被广泛应用于社会学及企业管理学等。二八定律是19世纪末20世纪初意大利经济学家帕累托发现的。他认为，在任何一组东西中，最重要的只占其中一小部分，约百分之二十，其余百分之八十尽管是多数，却是次要的，因此称为二八定律。

现实意义：二八定律不仅在经济学、管理学领域应用广泛，还对人类的自身发展也有重要的现实意义——避免将时间和精力花费在琐事上，要学会抓主要矛盾。一个人的时间和精力是非常有限的，想做好每一件事情几乎是不可能的，要学会合理分配时间和精力。把百分之八十的资源花在能出关键效益的百分之二十的方面，这百分之二十的方面又能带动其余百分之八十的发展。

二八定律可以解决的问题：时间管理问题、重点客户问题、财富分配问题、资源分配问题、核心产品问题、关键人才问题、核心利润问题等。

二、权重设定的原则

第一，以战略目标和经营重点为导向的原则；

第二，所有关键绩效指标或所有工作目标的权重之和为100%；

第三，各指标或目标权重比例应该呈现明显差异，避免出现平均主义；

第四，各指标最小权重一般为5%，避免指标太多、琐碎，重点不突出；

第五，各指标权重最好是5%的倍数，比如5%、10%、15%、20%等，便于计算；

第六，评估者的主观意图与客观情况相结合的原则。

三、权重设定的方法

（一）经验判定法

经验判定法也叫专家意见法，即依靠历史数据和专家的经验判断进行权重分配。指标的权重取决于决策者根据自己的经验对各项评估指标重要程度的认识排序。这是最为常用的一种方法。这种方法的优点是效率高、成本低；其不足之处是可信度和说服力较差。要弥补这种方法的不足，就要求决策者和专家既要公平、公正，又要有较高的综合素质和专业能力。

专家意见法又可以分为专家个人意见法和专家集体意见法。专家个人意见法主要指通过高层管理者个人判断进行权重的设定，这个方法简单灵活，往往适用于小型组织或处于初创时期的组织。专家集体意见法则是组成专家小组对权重设定进行讨论，专家可以是内部的或者外聘的，通过专家小组能集思广益，但也容易出现屈从权威的情况。

课堂互动

你是怎么看待用经验判定法来设定权重的？其各有何利弊？

（二）德尔菲法

德尔菲法是管理决策中常用的一种方法。首先，将预测主题提供给专家，要求每位专家针对预测主题提供预测项目，并说明理由；其次，将专家的意见汇总整理后，进行适当的定量处理，把具有收敛特征的预测意见按照各位专家提供的理由和依据，反馈给专家，要求专家进一步论证或补充意见。如此反复，直到达成统一认识，总结出预测结果为止。如在权重设定时使用，即将设定权重作为预测主题。

（三）倍数加权法

倍数加权法先要选择出最次要的考评要素，以此为 1，然后将其他考评要素的重要性与该考评要素相比较，得出重要性的倍数，再进行归一处理。比如对营销员考评要素的加权，见表 3－3 中的六项要素，假设智力素质最为次要，其他要素的重要性与智力素质相比，重要性倍数关系如表所示。六项合计倍数为 1.5+2+1+3+5+2=14.5，因此各项考评要素权重分别为 1.5/14.5、2/14.5、1/14.5、3/14.5、5/14.5 和 2/14.5，最后换算成百分数即为各考评要素的权重。

表 3－3　倍数加权法示例

考评要素	与智力要素的倍数关系	权重
品德修养	1.5	10%
工作实践	2	14%
智力素质	1	7%
推销技巧	3	21%
销售量	5	34%
信用	2	14%
合计	14.5	100%

倍数加权法的优点在于它可以有效地区分各考评要素之间的重要程度。另外，也可以不选用最次要考评要素，而选用更具有代表性的考评要素为基本倍数。

关键知识点

微课

权值因子判断表法

（四）权值因子判断表法

权值因子判断表法是指评判专家组制定和填写权值因子判断表，并根据各个专家所填写的权值因子判断表来确定权重的方法。这种方法的具体操作步骤如下：

第一，组成评价的专家组。组成人员主要包括人力资源专家、评价专家和其他相关人员，根据不同的评价对象和目的，可以构成不同的专家小组。

第二，制定绩效指标的权值因子判断表，如表 3-4 所示。

表 3-4　权值因子判断表

序号	评估指标	评估指标						评分值
		指标 1	指标 2	指标 3	指标 4	指标 5	指标 6	
1	指标 1	—						
2	指标 2		—					
3	指标 3			—				
4	指标 4				—			
5	指标 5					—		
6	指标 6						—	

第三，专家填写权值因子判断表，如表 3-5 所示。若采用四分制，非常重要的指标为 4 分，比较重要的指标为 3 分，同样重要的指标为 2 分，不太重要的指标为 1 分，相对很不重要的指标为 0 分，专家将行因子与列因子进行比较后填写。

表 3-5　权值因子判断表评价与打分

序号	评估指标	评估指标						评分值
		指标 1	指标 2	指标 3	指标 4	指标 5	指标 6	
1	指标 1	—	4	4	3	3	2	16
2	指标 2	0	—	3	2	4	3	12
3	指标 3	0	1	—	1	2	2	6
4	指标 4	1	2	3	—	3	3	12
5	指标 5	1	0	2	1	—	2	6
6	指标 6	2	1	2	1	2	—	8

第四，对各专家所填写的判断表进行统计，并将统计结果折算为权重，如表 3-6 所示。

表 3-6　权值因子计算表

评估指标	考评人员								评分总计	平均评分	权重	调整后权重
	1	2	3	4	5	6	7	8				
指标 1	15	14	16	14	16	16	15	16	122	15.25	0.254 17	0.25
指标 2	16	8	10	12	12	12	11	8	89	11.125	0.185 42	0.20
指标 3	8	6	5	5	6	7	9	8	54	6.75	0.112 50	0.11
指标 4	8	10	10	12	12	11	12	8	83	10.375	0.172 92	0.17
指标 5	5	6	7	7	6	5	5	8	49	6.125	0.102 08	0.10
指标 6	8	16	12	10	8	9	8	12	83	10.375	0.172 92	0.17
合计	60	60	60	60	60	60	60	60	480	60	1.000 01	1.00

四、权重设定时应注意的问题

第一，权重应该根据实际情况的变化而变化，要考虑企业在不同阶段的发展重点。市场的季节性、竞争要素的变化性、资源供给的变化性等都会影响企业的经营状况，员工和部门的业绩也会不可避免地受到影响。因此，绩效目标应该在不同的阶段有所不同，绩效指标的权重也应该体现外界环境变化的要求，做出相应的调整。例如，在销售淡季和旺季时，同样指标的权重就可能有所不同。

第二，权重要引导被考评人员重视自己的短处，达到绩效改进的目的。权重表明了当前各项工作内容的重要性排序，不能避重就轻，要有意识地引导被考评人员不断改进和提升绩效。

技能训练

任务名称	“绩效管理实务”课程指标权重设定
训练目标	• 培养学生对指标权重的清晰认知，强化工作的重要性差异认知，逐步形成良好的做事习惯；形成团队合作意识，培养良好的沟通能力和分析问题、解决问题的能力。
训练内容	• 尝试运用权重设定的相关知识，为“绩效管理实务”课程学习设定的绩效评价指标确定权重，并简要说明理由。
质量评价	• 指标权重设定合理、符合基本原则（50%）。 • 理由描述充分、有据（30%）。 • 小组成员积极参与、体现团队合作（20%）。
成果摘要	

任务三

绩效标准的设定

任务导入

任务名称	绩效标准的设定	
学习目标	知识目标	• 理解绩效标准的内涵； • 理解基本标准和卓越标准的内涵； • 熟悉绩效标准设定的方法。
	能力目标	• 具备分清绩效标准与绩效指标关系的能力； • 具备运用各类绩效标准设定方法在指定背景下进行绩效标准设定的能力。
	素养目标	• 从对绩效标准的认知出发，认识到绩效标准的正确设定对激励员工进而完成工作的意义，培养学生正确的目标观； • 引导学生结合自身职业生涯规划，合理看待学习、生活中的标准设定，培养正确的价值观。

引导案例

问题出在哪里?

以下是A公司销售部林经理与其下级销售主管小李关于第一、二季度末销售总结的对话。

第一季度

林："李主管，我们来看看你上两个月的销售成果。你跟我说好会有显著改善的，对吗？你的总销售量好像是上去了一点，但增长的部分多半来自小客户。"

李："我并不想忽略大客户，但我认为提高自己销售量最好的办法是在一些中等的客户上下功夫。这样做可能不是很引人注目，但它确实有效。"

林："但是，无论如何，我还是希望每个人都将精力放在大客户上。这样一小批客户就能将销售额提高很多。"

李："哦，你是要我提高销售额吗？我还以为要从增加销售给每个客户的产品种类起步呢。"

林："增加产品种类当然也没错，但这并不能增加销售额。"

李："那你的意思是我做的这一切毫无价值？"

第二季度

对上个季度的销售业务，李主管承诺过会有所改善，现在我们来看看改善情况。

林："嗯，你的销售量好像是上去了一点。"

李："确切地说，是百分之六点七。我很是引以为豪。"

林："当然是有了提高，李主管，但我想要的是百分之十五或百分之二十的增长，至少也应该有百分之十。"

李："百分之十？你可知道我干得多苦才达到现在的水平的！"

林："好了，我们先在这儿打住吧……我发觉你在找一些新客户。"

李："实际上找得不多，但我力争每个星期找一个新客户。"

林："我想你应该多找一些，比如一周找两到三个。"

李："两到三个？再让我多找一个都有问题！"

资料来源：胡君辰，宋源．绩效管理．成都：四川人民出版社，2008.

关键知识点

一、绩效标准的内涵

绩效指标强调的是从哪些方面对绩效进行评价，而绩效标准注重的是在各项指标上分别应该达到什么样的水平。指标解决的是评价什么的问题，而标准解决的是要求被考评者达到什么水平、完成多少数量以及达到什么程度的问题。简单地说，绩效标准是对绩效指标达成状态的描述。绩效指标与绩效标准之间的对应关系见表 3-7。

表 3-7　绩效指标与绩效标准之间对应关系举例

工作产出	指标类型	具体指标	绩效标准
销售利润	数量	★年销售额 ★税前利润率	★年销售额 20 万～25 万元 ★税前利润率 18%～22%
新产品设计	质量	上级评价： ★创新性 ★体现公司形象 客户的评价： ★性价比 ★产品偏好程度 ★独特性 ★耐用性	上级评价： ★至少有 3 种产品与竞争对手不同 ★使用高质量的材料、恰当的颜色和样式，以代表和提升公司的形象 客户的评价： ★产品的价值超过了它的价格 ★在不告知品牌的情况下对顾客进行测试，发现选择本公司产品的概率超过竞争产品 ★客户反映与他们见过的同类产品不同 ★产品使用的时间足够长
	时间	★预定的时间表	★能在指定的时间内提供新产品样品
销售费用	成本	★实际费用与预算	★实际费用与预算相差 5% 以内

课堂互动

绩效指标和绩效标准有什么区别？请表述其含义并举例说明。

二、基本标准和卓越标准

在设定绩效标准时，为了区分绩效水平的高低，通常考虑在每个指标上设置基本标准和卓越标准。

（一）基本标准

基本标准就是合格标准，是对评估对象的基本期望，是每个评估对象经过努力都能够达到的水平。设置基本标准的目的是判断员工的工作是否能够满足基本要求。是否能够达到基本标准的绩效信息主要用于非激励性的报酬决策，如基本工资、基本的绩效工资等。

（二）卓越标准

卓越标准是指对评估对象没有做强制要求，但是一小部分人通过努力能够达到的绩效水平。卓越标准的描述没有限度，不是人人都可以达到的。设置卓越标准的目的是识别角色榜样，提供努力的方向。是否能够达到卓越标准的绩效信息主要用来决定激励性的待遇，比如额外的奖金、分红、职位晋升等。

表 3－8 列出了一些岗位的基本标准与卓越标准。当然，随着员工素质、技术和管理的进步，基本标准和卓越标准的水平也会随之调整，现在的卓越标准可能会成为将来的基本标准。

表 3－8　基本标准与卓越标准举例

岗位名称	基本标准	卓越标准
司机	★按时、准确、安全地将乘客载至目的地 ★遵守交通规则 ★随时保持车辆良好的性能与卫生状况 ★不转载与目的地无关的乘客与货物	★在几种可选择的路线中选择最佳路线 ★在紧急情况下能采取有效措施 ★在旅途中播放音乐等消除旅途寂寞 ★乘客选择率高
打字员	★速度不低于 100 字 1 分钟 ★版式、字体等符合要求 ★无文字及标点符号错误	★提供美观、节省纸张的版面设置 ★主动纠正原文中的错别字
销售代表	★正确介绍产品或服务 ★达成承诺的销售目标 ★回款及时 ★不收取礼品或礼金	★对客户的偏好和个性等做详细记录 ★为市场部门提供有效的客户信息 ★维持长期稳定的客户群

案例评析

猫和老鼠

主人逼迫他家的大花猫必须每天抓一只老鼠来向他报告，以此判断它的能力，抓到一只老鼠就给一条鱼吃。这只猫想：我怎么能天天完成任务呢？老鼠也不能天天抓到呀！结果它跑去找老鼠商量，希望能够达成一个协议："老鼠，你每天 8 点的时候在洞口出现，我就跑过来咬住你的脖子，但是我不吃你，我咬着你到主人那儿转一圈，还把你放回去。然后，第二天你还出来，我再咬着你到主人那儿转一圈。你就让我完成指标，让我得到鱼；我保证以后不吃你，好不好？"最终，猫和老鼠达成了协议。

这个故事说明：

1. 不恰当的评估标准会导致错误的结果，不仅使绩效管理失去应有的作用，甚至出现负面效果。

2. 出现这种情况的关键问题是评估标准太不符合实际，根本不具有可行性。

3. 大花猫的主人要想改变这种情况，应该制定一个符合实际、可衡量的评估标准。

关键知识点

三、绩效标准的确定方法

微课

绩效标准的确定方法

绩效标准是对员工的既定工作表现，尤其是工作业绩加以定量和定性判断、衡量的一把标尺。编制绩效标准的目的是保证考评的客观性，从而更加有效地评价员工。倘若背离科学的方法，就有可能出现脱离实际的机械化和形式化倾向，降低考评信度和效度，为此，必须选用合适的确定方法。

（一）加减分法

采用加减分的方式确定绩效标准，一般适用于目标任务比较明确、技术比较稳定，同时鼓励员工在一定范围内做出更多贡献的情况，详见表 3－9。采用加减分的方式来计算指标值的时候，要注意的是最大值应当以不超过权重规定值为限，最小值不要出现负数。

表 3－9　加减分法示例

绩效指标	权重	评估标准
产量	25 分	按照标准折合为标准产量，90 箱 / 台班为基数，基数得分为 20 分，每 ±5 箱，则 ±1 分，最多加 5 分。折算标准参照相关文件规定
消耗	15 分	按照标准折合为标准消耗，以 1.50kg 为基数，基数得分为 13 分，每 ±0.01kg/ 件，则 ±0.1 分，15 分封顶，8 分保底。折算标准参照相关规定
质量检验	20 分	自检滞后，–2 分 / 次；自检漏项，–1 分 / 项；记录不真实，–2 分 / 次；记录不及时，–1 分 / 次；记录不规范，–1 分 / 次；不保底

（二）等级描述法

等级描述法是对工作成果或工作履行情况进行分级，并对各级别用数据或事实进行具体和清晰的界定，以评价被考评人员的实际工作完成情况。常见的一般采用五级程度划分，如优秀、良好、一般、合格、不合格五个级别。在各个等级的赋分上，可以是等距的，也可以不是等距的。如表 3－10 就采用了等距的方式进行赋值。

表 3－10　等级描述法示例

绩效指标	评价等级	评估标准	分值
合作性	优秀	同事情绪不佳时主动询问并一起讨论，主动为同事工作中的困难提供帮助	10
	良好	关心同事，同事有需求时积极提供帮助	8
	中等	与同事关系融洽，能互相配合完成工作	6
	合格	与同事关系较融洽，但有时需领导介入方能配合工作	4
	较差	与同事关系不融洽，经常需领导介入才能配合工作	2

（三）规定范围法

规定范围法是指经过数据分析和测算后，考评双方根据就标准达成的范围约定来进行评价，如表 3－11 所示。

表 3－11　规定范围法示例

绩效指标	权重	评估标准			
		A	B	C	D
销售预测	30 分	90% ≤销售预测准确率≤ 100%	80% ≤销售预测准确率 <90%	60% ≤销售预测准确率 <80%	销售预测准确率 <60%
		29 ～ 30 分	25 ～ 28 分	20 ～ 24 分	10 ～ 19 分
项目管理	20 分	项目进度报表上报及时率 100%，完整性好；项目分析对计划和预测能提供强有力的依据；对大项目监控得力	项目进度报表上报及时率≥ 80%，完整性好；项目分析对计划和预测能提供比较有力的依据；对大项目监控比较得力	项目进度报表上报及时率 >60%，完整性较好；项目分析对计划和预测能提供一定的依据；对大项目监控效果一般	项目进度报表上报及时率≤ 60%，完整性差；项目分析对计划和预测能提供的依据不明显；对大项目监控不得力
		19 ～ 20 分	15 ～ 18 分	12 ～ 14 分	6 ～ 11 分

（四）预期描述法

预期描述法是考评双方对工作要达到的预期标准进行界定，然后根据被考评者的实际完成情况同预期标准进行比较，来评价被考评者业绩的方法。

在实际工作中，有时要对新任务或新工作进行评价，此时考评双方往往没有或很少有先例可循，制定考评标准时也往往缺乏数据和事实的支持，在这种情况下，等级描述法并不适用。比如，某公司研发管理体系的预期标准是：能够通过培训、答疑等形式将有关制度和流程对相关人员进行有效宣传；能够将研发管理体系在公司内推行下去，试运行比较顺利；能够及时解决试运行过程中的一些问题，并根据试运行中的情况对原方案进行细化和完善；通过试运行，使得公司的研发管理工作能够比较规范和有序地开展，有力地促进研发工作，并初见成效。

虽然预期描述法只描述了一个标准，但比没有标准强，能在一定程度上限制考评人员的随意打分。更为重要的是，通过对预期标准的制定，被考评人员明确了上级的预期和要求，这在面对新工作或新任务时，无疑是十分重要的。表 3－12 是某企业在对部门经理的绩效考评中“新员工辅导”指标的考评实例。

表 3－12　预期描述法示例

绩效指标	指标定义	具体指标内容	评估标准
新员工辅导	解决新员工的生活和工作困难，帮助新员工尽快熟悉工作	解决生活问题	帮助新员工联系安排宿舍，解决新员工的生活问题
		熟悉环境	带领新员工参观工厂，将新员工介绍给本部门和其他部门的同事；向新员工讲解企业文化、企业制度和公司纪律
		工作指导	对新员工进行业务培训和工作指导；倾听新员工所关心的问题，与他们一起讨论解决；按时对新员工试用期表现进行评定

技能训练

任务名称	“绩效管理实务”课程绩效标准设定
训练目标	• 培养学生对绩效标准的清晰认知，强化标准意识，逐步形成良好的目标观；形成团队合作意识，培养良好的沟通能力和分析问题、解决问题的能力。
训练内容	• 尝试运用绩效标准设定的相关知识，结合“绩效管理实务”课程学习设定的评价指标与权重，进行绩效标准的撰写。
质量评价	• 设定的标准准确、规范、具有可行性（50%）。 • 能够合理选择运用不同的设定方法（30%）。 • 小组成员积极参与、体现团队合作（20%）。
成果摘要	

项目作业单

<table>
<tr><td>作业名称</td><td>制定销售经理的绩效考核表</td></tr>
<tr><td>作业说明</td><td>• 绩效指标、权重和标准，是绩效计划制订中的重要内容，是进行有效绩效考核的基础。因此，掌握正确的方法，合理进行绩效指标、权重和标准的设定，对于绩效管理工作非常重要。</td></tr>
<tr><td>作业目的</td><td>• 进一步理解绩效指标、权重与标准的含义，体会它们在绩效管理中的重要性，能够进行绩效指标、权重、标准的撰写；形成良好的目标意识，强化职业认知。</td></tr>
<tr><td>作业内容</td><td>• 认真阅读作业提示中的案例“如何对销售经理进行考核”，按照案例中的实际情况及所学知识，为案例中的销售经理制定绩效考核表。
• 注意需包含绩效考核表的基本要素。</td></tr>
<tr><td>作业提示／参考</td><td>• 案例：如何对销售经理进行考核
对销售的考核，首先要有准确的定位，即考核的对象是谁？因为销售经理和营销人员的考核是不一样的。今天我们讲的是销售经理的考核。
第一个方面，设计一套考核的指标体系。仅从业绩去考核销售经理，显然有失偏颇。这里设计的指标体系，主要包括以下五个指标，总分数为 100 分。
第一项指标，销售计划完成率（40 分）。
指销售经理所负责市场的实际销售量与目标销售量的比值，也就是他的实际销售收入与目标销售收入相除，得到的一个评估标准。
如果销售经理刚好完成指定销售额，就可以得到这项指标考核的满分 40 分；如果他完成的销售额超过计划一半以上，则可以得到 60 分；但如果他实际销售额达不到目标额的 60%，那这一项的考评分他只能是 0 分。
第二项指标，考核销售经理管理的营销人员的达标率（20 分）。
销售经理的重要任务之一是带队伍，因此必须考核其手下的营销人员实现销售的能力。有些销售经理为了完成业绩，整天自己做业务，不管营销人员，这只能表明他是一个优秀的营销人员，不能说他是个称职的经理。
这项指标就是考核他领导下的营销人员的达标率，参考分值是 20 分。
具体来说，营销人员达标人数达到 90% 以上，就可以得到 20 分。我们不要求销售经理手下的营销人员 100% 是合格的，只要 90% 合格就很不错了，另外不合格的 10% 淘汰换岗。
如果 90% 以上都合格的话，就得满分了；如果 80% 以上合格，得 18 分；如果 70% 以上合格，得 15 分；如果 60% 以上合格，得 10 分；如果低于 60%，就是 0 分，说明这样的经理领导能力太差，只能做营销人员不能带队伍。
第三个指标，销售费用使用率（20 分）。
所谓的销售费用使用率，就是实际花出去的费用和公司规定的销售费用的预算的比值。如果节省了销售费用，分值就高；如果费用超额，分值就低。
第四个指标，信息系统管理（15 分）。</td></tr>
</table>

<table>
<tr><td>作业提示 / 参考</td><td>
这个信息系统管理，包括营销人员的日报表、客户档案的管理、市场信息反馈、服务信息的反馈等。一个优秀的销售经理，销售是一方面的职责，另一方面，他还必须为整个公司提供营销信息和营销决策。更关键的是，如果销售经理从不在信息系统上下功夫，公司对地区客户就没有任何了解，非常容易出现营销人员和销售经理辞职后带走大批客户的情况。
第五个指标，工作态度（5 分）。
即销售经理本人的态度，如积极进取、服从指挥、团队精神等，这是一个综合的软性的指标。
这个指标体系的设计思想，是把销售经理的销售业绩指标跟他的市场运作的管理结合起来，通过指标体系的完善设计来引导他的行为。
第二个方面，销售管理要对结果和过程并重。所谓结果，就是上面说的指标体系。销售过程主要是每周进行销售总结，也就是销售周会。销售经理是分布在各地的，所以可以开展多种方式的周会：
第一种方式，实体会议。就是销售经理从各地回到总部开会。
第二种方式，电话会议。
第三种方式，发电子邮件。就是各地的销售经理把市场信息发过来，填报若干规定的表格。
不管是实体会议，还是虚拟会议，总之是要把营销例会限定在每一个周。
比如每周的周末，都要举行这样的营销例会。然后，从中发现问题，找出难点。销售经理解决不了的，公司总部、公司市场部都可以给他提供支持。他出现了问题，市场部可以给他协调。这样，就保证每个销售经理都在公司总部的监控之下。
现在，优秀的公司对营销人员的工作过程都已经控制到每天了，对销售经理是控制到周，这样就能保证完成指标的过程，而不是单纯用指标体系来考核结果。
第三个方面，把考核和销售经理的个人职业生涯规划结合起来。其设计思想是，促进个人和公司共同成长。考核可以评定经理们是否合格、是否优秀，但如果仅仅只发现经理们的欠缺是不够的，还必须有切实的方法帮助经理们提升能力，这就涉及非人力资源部门的人力资源技巧。
比如每一个销售经理，都由他的上级经理同他做面谈沟通，设计他的职业生涯规划，然后将他的职业生涯规划和他目前的业务计划进行对照，看看哪方面实现了，哪方面没有实现？没有实现的原因是什么？哪些是素质问题，哪些是态度问题？对素质问题采用什么培训方法，对态度问题又如何进行培训？总而言之，就是要在考核的同时，帮助经理们不断发展。
</td></tr>
<tr><td>质量评价</td><td>
• 结构合理、要素齐全（40%）。
• 内容描述准确、符合实际（40%）。
• 语句通顺、格式规范（20%）。
</td></tr>
</table>

考核评价

项目评价说明：本项目的评价主要由教师评价与组内评价构成，评价内容包含过程与结果两个部分，涉及学生知识、技能、情感等内容，结合不同评价主体特征设定具体评价内容与权重。

项目考核内容采用“1+X”方式选取，“1”是指“项目作业单”，为考核必选内容；“X”是指每个任务模块的“技能训练”，为考核可选内容。教师根据学情或分层教育等要求进行选择和权重配置，不作为项目考核内容的百分比设置为“0”或不填。

项目三　考核评价表

项目名称	绩效指标、权重与标准的设定		操作人		
考核内容	**评价主体**	**评价指标 / 分值**	**评分**		**总计得分**
项目作业单 （　）%	教师评价 （　）%	完成质量 /80 分			
		完成时效 /20 分			
	组内评价 （　）%	贡献度 /50 分			
		参与度 /50 分			
技能训练 3－1 （　）%	教师评价 （　）%	完成质量 /80 分			
		完成时效 /20 分			
	组内评价 （　）%	贡献度 /50 分			
		参与度 /50 分			
技能训练 3－2 （　）%	教师评价 （　）%	完成质量 /80 分			
		完成时效 /20 分			
	组内评价 （　）%	贡献度 /50 分			
		参与度 /50 分			
技能训练 3－3 （　）%	教师评价 （　）%	完成质量 /80 分			
		完成时效 /20 分			
	组内评价 （　）%	贡献度 /50 分			
		参与度 /50 分			
项目总评	项目得分＝项目作业单得分 ×（　　）%+ 技能训练 3－1 得分 ×（　　）%+ 技能训练 3－2 得分 ×（　　）%+ 技能训练 3－3 得分 ×（　　）%				

04

项目四

绩效指标体系设计

- 任务一　目标管理的运用
- 任务二　关键绩效指标的运用
- 任务三　平衡计分卡的运用

项目导入

项目名称	绩效指标体系设计	**项目任务**	任务一　目标管理的运用 任务二　关键绩效指标的运用 任务三　平衡计分卡的运用
项目描述	• 绩效指标体系的建立，有利于评价员工工作状况，是进行员工考核工作的基础，也是保证考核结果准确、合理的重要因素。根据企业实际，选择不同的工具进行绩效指标体系设计，是绩效管理的重要工作。那么，有哪些常见的绩效指标体系设计的工具？又该如何运用这些工具进行绩效指标体系的设计呢？通过本项目的学习，理解与掌握各类绩效指标体系设计工具及其具体方法，培养学生清晰的逻辑感、良好的整体意识和精益求精的工匠精神。		
项目准备	• 通过网络等媒介查找知名企业绩效指标体系设计的实例，并做好小组分享准备。		
项目期待	• 学生对项目学习的期望，学习之前写一写。		
备　　注			

任务一

目标管理的运用

任务导入

任务名称	目标管理的运用	
学习目标	知识目标	• 理解目标管理的起源与理念； • 了解目标管理的主要内容及其优缺点； • 熟悉目标管理的基本步骤； • 掌握目标管理中目标的来源和设定原则。
	能力目标	• 具备根据目标设定的要求为相关岗位进行目标设定的能力； • 具备判断设定的目标是否合乎规范的能力。
	素养目标	• 从目标管理的逻辑出发，使学生认识到企业目标设定及分解的意义，能联系日常学习生活，学会目标分解，构建大局观与整体意识，激发爱岗敬业的职业情怀。

引导案例

聪明的士兵学会了目标分解

古代有一位骁勇善战的将军，为了保卫国家，他要挑选五十个勇敢和聪明的士兵前去抗击入侵的敌人。如何才能挑到好的士兵呢？将军犯愁了，最后想到了一个两全其美的办法来挑选士兵。他给了每个士兵一捆十支捆在一起的羽箭。将军对士兵们说："把你们手中的羽箭折断，谁能折断我就送谁上前线去！"

士兵们拿着羽箭，跃跃欲试，用力地折，除了一个超勇的大力士能把一捆羽箭折断之外，其他的人谁也不能一次把手中的羽箭折断。

后来陆续有一些聪明的士兵走到将军面前，对将军说："将军，你带我去前线抗敌吧，我把所有的羽箭都折断了。"将军问："你是如何把这些羽箭折断的？"士兵回答说："把这捆羽箭打开，一支支地很轻松就把它折断了。"

将军挑到了勇敢和聪明的士兵，带着他们去抗击敌人，取得了巨大的胜利。

关键知识点

一、目标管理的起源

目标管理是指组织的主管人员与员工亲自参加目标的制定，在工作中实行自我控制，并努力实现工作目标的一种制度或方法。彼得·德鲁克于 1954 年在《管理的实践》一书中提出了一个新概念——目标管理（Management by Objective，MBO）。它要求企业高层制定公司总目标，以目标执行结果为评判企业绩效的标准，充分发挥组织目标的激励作用。目标管理是以目标为导向，以人为中心，以成果为标准，使组织和个人取得最佳业绩的现代管理方法，已成为当代管理体系的重要组成部分。目标管理亦称“成果管理”，俗称责任制，是指在企业个体职工的积极参与下，自上而下地确定工作目标，并在工作中实行“自我控制”，自下而上地保证目标实现的一种管理办法。

目标管理强调了“目标”的重要性。德鲁克认为，并不是有了工作才有目标，而是有了目标才能确定每个人的工作。所以“企业的使命和任务，必须转化为目标”。如果一个领域没有目标，这个领域的工作必然被忽视。因此管理者应该通过目标对下级进行管理，当组织高层管理者确定了组织目标后，必须对其进行有效分解，转变成各部门以及各个人的分目标，管理者根据分目标的完成情况对下级进行考核、评价和奖惩。真正的目标管理是实现员工的自我管理，即自主寻求个人目标与组织目标的一致性，通过不断努力、自我监督、自我评判完成结果的过程，进而实现员工的自我管理。在目标管理情境下，每位员工都是自我的管理者。

目标管理提出以后，便在美国迅速流传。在第二次世界大战后西方经济由恢复转向迅速发展的时期，企业亟须采用新的方法调动员工积极性以提高竞争能力，目标管理应运而生，并得到广泛应用，且很快为日本、西欧国家的企业所仿效，在世界管理界大行其道。目标管理从 20 世纪 80 年代初引入我国，现已在许多企业及其他社会组织中应用，并取得明显的成效。

课堂互动

你是怎么理解工作与目标的关系的？小组讨论后，谈谈你们的观点。

二、目标管理的主要内容

目标管理被广泛应用于绩效评估，即将企业目标分解到部门与个人进行评估的方法。目标管理的核心是强调企业群体共同参与制定具体的、可行的而且能够客观衡量的目标，通过一种专门设计的过程使目标具有可操作性，这种过程一级接一级地将目标分解到企业的各个组织，即从企业整体目标到经营单位目标，再到部门目标，最后到个人目标；从年度目标到季度目标，最后分解到月度目标。

目标管理应以三个假定为根据：第一，如果在计划各种绩效指标和确定绩效标准的过程中让员工也参与其中，那么可以增强员工对企业的认同感和工作积极性；第二，如果所确定的各目标十分清楚和准确，员工就会更好地工作以实现理想的结果；第三，工作表现的各种目标应该是可以衡量的并且应该是直接针对各种结果的。在许多上级对下级的考核过程中，经常出现"具有主动性""具有积极性""具有合作精神"等过于模糊的一般性概括评价，对此应该尽量予以避免。切记，各种目标是由将要采取的各种具体行动和需要完成的各种工作构成的。

以下是一些目标实例：每月 5 日提供区域销售报告；平均每月至少从 5 个客户处获得新订单；使工资总额保持在销售额的 10% 左右；将物耗损失降低到 5% 以下；企业的所有空缺都在空缺出现后的 30 天内予以填补。

课堂互动

请你按照上述例子，再举例说说符合规范的其他目标实例。

微课

目标管理的基本程序

三、目标管理的基本步骤

目标管理是一个反复循环、螺旋上升的管理方式，因而它的内容具有一定的周期性。目标管理正是通过其内容的周而复始，才实现了绩效管理的不断提高。其基本步骤一般包含确定绩效目标、分解目标、评估目标及设定新的绩效目标四个环节。

（一）确定绩效目标

正如彼得·德鲁克所说："每一项工作必须为达到总目标而展开。"也就是说，绩效目标的设定是目标管理的开始，也是统领全局的一步。因此，在目标设定中要做到以基本目标为主，同时要重点考核卓越目标，即目标在设定过程中要遵循可操作性和挑战性相结合的原则。

（二）分解目标

目标管理中的目标包括企业战略目标和年度经营目标、部门目标和个人目标，在目标分解中，主要是对这三个层次目标的横向和纵向分解。目标的来源主要包括以下三类：

第一，来源于企业战略目标或部门目标。

部门目标来源于企业战略目标的分解，个人目标来源于部门目标的分解。

第二，来源于部门职责及岗位职责。

部门职责及岗位职责描述了一个部门或岗位在组织中所发挥的作用或扮演的角色，即这一部门或岗位对组织的增值产出，是进行目标分解的依据。

第三，来源于业务流程目标，也就是来自客户的需要。

如果一个部门或岗位为另一个部门或岗位提供产品或服务，则后一个部门或岗位就是前一个部门或岗位的客户，因此客户除了外部客户还包括内部客户；客户对产品和服务的满意度是衡量部门或岗位绩效的重要标准，客户的需要是制定绩效目标的重要依据。

目标分解的原则有以下几项：

（1）应按照企业、部门、个人的层次与顺序，自上而下层层分解。

（2）各部门应根据目标寻找问题点，在研究问题点的基础上确定实施对策，并使下属明确。越往下展开，目标和措施应越具体，展开到解决问题为止。

（3）目标与对策应对应一致。

（4）在目标制定过程中，上下级之间应该反复沟通，并且就目标项目与目标标准达成一致。

另外，在确定目标和分解目标的过程中，应注意设置恰当且能评估的目标，如表 4-1、表 4-2 所示。

表 4-1 不恰当的目标与恰当的目标

不恰当的目标	恰当的目标
以过程或活动形式来表达	以最终结果来表达
没有具体的完成期限	在确定的时间内完成
对期望达到的目标定义模棱两可	确定目标完成的形式
理论化或理想化	从公司的管理实际出发
没有真正的结果	对公司的成功很重要
过于简练、不清楚，或太长、太复杂	尽可能地用数量精确说明
重复，一项陈述中包含两个或以上承诺	一项陈述只限一个重要的承诺

表 4-2 不可以评估的目标与可以评估的目标

不可以评估的目标	可以评估的目标
获得较高的利润	在年度末实现利润增长 15%
大幅度提高生产率	在不增加费用和保持现有质量的情况下，本季度的生产率比上季度增长 10%
提高产品质量	产品抽查不合格率低于 3%
经常与下属沟通	主管每周与下属沟通时间不少于 2 小时
维持电脑网络系统的稳定性	由于技术问题网络中断次数每季度不超过 1 次
保证设备正常运行	每次维修时间不超过 1 小时

课堂互动

以设定课程学习目标为例，请你举例说说什么是恰当的、可评估的目标，什么是不恰当的、不可评估的目标。

（三）评估目标

达到预定的期限后，下属首先进行自我评估，将实际达到的绩效水平与预先设定的绩效目标相比较，提交书面报告；然后上下级一起评估目标完成情况，决定奖惩。

管理者与员工讨论他们是否完成了目标，并研究为什么能完成或不能完成，组织将这些检查考核工作情况记录下来并成为正式的绩效考核依据。如果目标没有完成，应分析原因、总结教训，切忌相互指责，以保持相互信任的气氛。因为目标管理的考核不是考核行为或态度，而是考核结果，如果确立的目标具体、可量化，那么考核过程就会比较简单。

这个环节将实际达到的绩效水平与预先设定的绩效目标相比较，找出二者之间的差距，这既有助于确定培训的需求，又能帮助确定下一绩效周期的绩效目标。

（四）设定新的绩效目标

凡是已成功实现绩效目标的被考评人员都可以被允许参与下一周期新的绩效目标的设置过程，而对那些没有达到既定绩效目标的被考评人员，在与其直接上级进行沟通目标未实现的原因，并制定出相应的解决办法和行动矫正方案后，才可以参与新一轮绩效目标的设定。

目标不是一成不变的，要根据发展形势的变化而进行调整。目标的调整也要求绩效评价方式和指标发生相应的变化，但所遵循的要求和步骤一般不会变动。如果企业需要增加或减少多个目标，意味着企业目标要发生重大变化和调整，此时应首先对前期目标进行正式的总结和员工绩效评价，然后停止前期目标的实施，展开新一轮的绩效目标。

案例评析

绩效管理的目标设置是思考的艺术

A 公司是一家房地产公司，近日来人力资源部正为员工的考勤情况犯愁。因为公司整体的考勤始终不理想，尤其是公司的售楼部，考勤情况十分不理想，且有愈演愈烈之势。加强员工考勤管理势在必行，故人力资源部按照公司《员工考勤管理制度》加大了执行力度。三个月下来，员工的考勤情况确有很大改观。其中，行政人员已经杜绝了迟到现象。可售楼部的情况却不尽如人意。尤其是一到雨雪天，迟到现象依然如故。看来加大惩罚力度势在必行。于是，在原有制度基础上，除加大经济处罚外，还视情节加上了行政处罚。原以为可以收到杜绝迟到的效果，可没想到的是售楼部的反应冷淡：你罚你的，我晚我的。人力资源部几经思索，多方求证后，做出了如下规定："售楼部的接单为排号接单，而排号的顺序将遵循到岗的顺序。"新规定一经落实，顿生奇效，日常考勤有了保障。

资料来源：胡久贵，苏元章．人力资源管理．长春：吉林大学出版社，2016.

四、目标管理的优缺点

（一）目标管理的优点

目标管理的最大优点在于它能使人们用自我控制的管理来代替受他人支配的管理，激发人们发挥最大的能力把事情做好。它的优点主要表现在以下几个方面。

1. 权利责任明确

目标管理通过自上而下或自下而上层层制定目标，在企业内部建立起纵横连接的完整的目标体系，把企业中各个部门以及各类人员都能严密地组织在目标体系之中，明确职责，划清关系，使每个员工的工作直接或间接地同企业总目标联系起来，更有效地把全体员工的力量和才能集中起来，提高企业工作效果。

2. 强调员工参与

目标管理非常重视上下级之间的协商、共同讨论和意见交流，上下级通过协商，加深对目标的理解，进而消除彼此之间的意见分歧，取得上下目标的统一。目标管理改变了由上而下摊派工作任务的传统做法，调动了员工的主动性、积极性和创造性。

3. 注重结果

目标管理所追求的目标，就是企业和每个员工在一定时期所应达到的工作成果。目标管理不以行动表现为满足，而以实际成果为目的。工作成果对于目标管理来说，既是评定目标完成情况的依据，又是奖惩的主要根据。

4. 目标管理法吸纳了任务管理法和人本管理法的优点

任务管理法规定了工作任务和完成任务的方法，而且任务和方法都有标准化的要求，员工按照标准化的要求进行培训，按照标准化的要求进行操作，工作积极性和创造性会受到极大限制；人本管理法过于强调领导对员工的信任，放手让员工自主去工作，这又难以保证任务的完成情况。目标管理法将两者有效结合起来，即企业规定总目标，各部门依据总目标规定部门目标，把部门目标分解落实到人，至于如何达到目标则放手让工作人员自主完成。

5. 成本较低

目标管理法操作起来比较简单，减少了一些不必要的环节，节省了成本。

6. 比较公平

目标管理是在员工与管理者之间达成绩效目标的基础上开展的考核，考核之前就存在一个客观的标准，这样就增强了员工的公平感。

7. 符合绩效管理的目的

目标管理可以强化员工对于达成工作成果的愿望，使员工更好地完成工作任务。

（二）目标管理的缺点

尽管目标管理存在上述优点，但其缺点也是很明显的，主要表现在以下几个方面。

1. 没有指出达到目标的行为

尽管目标管理使员工的注意力集中在目标上，但是它没有具体指出达到目标所要求的行为。这对于一些员工尤其是需要更多指导意见的员工而言，是一个问题。企业应该给这些员工提供可供参考的“行为步骤”，具体指出他们需要做些什么才可以成功达到目标。

2. 短期行为产生

目标管理也倾向于短期目标，即能在每年年底加以测量的目标，员工可能会试图为达到短期目标而牺牲长期目标。例如，一个开发部门的经理，由于要完成今年新产品的开发任务可能会完全启用老员工而忽视新员工，这种行为会极大地损害产品研发的未来前景；或者可能为了完成目标而仓促推出一个不成熟的新产品。

3. 缺少比较的共同基础

绩效标准因员工不同而不同，因此，目标管理没有为相互比较提供共同的基础。例如为一位“中等”的员工设置的目标就可能比那些为“优秀”员工设置的目标挑战性更小，两者如何比较呢？因为有了这个问题，所以目标管理作为一种决策工具的有用性就受到了限制。

4. 目标管理经常不能被使用者接纳

经理不喜欢目标管理所要求的大量书面工作，另外他们也许会担心员工参加目标设定会削弱他们的职权。带有这样想法的经理，就不会恰当地遵循目标管理程序。而且，员工也不喜欢目标带来的绩效压力以及由此产生的紧张感。

素养提升

每个人都应该有自己的目标，建立生活理想，激发生活热情。没有目标的人生就像是失去了帆的船，而有效的目标能够激发人的潜力，帮助你到达成功的彼岸。

管理学家们曾经专门做过一次摸高试验。试验内容是把二十个学生分成两组进行摸高比赛，看哪一组摸得更高。第一组十个学生，不规定任何目标，由他们自己随意制定摸高的高度；第二组规定每个人首先定一个标准，如要摸到 1.60 米或 1.80 米。试验结束后，把两组的成绩全部统计出来进行评比，结果发现规定目标的第二组的平均成绩要高于没有制定目标的第一组。

技能训练

任务名称	学期目标的设定
训练目标	• 进一步提升学生对目标管理的内涵与理念的理解，培养其目标分解的能力，形成良好的目标意识。
训练内容	• 结合目标管理的相关知识，为自己设定学期学习、生活等方面的目标，同学之间相互评价是否是可以评估的、恰当的目标。
质量评价	• 设定的目标准确、规范、具有可行性（50%）。 • 能够有效判断目标是否可评估、是否恰当（30%）。 • 积极参与讨论（20%）。
成果摘要	

任务二

关键绩效指标的运用

任务导入

任务名称	关键绩效指标的运用	
学习目标	知识目标	• 理解关键绩效指标的内涵和理论基础； • 熟悉关键绩效指标的确立方法； • 掌握 SMART 原则的内涵与应用。
	能力目标	• 具备运用客户关系示图的方法提取给定岗位的绩效指标的能力； • 能够运用关键绩效指标确立方法进行不同层级关键绩效指标的设定。
	素养目标	• 从对关键绩效指标的理解出发，联系个人职业规划，能够抓住重点，分清轻重缓急，减少时间浪费，提升个人素养，成为踏实勤奋的新时代劳动者。

引导案例

唐僧师徒的小故事

唐僧团队是一个知名的团队，经常在课堂上被作为典范来讲，但是这个团队的绩效管理似乎做得并不好。我们来看一下他们的绩效管理的故事。

话说，唐僧团队乘坐飞机去旅游，途中飞机出现故障，要跳伞，不巧的是四个人只有三把降落伞。为了做到公平，唐僧对各个徒弟进行了考核，考核过关就可以得到一把降落伞，考核失败，就自己跳下去。唐僧问孙悟空："悟空，天上有几个太阳？"悟空不假思索地答道："一个。"唐僧说："好，答对了，给你一把伞。"接着又问沙僧，"天上有几个月亮？"沙僧答道："一个。"唐僧说："好，你也对了，给你一把伞。"八戒一看，心里暗喜："这么简单，我也行。"于是，他摩拳擦掌，等待唐僧出题。唐僧的题目出来，八戒却跳下去了，大家知道为什么吗？唐僧的问题是："天上有多少星星？"八戒当时就傻掉了，直接跳下去了。这是第一次旅游。

过了些日子，师徒四人又乘坐飞机去旅游，结果在途中飞机又出现了故障，同样只有三把降落伞，唐僧如法炮制，再次出题考大家。他先问悟空："中华人民共和国哪一年成立的？"悟空答道："1949 年 10 月 1 日。"唐僧说："好，给你一把伞。"

他又问沙僧："中国的人口有多少亿？"沙僧说是14亿。唐僧说："好的，答对了。"沙僧也得到了一把伞。轮到八戒，唐僧的问题是，14亿人口的名字分别叫什么？八戒又一次以自由落体结束旅行。

第三次旅游的时候，飞机再一次出现故障，这时候八戒说："师父，你别问了。"然后纵身一跳。唐僧双手合十，说："阿弥陀佛，殊不知这次有四把伞。"

这个故事说明绩效考核指标值的设定要在员工的能力范围之内，员工跳一跳可以够得着，如果员工一直跳，却永远也够不着，那么员工的信心就丧失了，考核指标也就失去了本来的意义。很多企业在设定考核指标的时候，喜欢用高指标值强压员工。这个设计的假设是如果指标值设定得不够高，员工就没有足够的动力，另外，用一个高的指标值来考核员工，即便员工没有完成100%，而只是完成了80%，也已经远远超出企业的期望了。这种逻辑是强盗逻辑，表现出管理者的无能和无助，只知道用高指标强压员工，殊不知，指标背后的行动计划才是真正帮助员工达成目标的手段，而指标本身不是。其实，设定一个员工经过努力可以达到的指标值，然后帮助员工制订达成目标的行动计划，并帮助员工去实现，才是经理的价值所在。经理做到了这一点，才能实现帮助员工成长的目标，才真正体现了经理的价值。

资料来源：钟鑫，刘莉．绩效管理：理论与应用．成都：西南财经大学出版社，2020.

关键知识点

一、关键绩效指标的含义

关键绩效指标法（Key Performance Indicator，KPI）是目标管理法与帕累托定律（二八定律）的有机结合，它对企业的战略目标进行全面的分解，分析和归纳出支撑企业战略目标的关键成功因素，继而从中提炼出企业、部门和岗位的关键绩效指标，是把公司战略目标分解为可运作的远景目标和量化指标的有效工具。决定与衡量企业经营管理实际效果的关键绩效指标，是宏观战略决策执行效果的监测指针。其内涵包括以下几个方面：

（1）最能有效影响企业价值创造的关键驱动因素；

（2）最能体现对组织战略目标有增值作用的绩效指标；

（3）直接用于评价员工绩效的可量化的或可行为化的指标体系。

二、关键绩效指标的理论基础

1897 年，意大利经济学家帕累托在研究中发现了一件奇怪的事情：19 世纪英国人的财富分配呈现出了一种不平衡的模式，大部分的社会财富最终都流向了少数人的手里。帕累托认为，在任何特定的群体中，重要的因子通常只占少数，而不重要的因子则常占多数，只要控制重要的少数，即能控制全局。这反映在数量比例上，大体就是 2：8。这项发现体现了一个重要的管理法则，即“二八定律”，又称冰山原理、帕累托定律等，是“重要的少数”与“琐碎的多数”的简称。

KPI 方法之所以行得通，正是因为它符合了二八法则。也可以说，KPI 的理论基础是二八法则。在一个企业的价值创造中，就存在着“20/80”的规律，即 20% 的骨干员工创造企业 80% 的价值。对每一个员工来说，80% 的工作任务是由 20% 的关键行为完成的。因此，抓住 20% 的关键行为，对之进行分析和衡量，也就抓住了业绩考评的重心。

课堂互动

举例说说生活中二八定律的应用。

三、关键绩效指标与一般绩效指标的区别

设立 KPI 的价值及意义在于使经营管理者将精力集中在对绩效有最大驱动力的经营行动上，及时诊断生产经营活动中的问题并采取提高绩效水平的改进措施。KPI 的精髓，或者说对绩效管理的最大贡献是指出企业业绩指标的设置必须与企业的战略挂钩，其“关键”两字的含义即是指在某一阶段一个企业战略上要解决的最主要的问题。KPI 是指标，不是目标，但能反映目标；KPI 是关键指标，不是一般指标。举例来说，“总机制定每天接听电话时的效率及服务质量”目标，通常如果没有达到，对公司营业可能不会有重大影响；如果公司希望“每年应该开发的新产品数量、时程表、质量与功能”目标，

若此数字未能达成，就会严重影响公司的产品竞争力、客户订单数量、市场占有率，甚至于公司股价，进而对公司的营运策略能否成功产生重大影响。

从表 4-3 可以看出基于 KPI 的绩效考核体系与一般绩效考核体系的区别。

表 4-3　基于 KPI 的绩效考核体系与一般绩效考核体系的区别

比较项目	基于 KPI 的绩效考核体系	一般绩效考核体系
假设前提	假定人们会采取一切必要的行动努力达到事先确定的目标	假定人们不会主动采取行动以实现目标；假定人们不清楚应采取什么行动以实现目标；假定制定与实现战略与一般员工无关
考核的目的	以战略为中心，指标体系的设计与运用都是为组织战略目标的达成服务的	以控制为中心，指标体系的设计与运用来源于控制的意图，也是为更有效地控制个人的行为服务
指标的产生	在组织内部自上而下对战略目标进行层层分解而产生指标	通常是自下而上根据个人以往的绩效与目标产生指标
指标的来源	基于组织战略目标与竞争要求的各项增值性工作产出	来源于特定的程序，即对过去行为与绩效的修正
指标的构成及作用	通过财务与非财务指标相结合，体现关注短期效益、兼顾长期发展的原则；指标本身不仅传达了结果，也传递了产生结果的过程	以财务指标为主、非财务指标为辅，注重对过去绩效的考核，并且指导绩效改进的出发点是过去的绩效存在的问题，绩效改进行动与战略需要脱钩

课堂互动

关于关键绩效指标与一般绩效指标的比较，还有哪些例子，请你举例说说看。

四、关键绩效指标的确立方法

微课

标杆基准法

（一）KPI 确立的具体方法

在以关键绩效指标为基础实施绩效考核时，确定 KPI 指标是关键。常见的 KPI 确立方法有以下几种。

1. 标杆基准法

标杆基准法是企业将最强的竞争企业或那些在行业中领先的、最有声望的企业的关键绩效行为作为基准，并将自身的关键绩效行为与之进行评估与比较，分析这些标杆企业的绩效形成原因，在此基础上建立企业可持续发展的关键绩效标准及绩效改进最优策略的程序和方法。例如，1976 年以后，一直保持着世界复印机市场垄断地位的施乐公司遇到了如佳能、NEC 等公司的挑战，市场占有率急速下降，施乐公司最先发起向日本企业学习的运动，弄清了这些公司的运作机理，找出了与佳能等主要对手的差距，全面调整了经营战略、战术，改进了业务流程，很快收到了成效，把失去的市场份额重新夺了回来。

在 KPI 和指标值的设定上，参考较强的竞争企业或那些在行业中领先的、最有声望的企业的做法是很有必要的，它能够帮助企业明确目标和方向，清楚自身的差距，以便更好地确立重点和改进工作。但是，在具体 KPI 的设计上，一定要注意考虑企业自身的特点与发展阶段，应该在充分了解标杆企业绩效体系的真正立足点的基础（如企业文化、战略意图、核心竞争力、发展历史、领导作风等）上，分析企业自身的优势和劣势，设立符合自身发展实际的绩效指标。

常见的标杆有内部标杆、竞争标杆、职能标杆和流程标杆。

内部标杆是以企业内部操作为基准的标杆管理。以企业内部最佳作业典范操作为标杆，通过大量内部资料共享将最佳作业典范推广到组织的其他部门，是最简单且易操作的标杆管理方法之一。

竞争标杆是以竞争对象为基准的标杆管理。以有相同目标市场的竞争者为标杆，在产品、服务和工作流程等方面的绩效与实践方面，学习、引进行业内最佳管理实践。

职能标杆是以行业领先者或某些企业的优秀职能操作为基准进行的标杆管理。以不同行业，但有相同或相似运作环节的企业的最佳管理实践为标杆。

流程标杆是以最佳工作流程为基准进行的标杆管理。以最佳工作流程而不是以某项业务与操作职能、实践为基准进行的标杆管理。

课堂互动

请用自己的话描述采用标杆基准法确定 KPI 的流程。

2. 成功关键因素分析法

成功关键因素分析法就是要寻找一个企业成功的关键要点是什么，并对企业成功的关键要素进行重点监控。通过寻找企业成功的关键，层层分解从而选择评估的 KPI。其基本思想是通过分析企业获得成功或取得市场领先地位的关键因素，提炼出导致成功的关键绩效模块，再把绩效模块层层分解为关键要素。为了便于对这些要素进行量化评估与分析，须将这些要素细分为各项指标，即 KPI。

3. 策略目标分解法

策略目标分解法采用的是平衡计分卡的思想，即通过建立包括财务指标与非财务指标的综合指标体系对企业的绩效水平进行监控。

首先，确定企业战略。企业各级目标的来源必须是企业的战略目标，只有经过战略目标的层层分解，才能保证所有部门和员工的努力方向与企业保持一致。企业的战略目标是根据企业发展状况和环境的变化不断调整的，企业在不同的发展时期有着不同的经营重点。

其次，进行业务价值树分析。业务重点是为了实现企业的战略目标必须完成的重点，这些业务重点就是企业的关键绩效领域。战略目标确定以后，就要通过业务价值树分析，对战略方案和计划进行评估，并按照它们对企业价值创造的贡献大小进行排序，分别建立企业的价值体系，并以此找出企业中数目有限的关键战略价值驱动因素，进而确定关键的岗位和部门。

再次，进行关键驱动因素分析。通常要进行两方面工作：第一是进行关键驱动因素的敏感性分析，找出对企业整体价值最有影响的几个财务指标；第二是将滞后的财务价值驱动因素与先行的非财务价值驱动因素连接起来。一般情况下，会借用平衡计分卡思想，通过策略目标分解来建立这种联系。

（二）运用成功关键因素分析法确立 KPI 指标

成功关键因素分析法是基于企业愿景、战略与核心价值观，对企业运营过程中的若干关键成功要素进行提炼与归纳，从而建立企业关键业绩评价指标体系和绩效管理系统的程序和方法。下面以此为例分析 KPI 的确立。

1. 分解企业战略目标，提取关键成功要素

微课

成功关键因素分析法

实施 KPI 考核，首先需要对企业的战略目标进行分解，以明确各部门和个人在一定时期内应该完成的任务。企业的战略目标是对企业战略经营活动预期取得主要成果的期望值。战略目标是一种宏观目标，是对企业全局的一种总体设想，它的着眼点是整体而不是局部。它所提出的是企业总体发展的总要求和总任务。它规定了整体发展的根本方向，具有高度概括性。因此，企业必须首先对高度概括性的战略目标进行分解和细化，找到企业战略目标实现的关键点，确定支撑战略目标的关键成功要素。关键成功要素是企业为实现战略目标必须给予特别关注并且需要持续注意的一些方面，包括当前及未来影响企业运营活动的成功要素。

运用成功关键因素分析法寻找企业成功的关键，一般要涉及三方面的问题：第一，这个企业为什么成功？过去成功靠什么？过去成功有哪些要素？第二，分析在过去那些成功要素之中，哪些要素能够使企业持续成功？哪些要素已经成为一个企业持续成功的障碍？第三，企业要面向未来，根据战略规划，确定未来的追求目标是什么、未来成功的关键是什么？如某公司可能将公司成功的关键要素定为六项，即市场领先、客户服务、利润增长、组织建设、科研开发和技术支持。

2. 以关键成功要素为基础，确立 KPI 要素

找出企业成功的关键因素之后，要对成功模块进行解析和细化，即确定 KPI 具体要素，如市场领先可以分解为市场竞争力、市场拓展力及品牌影响力；利润增长可以分解为应收账款、费用控制和纯利润；而科研开发则具体分解为团队建设、充足资金保证、信息来源三个大的方面。

3. 对 KPI 要素进行筛选，设定恰当的 KPI 指标

进一步将 KPI 要素进行筛选，并将其分解为恰当的可量化的 KPI。一个成功要素可能有众多用于反映其特性的指标，但根据 KPI 考评方法的要求和便于考评人员的实际操作这一要求，需要对众多指标进行筛选，以最终确定 KPI。如市场拓展力可以通过新客户数量和新业务营业收入增长两项指标得以体现，市场竞争力可通过当期接待人次和当期营业收入来体现。以科研开发为例，以上过程如表 4－4 所示。

表 4－4　关键绩效指标的提取

关键成功要素	KPI 要素	KPI
科研开发	团队建设	培训率
		新增科技人员比例
	信息来源	用于信息硬件设备的投入
		资料来源支出
	充足资金	当年科研费用 / 企业总收入

（三）KPI 指标层次

通常，一个企业的 KPI 体系可以包括三个层次。

1. 企业级 KPI

在明确了保证企业战略目标实现的关键成功要素之后，企业的高层领导者在此基础上对关键成功要素进行进一步的细化，从而确定企业的关键绩效要素，在此基础上进一步寻找可以支撑这些关键绩效要素的关键性指标，并对这些关键指标进行提炼，就可以得到企业级 KPI。

2. 部门级 KPI

在确定了企业级 KPI 之后，需要以此为基础设计部门级的 KPI。

首先，要建立企业级 KPI 和各主要业务流程的关系，找出流程的关键控制点。流程是任何企业运作的基础，一个企业所拥有的全部业务都是通过相应的业务流程来驱动的，企业的价值创造也是在各业务流程中完成的，企业战略目标的实现与否，在很大程度上取决于各主要业务流程的运行效率和质量。在设计出企业级 KPI 之后，企业管理者要在企业级 KPI 和各主要业务流程之间建立联系，确定支撑各个企业级 KPI 的流程，明确主要业务流程的工作方向，并在此基础上确定各流程的关键控制点，确认各主要业务流程与各职能部门的联系。

其次，在企业各流程关键控制点确定之后，应根据参与各主要业务流程的职能部门的职责确定各部门在流程关键控制点上应该承担的任务重点，建立流程和各职能部门之间的关联，从而在更微观的部门层面建立流程、职能与指标之间的关联。

经过上述两个环节之后，就可以在建立起来的主要业务流程和各职能部门联系的基础上，根据各部门承担的业务重点设计部门级 KPI。

3. 岗位级 KPI

在各职能部门的 KPI 确定之后，需要据此设计员工的岗位级 KPI。

员工岗位级 KPI 设计的主要方法是：根据员工岗位说明书上列明的岗位职责以及相应岗位产出特点确定各岗位对部门级 KPI 所贡献的绩效要素，然后在此基础上设计各岗位的 KPI，从而最终建立连接企业级 KPI、部门级 KPI 和岗位级 KPI 的链条，将企业高度概括的战略目标细化，传递至具体的工作岗位。

五、岗位关键绩效指标体系的构建

企业的战略目标可以分解为每个子公司、分公司和职能部门的经营目标，然后细分到每个员工的岗位目标。如果每个员工的目标能保质保量甚至超额完成，则整个企业的目标就能很好地被完成。明确所辖部门和个人在一定时期内应该完成的任务，主要是界定某个个体或团队应该做什么，最终的工作结果即工作产出是什么。

（一）确定工作产出

所谓确定工作产出，主要是界定某个个体或团队的工作结果是什么。工作产出是设定关键绩效指标的基础。工作产出可以是一种有形的产品，也可以是某种作为结果的状态。通常来说，以客户为导向来设定工作产出是一种比较适宜的方法。凡是被考评者工作产出输出的对象，无论是组织外部还是内部都构成客户，定义工作产出需要从客户的需求出发。这里尤其强调的是组织内部客户概念，这是把组织内部不同部门或个人之间工作产出的相互输入输出也当作客户关系。例如，作为一名总经理秘书，其工作产出可能包括打印录入文件、起草报告信函、差旅安排、会议服务等；对于一名客户服务经理来说，其工作产出可能会是满意的客户、下属的生产力、下属工作满意度等。

确定工作产出时，可以采用绘制客户关系示图的方法进行。我们通常将某个个体或团队的工作产出提供的对象当作这个个体或团队的客户，这样的客户通常包括内部客户和外部客户，客户关系示图就是通过图示的方式表现一个个体或团队对组织内外客户的工作产出。在这个客户关系示图中，我们可以看到一个个体或团队为哪些内外客户提供工作产出，以及对每个客户提供的工作产出分别是什么。那么在进行绩效考评时，就可以考虑内外客户对这些工作产出的满意标准，以这些标准来衡量个体或团队的绩效。

例如，某销售部秘书的客户关系如图 4－1 所示，这个销售部秘书的主要工作职责有：协助销售部经理处理日常事务，包括起草文件、收发信件、接待客人等；协助销售部的业务人员处理日常事务，包括会议后勤、差旅安排和其他一些日常服务；汇总部门的财务票据和数据，提供给财务部门。

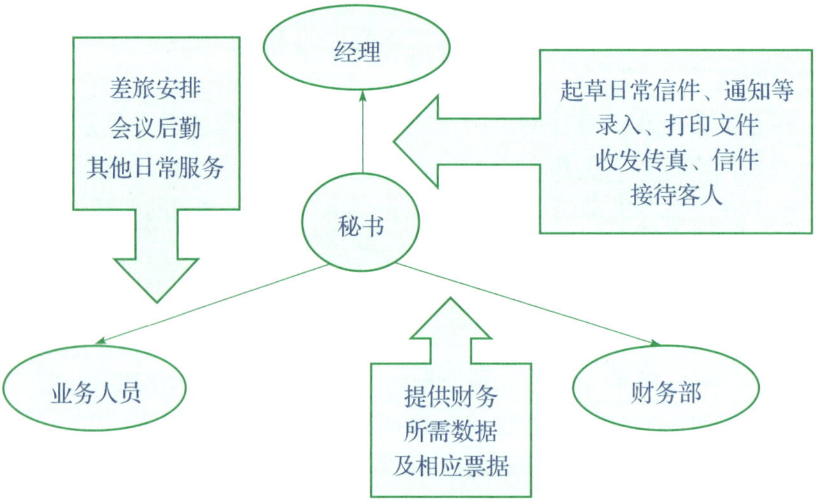

图 4－1　某销售部秘书客户关系示图

因此，从客户关系示图中我们可以看出，这个部门秘书所面对的客户主要有三类：一是部门经理；二是部门内的业务人员；三是财务部门的相关人员。

秘书向部门经理提供的主要工作产出有：起草日常信件、通知等；录入、打印文件；收发传真、信件；接待客人。

在这里，经理是秘书的上司，在客户关系示图中，我们也将其作为秘书的一个客户。那么，我们衡量秘书对部门经理的工作完成得怎么样时，就可以考虑在上面这四项工作产出上经理的满意度。秘书的绩效标准也就是这几项工作产出的质量、数量、时效性等。例如，文件的录入、打印准确性如何；起草的文件是否能达到经理对质量的要求等。

秘书向部门中的业务人员提供的工作产出主要是：差旅安排；会议后勤；其他日常服务。秘书向业务人员提供的工作产出主要是为业务人员的业务工作提供一些辅助性的支持。秘书为业务人员的差旅安排提供的服务主要有预订机票、酒店、安排车辆等，那么在这方面判断一个秘书的工作做得怎么样时，主要会考虑他的服务是否给业务人员的工作带来了方便，这主要通过业务人员的满意度来体现。秘书为业务人员提供会议的后勤服务，主要包括预定会议室、安排会议设备、会议过程中为参会者提供会场服务等，在这方面衡量秘书的工作做得怎么样时，主要可以通过会议是否顺利进行以及参会人员的满意度来体现。另外，作为部门秘书，他还要为业务人员提供其他一些日常服务，例如与行政部门协调借用设备等有关事宜。

另外，由于该公司财务部门规定各项财务报销和费用支出都统一由部门秘书经手，因此部门秘书要向财务部门提供相关的数据和票据。因为财务部门是秘书所面对的客户，所以在提供工作产出时就需要按照客户的要求来提供。秘书在这个方面工作做得怎么样，需要财务部门进行判断。客户关系示图的方法不仅适用于对个体的工作产出进行分析，也同样适用于对团队的工作产出进行分析。

（二）建立评价指标

在确定了工作产出之后，需要确定对各项工作产出分别从什么角度去衡量，从哪些方面评价各项工作的产出。通常来说，关键绩效指标主要有四种类型：数量、质量、成本和时限。表 4－5 列出了常用的关键绩效指标的类型和一些典型的例子以及数据来源。

表 4－5　常用关键绩效指标示例

指标类型	举例	数据来源
数量	产量 销售额 利润	业绩纪录 财务数据 上级考核
质量	破损率 独特性 准确性	生产记录 上级考核 客户考核
成本	单位产品的成本 投资回报率	财务数据
时限	及时性 到市场的时间 供货周期	客户考核

微课

SMART 原则

同时，在确立 KPI 时还应注意遵守 SMART 原则，指标要少而精、可控、可测、具体明确，并且要有有效的业务计划及目标设置程序的支持。SMART 原则具体表现为表 4－6 中的五个方面。

表 4－6　指标设立的 SMART 原则

原则	说明
S：具体（Specific）	KPI 必须迎合组织的战略目标，不能笼统空泛，要适度细化，并可随情境进行改变
M：可衡量（Measurable）	KPI 要可度量化或行为化，衡量这些指标的数据或其他信息要能够比较容易获得

续表

原则	说明
A：可实现（Attainable）	KPI 目标设定难易适中，既不能太高，也不能太低，而是要在付出努力的条件下能够实现或达到
R：现实性（Realistic）	KPI 要实实在在，结果可以被观察和证实，而非基于假设或预期
T：时限（Time）	KPI 要使用一定的时间单位，设定完成这些绩效的期限

案例评析

爱丽丝的故事

《爱丽丝漫游奇境记》中有这样一段对话：

"请你告诉我，我该走哪条路？"爱丽丝问猫。

"那要看你想去哪里？"猫说。

"去哪儿无所谓。"爱丽丝说。

"那么走哪条路也就无所谓了。"猫说。

这个故事讲的是，人要有明确的目标，当一个人没有明确的目标的时候，自己不知道该怎么做，别人也无法帮到你！

（三）设定评价标准

一般来说，考核指标指的是从哪些方面来对工作产出进行衡量或评价，指标标准指的是在各个指标上分别应该达到什么样的水平；指标解决的是我们需要评价"什么"的问题，标准解决的是要求被考评者做得"怎样"、完成"多少"的问题。

（四）审核关键绩效指标

对关键绩效指标进行审核的目的主要是确认这些关键绩效指标是否能够全面、客观地反映被评价对象的工作绩效，以及是否适合于评价操作。审核关键绩效指标主要可以从以下几个方面进行：

（1）工作产出是否为最终产品。

（2）关键绩效指标是否是可以证明和观察的。

（3）多个评价者对同一绩效指标进行评价，结果是否能取得一致。

（4）这些指标的总和是否可解释这个岗位 80% 以上的工作目标。

（5）是否从客户的角度来界定关键绩效指标。

（6）跟踪和监控这些关键绩效指标是否可以操作。

（7）是否留下超越标准的空间。

技能训练

任务名称	绘制客户关系示图
训练目标	• 进一步掌握运用客户关系示图获取工作产出的方法，培养学生良好的逻辑性；形成团队合作意识，培养良好的沟通能力和分析问题、解决问题的能力。
训练内容	• 结合 KPI 相关知识，用客户关系示图为你熟悉的岗位（如销售员、招聘专员或者某个学生干部岗位等）确定工作产出。
质量评价	• 内容设定准确、规范、无遗漏（50%）。 • 客户关系示图绘制规范（30%）。 • 小组成员积极参与、体现团队合作（20%）。
成果摘要	

任务三

平衡计分卡的运用

任务导入

任务名称	平衡计分卡的运用	
学习目标	知识目标	• 了解平衡计分卡的诞生； • 熟悉平衡计分卡的基本内容； • 理解平衡计分卡的内涵和内在因果关系； • 熟悉运用平衡计分卡的基本设计步骤。
	能力目标	• 能够比较平衡计分卡与目标管理法、关键绩效指标体系的区别； • 具备分清平衡计分卡四个层面关系的能力。
	素养目标	• 从对平衡计分卡的认知出发，正确把握事物间的因果关系，学会内外平衡，树立大局意识。

引导案例

王安石变法与绩效管理

王安石变法不仅是一场非常有前瞻性的经济改革，也是一个绩效改进的过程。它的成功和失败都与绩效管理过程有着密切的关系。当时，阶级矛盾尖锐、民族对立严重、统治集团内部矛盾突出。这三大矛盾和“冗官、冗兵、冗费”三冗问题导致北宋积贫积弱，内忧外患。王安石变法以发展生产、富国强兵、挽救宋朝政治危机为目的（绩效指标），以“理财”“整军”为中心（关键绩效），涉及政治、经济、军事、社会、文化各个方面（绩效维度）。王安石变法充实了政府财政，提高了国防力量，在一定程度上改善了积贫积弱的局面，但由于在实际执行过程中的不良运作和各方力量的冲突抵制，统治集团内部的斗争更加激烈，新法成为各派系倾轧的工具，造成了扰民、损民的后果。

在绩效管理层面，究其失败原因，王安石变法存在如下问题：

（1）变法的超前性与社会现实的落后性之间差距过大。（战略目标不符合实际情况）

（2）新法的“敛财”实质导致社会基础丧失。（缺乏基层人员认可和支持）

（3）变法急功近利、急于求成。（缺乏合理计划和流程梳理）

（4）政策执行不力。（下级对上级的政策执行不当，导致效果偏离政策初衷）

（5）用人不当。（改革核心成员素质不够）

（6）变法派内部分裂。（团队内部未达成一致意见，改革推进受阻）

王安石变法的失败在绩效管理层面给了我们许多启示：

（1）战略目标的制定是绩效管理的关键所在。王安石变法的出发点是好的，但是目标设定脱离当时社会实际，这是导致变法失败的重要原因之一。所以绩效目标应该以实际为基础，充分结合企业的发展现状。

（2）在绩效计划制订之前制订者应该深入了解当前存在的主要问题，防止本末倒置；并同时做好沟通，协调好各方利益和任务，防止由于利益冲突导致大家不能同心协力地完成这一绩效计划。

（3）绩效管理不但需要有前期的绩效计划、绩效指标的确立，后期的绩效反馈、绩效控制也很重要，其起着承上启下的重要作用。没有对绩效管理的过程进行周密、认真的控制，前期所做的绩效计划必然付之东流，而绩效反馈也就无从谈起。绩效管理过程不仅关注最终任务完成情况、目标完成情况、结果或产出，同时还要关注绩效形成过程。王安石过于强调目标的完成，急功近利，没有意识到变法应该是一个循序渐进的过程。

（4）在整个绩效期间，管理者要不断地对员工进行指导和反馈，即进行持续的绩效沟通。这种沟通是一个双方追踪进展情况、找到影响绩效的障碍以及得到使双方成功所需信息的过程。王安石的变法措施在制定时的动机是好的，但由于没有在实施过程中进行有用的绩效沟通，即没有对政策的实施进展进行追踪，不能及时发现执行中存在的问题，导致一部分地方官员上行下效，从而没能达到预期效果。

总之，绩效管理是一个循环的动态系统，绩效管理所包含的几个环节紧密联系，环环相扣，任何一环的脱节都将导致绩效管理的失败。绩效管理应使官吏清楚朝廷的愿景，知晓自己的价值，从而将朝廷的政策有效地下放到各个层级和各个州县中。在科学全面的绩效管理中，我们首先要统一对组织目标的认识。我们应以企业战略目标为龙头，制定和分解企业目标到部门，让所有部门都意识到自己在企业战略中的重要地位和价值。

而基于平衡计分卡的绩效考核体系正是将公司战略有效落地的一个重要手段和途径。企业应以平衡计分卡为操作平台，基于综合平衡的战略思想，从创新学习、运作效率、顾客服务和经济效益四个基本维度，分别将基于共同愿景的组织战略明晰化、具体化，并构造一种“四维评分标度盘”，进而以此为基础框架设置相应的绩效衡量指标体系，将个人、团队和整个组织贯通和有机整合起来，对组织绩效状态进行综合反映、统筹测评、动态监控和价值联动。

资料来源：赵国军．绩效管理：理论与应用．北京：化学工业出版社，2016.

关键知识点

一、平衡计分卡的诞生

在平衡计分卡（Balanced Score Card，BSC）产生之前，传统的考核指标已经存在重大的缺陷，即侧重从某个角度去考查某个人的绩效。在平衡计分卡产生之前的20世纪80年代，各国的大企业都发现，采用传统的以财务为单一衡量指标考核企业和个人经营绩效的方法已经不能适应现代社会竞争日益剧烈的环境变化与战略要求的需要。传统的财务指标提供的信息不能再向企业高层提供切实可靠的信息。

20世纪末，企业面对的是全球性的竞争，顾客的要求也变得复杂多样，这就要求企业关注需求分析、产品创新设计、生产制造、市场营销、售后服务等方方面面的问题。在这样的形势下，客观环境要求我们去寻找更好的考核方式，即用一种新的并且比单一财务指标更有效的方法去考核企业和个人绩效。

罗伯特·卡普兰（哈佛商学院教授）和大卫·诺顿（复兴全球战略集团创始人兼总裁）用了一年的时间，对绩效测评方面处于领先地位的12家企业进行研究，于1992年发明了平衡计分卡。平衡计分卡是一种将传统的财务指标与非财务指标相结合来评价组织绩效的方法，因可以提供给管理者更广泛、丰富的管理和决策信息，它实际上是一种战略管理工具。

迄今为止，财富五百强的企业及大多数跨国公司基本都开发了平衡计分卡系统。大多数管理咨询公司在指导各类组织的战略实施及绩效提升的过程中，也普遍使用平衡计分卡的理论及分析框架。

微课

平衡计分卡的四个方面

二、平衡计分卡的基本内容

卡普兰和诺顿把平衡计分卡比喻为飞机座舱中的标度盘和指示器。为了操纵和驾驶飞机，驾驶员需要掌握关于飞机的众多方面的详细信息，诸如燃料、飞行速度、高度、方向、目的地，以及其他能说明当前和未来环境的指标。只依赖一种仪器，可能是致命的。同样道理，管理一个组织的复杂性，要求组织能同时从几个方面来考虑绩效。

平衡计分卡使管理者能够从以下四个重要方面来观察企业，如图4-2所示，它为四个基本问题提供了答案。

（一）学习与成长维度：我们能否持续创造价值

一个企业要实现长远发展，必须顺应环境变化，不断学习和创新，改革制度和流程，更新产品和服务，开拓新的市场和领域。平衡计分卡的另外三个维度可以显示出企业的实际水平和战略目标实现所必需的能力之间的差距，而这个差距就需要企业通过学习与创新进行弥补。企业的学习和成长能力主要表现在三个层面：人才、信息系统和组织程序。人才层面包括员工满意度、员工培训、员工留存率、生产效率等；信息系统层面包括企业的信息传达与反馈效率和渠道等；组织程序层面包括企业文化建设、组织氛围、团队精神等。学习与成长属于企业的生命线，是企业得以持续生存和发展的根本保证。

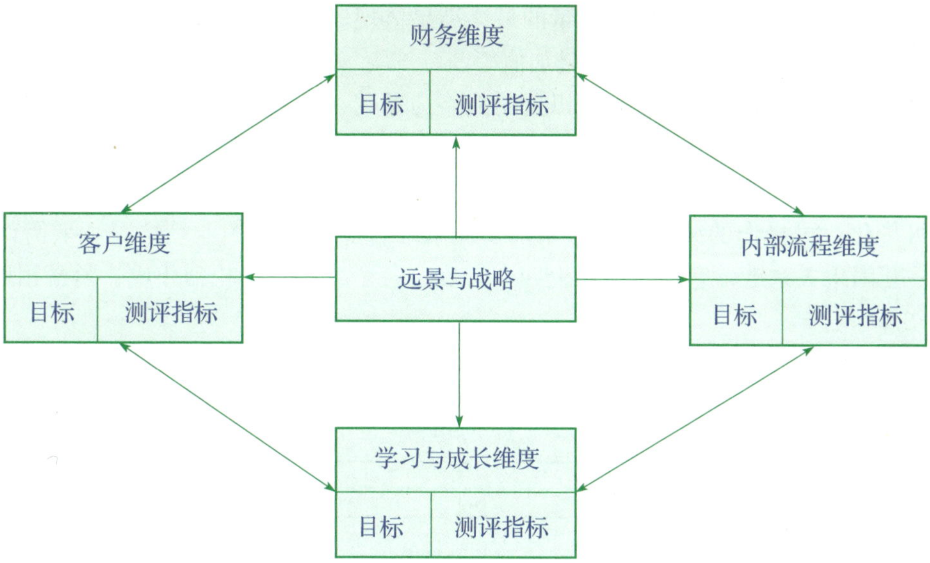

图 4－2　平衡计分卡的基本框架

故企业可以通过提供培训机会，建立高效的信息系统，确立合理的激励机制来激发人才的主动性和创造性，从而保持企业的学习和成长能力，以适应时代发展和企业竞争的需要。

（二）内部流程维度：我们擅长提供什么

内部流程维度揭示了传统绩效指标模式和平衡计分卡模式的两个重要差异。第一个差异是，传统模式重视改进现有的业务流程，但此时存在超出财务指标的风险；而平衡计分卡是建立全新的业务流程来实现财务指标。第二个差异是，传统模式关注的是短期的业务流程，着眼于现有的客户需求，目的是改善目前的经营状况；而平衡计分卡关注长期的财务效益，使企业得以创造新的产品和服务来满足未来的客户需求，推动企业实现未来的财务成功，并且平衡计分卡内部业务流程已经包括了短期的经营循环和长期的创新周期，让决策者无须在长期和短期业务流程中进行取舍。内部流程维度主要的衡量方面有流程的运行效率和成本控制情况、市场灵敏度和反应速度、对产品和服务的把控度。

（三）客户维度：我们能给客户提供什么

忠诚的客户是企业的利润来源。企业必须拥有一批黏性的客户群体才能巩固市场地位，实现长久发展。因此，企业要想提高企业绩效，必须为顾客提供全方位、高质量、多样化的产品和服务，提高客户满意度，从而扩大市场份额。企业需要锁定目标客户群，深入挖掘其价值需求，建立高效灵敏的市场服务网络，从而制定创新灵活的客户和市场战略。客户维度的衡量指标主要有客户满意度、客户保持率、市场份额及其变化情况、核心客户等。

（四）财务维度：我们怎么满足企业运营需要、实现持续发展

一个组织保持良好的学习和成长能力、高效的内部运作流程以及灵活的客户市场网络的最终目的是将绩效转变为经济性的财务绩效。财务性绩效指标可以量化公司的绩效，反映公司利益相关者的利益，并直接衡量企业战略执行的成效。它也是企业学习和成长能力、内部运作效率和市场服务质量的最终结果体现。财务维度的主要衡量指标有利润率、资本报酬率、营业收入、经济增加值等。

由此可见，平衡计分卡是一个以公司战略为基础、以因果分析为手段，从股东、客户、内部经营过程、学习与成长等方面层层展开的战略管理系统。其核心思想是：基于平衡的考量，从学习与成长、内部流程、客户和财务四个维度将企业战略目标层层分解，设置可量化、可操作的绩效指标体系，以此来综合反映企业的业绩情况。平衡计分卡也是一套因果关系链，它包括了以上四个维度，各个维度之间相辅相成、紧密相连（见图 4－3）。

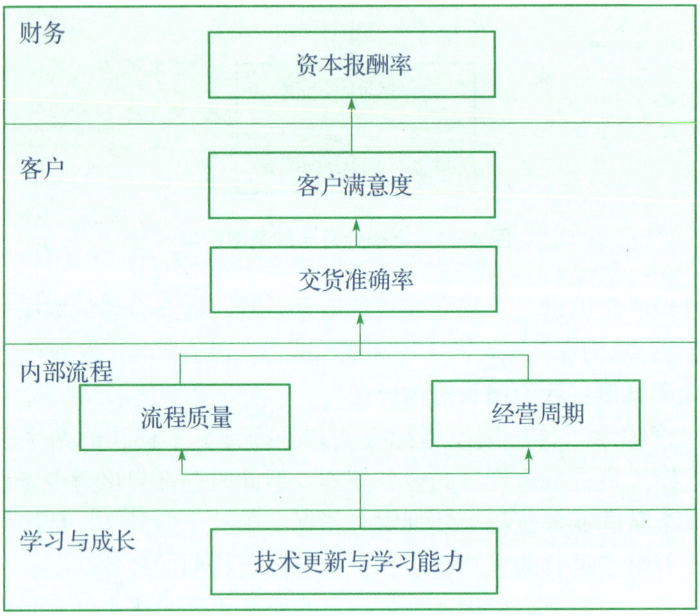

图 4－3　平衡计分卡四维度因果关系链

例如，资本报酬可以作为企业的财务指标，怎样才能提高资本报酬率呢？反映到客户市场层面就是销量和市场份额的增加，而这就需要考量客户满意度和忠诚度。那么客户满意度和忠诚度又怎么得来呢？对消费者的调研显示，顾客比较重视售后服务，所以，完善高效的售后服务流程又可以纳入平衡计分卡的衡量指标中。按照这个因果链条，企业就需要不断更新技术、提高服务质量，因而员工的学习成长能力又被纳入平衡计分卡的指标当中。由此可见，一张切实有效的平衡计分卡应该能够阐明四个维度之间的因果关系，全面反映企业的发展战略和价值取向。

三、平衡计分卡指标体系设计步骤

（一）建立各层次平衡计分卡指标体系

平衡计分卡指标设计包括三个层面，分别是公司层面、部门层面和员工层面。并且每个层面的平衡计分卡都需要实现战略规划到考核指标再到经营计划的转化。

1. 公司层面

在公司层面，需要设计宏观的战略指标并将其分解为可衡量的绩效指标，指标涵盖财务、客户、内部流程和学习与成长四个维度。

战略指标对于绩效指标有方向性和前瞻性的指导意义，代表着整个企业的经营业绩和管理水平。分解出来的绩效指标还需进一步筛选和改进，剔除可操作性不强或者信息不便获取的指标。当绩效指标明确以后，需要收集各个指标以往的数据信息，并根据未来的发展战略确定一个有一定难度但可达到的目标值范围，同中层管理者进行讨论和确认，并由负责人制订相应的计划措施以达到对应的目标值。最后将所有的考核指标和经营计划一一对应，就可以形成一张公司层面的平衡计分卡，由此实现公司战略规划到绩效指标再到经营计划的转化。

2. 部门层面

在部门层面，也要同公司层面的设计流程一样建立一张部门层面的平衡计分卡。

首先，需要明晰部门职能，厘清各部门的职能界限，划分绩效指标。其次，每个部门将公司层面的战略指标和考核指标进行分解，同时结合部门的实际情况进行灵活补充和修正，此时可以得到部门层面的战略规划图和绩效指标表，由此来反映各个部门的主要任务和战略重点。最后，各部门负责人根据战略规划和绩效指标制定相应的措施，这些目标也需要覆盖财务、客户、内部流程以及学习与成长四个维度。

3. 员工层面

员工层面的设计流程与部门层面相同。

首先，需要确定员工的岗位职能，制定岗位说明书，明晰每个岗位的工作任务和任职资格。岗位说明书的内容是个人绩效指标设计的重要依据，而任职资格是岗位人才培养的重要参考。其次，将部门战略规划和绩效指标分解成每个员工的绩效指标，并结合岗位的职责和特点进行修改和补充，形成个人的绩效指标体系。最后，根据岗位职责和个人绩效指标体系编制员工工作和培养方案。

表 4－7 是平衡计分卡指标举例。

表 4－7　平衡计分卡指标举例

考核维度	考核内容	具体指标
财务	盈利能力	总资产利润率、主营业务利润率、成本费用率、利润增长率、总资产增长率
	营运能力	应收账款周转率、存货周转率
客户	公司形象	品牌形象知名度、商誉价值评估值
	客户满意度	客户投诉率、客户响应时间
	新客户拓展	新客户获得率
内部运营	产品研发	产品研发数量、研发周期、研发投资报酬率
	流程遵循	订单响应时效、订单完成率、准时交货率
	售后管理	客户回访完成率、客户答疑及时率、问题处理相应时间
学习与发展	员工培训	培训次数、绩效改进计划完成率、员工生产提高率
	工作环境	员工流失率、员工满意度
	学习成长性	员工建议采纳数、新产品研发数、信息传递能力

资料来源：赵曙明，赵宜萱．绩效考核与管理：理论、方法、实务．北京：人民邮电出版社，2018.

（二）平衡计分卡运作体系设计

平衡计分卡的运作体系设计包括三个部分，分别是平衡计分卡与绩效管理流程设计、平衡计分卡与绩效管理制度设计、平衡计分卡与绩效管理流程表单设计。

1. 平衡计分卡与绩效管理流程设计

平衡计分卡的实施需要按照一套规范的流程来运行。各个层次的平衡计分卡日常运作都要遵循这套严格的规范和标准，这样才能保证平衡计分卡的有效运行，所以流程设计是平衡计分卡的运作体系设计的关键，后续的制度设计、表单设计等也是流程的配套辅助要件。

2. 平衡计分卡与绩效管理制度设计

有了一套规范的运作流程，必定要辅之以明确的运作制度。制度设计是指将平衡计分卡与绩效管理的实施目的、实施方案、运行规则、平衡计分卡项目小组岗位设置和职能范围以及相关技术性解释等信息以文字的方式确定下来，形成官方文件以供学习和流程运作参考。平衡计分卡与绩效管理的流程要按照制度规定的规则和方法严格实施，但可以在实际运行过程中优化流程、改进方法、更新制度。

3. 平衡计分卡与绩效管理流程表单设计

为了能够切实高效地推进平衡计分卡与绩效管理流程，需要为整个流程的各个阶段设计一系列的表单。首先根据各个子流程的需要一步一步收集表单需求，然后将所有的表单进行整合，按照流程顺序依次排列，最后整理一个完整的表单目录，可以表格形式呈现。要注意，会出现一个环节涉及多个表单或者一个表单覆盖多个环节的情况，此时需要标注清楚，以防出错。

（三）实施平衡计分卡

在实施平衡计分卡时有三个重要的工作：监控、反馈和改进。在推行平衡计分卡的过程中，需要对运作过程进行实时的跟踪监控，第一时间解决出现的问题和状况，并反馈实践中的亮点和问题。项目小组及时进行分析讨论，不断地进行总结和优化，对平衡计分卡的流程以及绩效指标进行改进和完善，使之更适应特定企业的特点和发展的需要。企业在实施平衡计分卡时可以考虑引进专业的平衡计分卡软件作为工具上的辅助，会大大提高整个流程运作的效率。同时，在平衡计分卡施行到一定阶段的时候，可以根据企业发展的需要和市场环境的变化调整绩效指标及其目标值，这样能使平衡计分卡与时俱进，与企业发展同步。

案例评析

CD 公司案例分析

1. CD 公司简介

CD 公司成立于 2017 年，近几年专注于物流运输业务，按照企业类型划分标准，属中小企业类别。该公司共有员工 250 余人，下设 8 个部门，其中包括 3 个业务部门，分别是运作部、市场部、业务部，5 个职能部门分别是调度部、财务部、客服中心、人事部和仓储部。

2. CD 公司绩效考核现状介绍

随着公司规模的不断扩大和人员结构的复杂化，为了进一步提升公司的市场占有率、增强公司的核心竞争力，CD 公司于 2018 年针对内部 8 个部门开始构建基于平衡计分卡的绩效考核方法。该方法的详细内容介绍如下。

（1）考核主体及流程简介。

基于考核的民主性，公司的考评人包括总经理及全体普通员工。同时由于公司的成立时间较短、管理基础薄弱、人员素质较差等种种现实问题，CD 公司绩效考核以一年为周期，于年终召开年度总结大会。在该会议上，公司总经理和各部门负责人分别就全年工作进行总结汇报。待总结完成之后，人事部专员向参会的全体职员发放测评打分表，会后统计普通职员对各个部门的打分情况，结合总经理对各部门各项指标的打分，最终汇总出该部门的年度总得分并交由总经理审核。

（2）考核内容及指标。

CD 公司总经理让人事专员利用平衡计分卡四个考核维度设计了一套较全面的考核指标。其中，财务维度主要考查部门的利润贡献率；客户维度主要考查部门的客户维护率；内部运营维度主要考查部门的流程遵循、产品研发、售后管理等方面；学习与发展维度主要评估部门的培训、工作氛围、学习能力以及创新水平。根据上述考核评估内容，该公司设计出考核指标体系。

（3）考核结果运用。

对于考核结果，CD 公司采用了“强制分布”的处理方法，即部门考核分数出现相近情况时，通过人为方法进行调整以及拉开考核差距。部门考核结果与部门年终奖直接联系，而部门年终奖则由部门负责人直接分配给部门内部员工。

然而，看似理想华丽的绩效考核方案却在实际运行中受到重重阻碍。

请结合相关内容，分析 CD 公司目前所使用的考核方式存在哪些不足？你有什么改进建议？

资料来源：赵曙明，赵宜萱 . 绩效考核与管理：理论、方法、实务 . 北京：人民邮电出版社，2018.

四、目标管理法、关键绩效指标体系和平衡计分卡的比较

关键绩效指标体系和平衡计分卡的考核方法，是基于组织战略的系统考核方法。如果在组织目标简单且明确的前提下，基于目标的系统考核方法就成为效率比较高的绩效考核工具。

第一，如果每一个 KPI 都可以单独拿出来作为一个可操作的具体任务的话，那么这个指标就可以看作一种目标，对该目标的管理就是目标管理。

第二，目标管理中设立的目标一般最多不会超过 5 个，而每个部门和岗位的 KPI 可能有十多个，这些指标并不能单独拿出来作为一个具体目标而操作，它们在一起反映的是一个组织经营绩效各个方面的测度。KPI 可以没有上下密切的联系。

下面举一个例子来说明两者的区别：

如果对一个销售工作制定的 KPI 是收入、利润、回款三项，按目标管理，这个销售可能就是一个完整的工作任务，所采取的每个措施都对这三个 KPI 结果值有影响，最终形成考核期的三个 KPI 结果，它是一个目标管理工作的结果值。可是按 KPI 体系，它是观察三个指标独立的变化，采取措施也可能只改变其中一个 KPI 结果。如果硬要与目标

管理靠拢的话，只能说是三个或一个责任人，管理三个 KPI，进行三个目标管理，但采取的却是同一条措施，这就没有意义了。

第三，如果目标设置或 KPI 设置是分别从四个（财务、客户、内部运营、学习与成长）方面来进行，就有些像是平衡计分卡了。

课堂互动

平衡计分卡与其他绩效管理工具有哪些不同呢？

五、运用平衡计分卡时存在的主要问题

自从 1992 年年初罗伯特·卡普兰和大卫·诺顿在《哈佛商业评论》上发表了第一篇关于平衡计分卡的论文《平衡计分卡——驱动绩效指标》以后，平衡计分卡开始受到企业各界的关注。近 30 年来，在谈到绩效测量时，企业界和学术界都会围绕着平衡计分卡讨论。平衡计分卡似乎已作为一个完美而成熟的绩效测量工具而被普遍使用。但是，几乎所有应用平衡计分卡进行绩效测量的企业都在实施中遇到了很大阻碍，其原因可归纳为以下几个方面。

（一）企业高层领导对平衡计分卡的价值认识不足

平衡计分卡具有战略性，同时需要将企业抽象的使命和发展战略转变为清晰的目标并采用具体的评估手段和指标加以衡量，从而使战略目标得到有效执行。平衡计分卡的操作方式一般是自上而下的，需要得到高层领导的持续关注。而现实情况是很多企业一般只将平衡计分卡作为绩效考核的工具，而不是作为战略目标管理的工具。

（二）宣传、培训、沟通力度不够

培训可以使企业相关人员初步掌握战略管理、平衡计分卡与绩效管理相关的基础知识，这对于以后平衡计分卡的推行有着很重要的作用。在实际的操作过程中，一般是企业高层领导对企业的经营战略很清楚，而下属员工却不是很了解，没有将企业战略成功地转化成确保实现目标的行动方案，甚至没有发展成衡量员工执行各种方案的绩效指标，从而导致平衡计分卡无法发挥应有的作用。

（三）技术层面的障碍

第一，平衡计分卡在实际应用中样式繁多，没有统一的标准化模式。如何在不同的国家、不同的行业、不同规模的企业中成功引入和实施平衡计分卡仍然具有很大的挑战。

第二，将目标转换成可以计量的业绩指标，对于管理者来说是十分具有挑战性的工作。这些指标必须是可控的和完整的，即应当抓住业绩的重要方面，而要达到这一点是十分不容易的。完整性和可控性常常是矛盾的，需要均衡。

第三，技术层面的障碍主要是绩效考核指标值及其权重的确定。例如，销售部门的客户拜访数量这一指标，尽管指标是量化的，可是指标的真实性却很难得到保证，这就直接关系到其权重设置的比例大小，从而进一步地影响考核的效果。

课堂互动

针对平衡计分卡运用中存在的主要问题，你有什么想法与建议？

技能训练

任务名称	运用平衡计分卡设定指标
训练目标	• 从对平衡计分卡的内涵理解，强化逻辑意识，分清因果关系；形成团队合作意识，培养良好的沟通能力和分析问题、解决问题的能力。
训练内容	• 结合平衡计分卡的相关知识，为你熟悉的岗位（如销售员、招聘专员或者某个学生干部岗位等）设定四个方面的具体指标，并说明它们之间的关系。
质量评价	• 四个方面的指标设定准确、合理（50%）。 • 能够清晰阐释四个方面指标的因果关系（30%）。 • 小组成员积极参与，体现团队合作（20%）。
成果摘要	

项目作业单

作业名称	《绩效管理制度》撰写（二）
作业说明	• 绩效管理制度包含总则、考核组织与职责、绩效考核内容、绩效考核实施、绩效反馈、绩效结果应用、附则等七项内容，本次作业为撰写其中的一部分内容。根据项目匹配的分块内容完成后，即构成完整的绩效管理制度。
作业目的	• 进一步熟悉绩效指标体系的设计，能够选用合适的方法，进行绩效考核内容的撰写和考核表的制作；培养良好的文字能力、细致踏实的工作作风及精益求精的工匠精神，强化职业认知。
作业内容	• 参照组织绩效管理制度的撰写，完成小组“绩效管理制度”的“绩效考核内容”部分的撰写；同时根据考核内容，完成其中一个岗位的绩效考核表。
作业提示 / 参考	• 某企业绩效管理制度撰写参考： 第三章　绩效考核内容 6　技术管理岗位考核内容 6.1　技术管理岗位设计总监、施工图总监、规划设计部经理及建筑设计部经理，其绩效考核指标主要包括以下两个方面： 6.1.1　工作业绩：质量指标（专家评审情况、甲方认可度、外部影响力）、经营指标（产值目标达成率、成本控制）、管理指标（制度规范完善及执行、内部满意度测评结果）。 6.1.2　工作能力：职业核心能力，包括协调能力、沟通能力、指导下属能力及领导能力。 6.2　技术管理岗位加分项包括企业效益增值、获奖情况、行业影响力及创新类。 7　主创设计师岗位考核内容 …… 附件：××岗位绩效考核表 略
质量评价	• 结构合理、要素齐全（40%）。 • 内容描述准确、符合实际（40%）。 • 语句通顺、格式规范（20%）。

项目作业单

考核评价

项目评价说明：本项目的评价主要由教师评价与组内评价构成，评价内容包含过程与结果两个部分，涉及学生知识、技能、情感等内容，结合不同评价主体特征设定具体评价内容与权重。

项目考核内容采用“1+X”方式选取，“1”是指“项目作业单”，为考核必选内容；“X”是指每个任务模块的“技能训练”，为考核可选内容。教师根据学情或分层教育等要求进行选择和权重配置，不作为项目考核内容的百分比设置为“0”或不填。

项目四　考核评价表

项目名称	绩效指标体系设计		操作人		
考核内容	评价主体	评价指标 / 分值	评分		总计得分
项目作业单 (　　) %	教师评价 (　　) %	完成质量 /80 分			
		完成时效 /20 分			
	组内评价 (　　) %	贡献度 /50 分			
		参与度 /50 分			
技能训练 4 - 1 (　　) %	教师评价 (　　) %	完成质量 /80 分			
		完成时效 /20 分			
	组内评价 (　　) %	贡献度 /50 分			
		参与度 /50 分			
技能训练 4 - 2 (　　) %	教师评价 (　　) %	完成质量 /80 分			
		完成时效 /20 分			
	组内评价 (　　) %	贡献度 /50 分			
		参与度 /50 分			
技能训练 4 - 3 (　　) %	教师评价 (　　) %	完成质量 /80 分			
		完成时效 /20 分			
	组内评价 (　　) %	贡献度 /50 分			
		参与度 /50 分			
项目总评	项目得分 = 项目作业单得分 ×（　　）%+ 技能训练 4 - 1 得分 ×（　　）%+ 技能训练 4 - 2 得分 ×（　　）%+ 技能训练 4 - 3 得分 ×（　　）%				

05

项目五

绩效沟通与绩效信息收集

项目导入

项目名称	绩效沟通与绩效信息收集	**项目任务**	任务一　绩效沟通 任务二　绩效信息收集
项目描述	• 绩效实施是绩效管理的一个重要的中间过程，也是绩效管理中耗时最长的活动。绩效实施活动主要包括持续不断的绩效沟通和绩效信息的收集。持续的绩效沟通是管理者和员工共同工作，以分享有关信息的过程；绩效信息的收集与分析是一种有组织地、系统地收集有关员工工作活动和组织绩效的方法。那么，该如何进行有效的绩效沟通？如何进行绩效信息的收集与分析呢？通过本项目的学习，要求掌握绩效沟通和绩效信息收集与分析的具体方法，形成沟通意识，提升与人交往的能力和问题分析能力。		
项目准备	• 1. 与同学进行沟通练习，总结生活中常用的沟通方法。 • 2. 回顾自己在生活中常用的记录各类信息的方法。		
项目期待	• 学生对项目学习的期望，学习之前写一写。		
备　注			

任务一

绩效沟通

任务导入

任务名称	绩效沟通	
学习目标	知识目标	• 了解绩效沟通的含义和目的； • 熟悉绩效沟通的内容； • 掌握绩效沟通的具体方法。
	能力目标	• 具备能区分不同绩效沟通方法的优缺点及适应性的能力； • 具备用不同方法进行有效沟通的能力。
	素养目标	• 从绩效沟通的重要性及具体方法出发，意识到良好的沟通是工作的基础，逐步构建良好的职业素养； • 形成良好沟通意识的同时，学会运用正确的沟通方法，应具备同理心，有大局意识。

引导案例

换一种说法效果就是不一样

总经理的秘书要回家休四个月的产假，她的工作没人干了，这时人事部经理就把自己的秘书和其他部门的一位女员工找来，对她们说："从今天开始，你们俩平时抽出一点时间去帮忙照顾一下总经理秘书的工作，时间大概是四个月，但不能耽误自己的工作。"这两个女员工听到这个要求，对于额外增加的工作量可能会有怨言。

人事部经理最好换个方式说："我发现你们接受新知识的能力特别强，你们俩用自己业余时间接手熟悉一下总经理秘书职位，时间大概是四个月。"

如果你是这两位员工，你会怎么想呢？

关键知识点

一、绩效沟通的含义与目的

在绩效实施阶段，要注重持续不断的绩效沟通，事实上，绩效沟通涉及绩效管理的每一个环节。

（一）绩效沟通的含义

绩效沟通是绩效管理的核心，是考评者与被考评者就绩效考评反映出的问题以及考评机制本身存在的问题展开实质性的沟通，并着力于寻求应对之策，服务于后一阶段企业与员工绩效改善和提高的一种管理方法。在绩效沟通过程中，管理者与员工在共同工作的过程中分享各类与绩效有关的信息。

具体来说，就是管理者与员工一起讨论有关工作的进展情况、潜在障碍和问题、解决问题的可能措施以及如何向员工提供支持和帮助等信息的过程。其重要性在于在困难和问题发生之前识别和指出困难和问题的能力。沟通不良会使管理者与员工之间产生各种各样的摩擦，使绩效管理成为双方不断争执的话题。

因此，绩效沟通是每一名管理者工作内容的重要组成部分，相应的沟通技巧也是其必须掌握的管理技能之一。

（二）绩效沟通的目的

在绩效管理的过程中，管理者与员工进行持续沟通的目的主要在于以下几点。

1. 通过持续的沟通对绩效计划进行及时调整

在绩效计划阶段，虽然管理者与员工之间通过双向沟通制定了具体工作目标和实现目标的途径、方法和步骤，但管理者也不能高枕无忧地等待员工的绩效会自动产生。俗话说，计划赶不上变化，在急剧变动的环境中，绩效管理周期开始时所制订的绩效计划很可能随着环境的变化而变得不切合实际，甚至根本无法实现。竞争等各方面的需要迫使企业不断地调整自身以适应外部环境，生产和经营的模式、工作设计和任务内容越来越富有弹性和灵活。管理者和员工不得不面对随时会发生的变化，并及时对自己的工作方式和内容加以调整。在这种情况下，管理者和员工需要通过双方之间持续不断地沟通探讨，以解决所面临的各种问题。例如，由于竞争对手产品的变化而不得不改变自身产品性能的要求，由于外部障碍的出现而不得不改变绩效标准、期限和工作目标权重等。

因此，绩效沟通的目的之一就在于适应环境变化的需要，适时变更目标和工作任务的要求，从而保证工作计划和过程是动态的、弹性的和敏感的。

课堂互动

举例说说，还有哪些情况需要进行绩效计划的变更？

2. 通过持续的沟通为员工提供信息

员工在执行绩效计划的过程中需要了解的信息主要有以下两类：

第一，关于如何解决工作中困难的信息。在绩效管理过程中，不论绩效计划阶段制定的工作目标如何具体、工作方案如何详细，由于工作环境的日趋复杂化，在制订绩效计划时很难清楚地预测到绩效实施过程中可能遇到的所有困难和障碍。因此，员工在执行绩效计划的过程中可能会遇到各种各样的困难，需要得到相应的资源和帮助。通过绩效沟通，员工能够了解管理者是否知道自己在工作中遇到的各种问题，并从中获得有关如何解决的信息；工作发生变化时，员工能够了解自己应该如何应对，从而更好地完成自己的工作。

第二，关于自己工作的反馈信息。员工都希望在工作过程中不断地得到关于自己绩效的反馈信息，以便不断地改善自己的绩效和提高自己的能力。如果在半年或一年的绩效期间内，管理人员从未给过员工任何绩效信息的反馈，那么到绩效期末发布考评结果时员工就很有可能难以接受。因此，通过绩效沟通，员工可以了解自己的表现得到了什么样的评价以及为什么获得这样的评价，以便他们保持工作的积极性并更好地改进工作。

3. 通过持续的沟通为管理者提供信息

对管理者而言，他们需要得到有关下属工作情况的各种信息，以帮助他们更好地协调下属的工作。当下属工作中出现各种问题的时候，管理者应及时掌握情况以避免不必要的麻烦和浪费。另外，他们需要了解下属工作的进度，以便在必要时候向上级汇报。此外，管理者还应该有意识地收集一些绩效评价和绩效反馈时需要的信息，这些信息将有助于管理者更好地履行他们在绩效评价中担负的职责。

4. 通过持续的沟通激励员工

绩效管理过程中的绩效沟通是一种重要的激励手段。霍桑实验结果表明，每个人都有一种受关注和被认可的需要，这种需要得不到满足时就会严重挫伤员工的士气。绩效实施过程中管理者与员工间的沟通，恰恰能满足员工这种需要，特别是当其工作过程中遭受挫折和失败或感到工作压力巨大时，管理者的关心和支持，哪怕是一句亲切的问候，也会使员工备受鼓舞。

课堂互动

你认为有效的沟通能够对员工产生激励吗？为什么？

二、绩效沟通的内容

有效的绩效沟通包括四个层面的内容：第一，目标任务、标准、工作流程；第二，结果、绩效、员工能力；第三，职业生涯设计、潜力发挥；第四，个人和组织利益、生活目标、感情因素。既然持续的绩效沟通是管理人员和员工共同的需要，那么沟通的具体内容也要按照共同需要来确定。绩效沟通是信息双向沟通的过程，任务目标的达成为主要目标。

对于管理人员来说，要考虑以下问题：

（1）我必须从员工那里得到哪些信息？

（2）我必须提供给员工哪些信息和资源以帮助其达成工作目标？

对于员工来说，要考虑以下问题：

（1）我必须从管理人员那里得到什么样的信息或资源？

（2）为保证更好地达成工作目标，我必须向管理人员提供哪些信息？

从中可以看出，管理人员和员工在绩效实施过程中进行持续的绩效沟通是为了共同找到与达成目标有关的一些问题的答案。

因此，绩效沟通的主要内容有：

（1）工作的进展情况怎么样？

（2）员工和团队是否在达到目标和绩效标准的正确的轨道上运行？

（3）如果有偏离方向的趋势，应该采取什么样的行动扭转这种局面？

（4）哪些方面的工作进行得较好？

（5）哪些方面的工作碰到了困难或障碍？

（6）面对目前的情景，要对工作目标和达成目标的行动做出哪些调整？

（7）管理人员可以采取哪些行动支持员工？

三、绩效沟通的方式

微课

正式沟通

绩效沟通的方式有正式沟通和非正式沟通两种基本形式。

（一）正式沟通

正式沟通指通过组织机构明文规定的渠道、按照一定规则进行的沟通，如书面报告、会议沟通、正式面谈等形式。

1. 书面报告

书面报告是绩效管理中比较常见的一种正式沟通方式，指员工以书面文字或图表的形式向上级主管人员报告工作进展情况，反映工作中存在的问题及向领导提出请求和建议。书面报告有定期的，也有不定期的。定期的书面报告是按照组织要求，员工必须在规定时间内每隔一定时间向主管人员提交的书面报告，如年报、季报、月报、周报和工作日志等；不定期的书面报告是根据工作进展情况，员工就工作中的一些重大问题及时向上级主管提供的正式书面报告。

表 5－1 列出了一种简单的结构化的书面报告形式。

表 5－1　结构化书面报告示例

姓名：　　　　职位：　　　　所属部门：　　　　时间：

序号	工作任务	完成进度	问题与困难	解决建议	需要的支持
1					
2					
3					
4					

许多管理者通过这种形式及时地跟踪了员工的工作开展状况，但也有一些管理者并未真正掌握这种方法的价值，只是流于形式，不能起到实质性的作用，浪费了大量的

人力和财力。书面报告有优点，也有缺点，在具体操作过程中需要尽量减少缺点带来的问题。

表 5－2 是书面报告的优缺点及弥补的方法。

表 5－2　书面报告的优缺点及弥补的方法

优点	缺点	弥补的方法
1. 可以在短时间内收集大量关于员工工作进展情况的信息，尤其是网络办公的应用，使交流速度和效率提高 2. 能培养员工理性、系统地思考问题，养成收集信息、做工作记录的习惯 3. 能突破时空的限制，解决管理者和员工不在同一地点时的问题 4. 可以作为佐证和记录	1. 大量的文字工作较为浪费时间，容易使员工有厌烦情绪 2. 书面报告如果不能得到重视，将流于形式 3. 信息从员工到管理者是单项沟通，缺乏双向的信息沟通 4. 由于仅仅是管理者和员工之间单项的信息交流，不适于以团队形式工作的组织，不能实现时时信息共享	1. 简化书面报告中的文字，只保留必要的报告内容，避免烦琐；使用简单明了的记事方式或结构化的表格形式 2. 强调管理者需重视，让员工参与进来决定记录什么和怎样记录，赢得他们的支持 3. 当书面报告中出现危险信号或问题时，管理者和员工用面谈、会议沟通、电话磋商等方式来补充，实现共享

2. 会议沟通

书面报告不能提供讨论和解决问题的手段，面谈只局限于两个人之间难以对公共问题达成一致意见，因此，有管理者参与的小组会议或团队会议就显出重要性。除了进行沟通外，管理者还可以借开会的时机向员工传递有关公司战略的信息、传播企业文化精神、鼓舞士气、促进协作等。当然，会议沟通也有缺陷，因此在会议的组织和进行过程中要把握一些原则，扬长避短。

表 5－3 是会议沟通的优缺点及弥补的方法。

表 5－3　会议沟通的优缺点及弥补的方法

优点	缺点	弥补的方法
1. 提供了面对面的直接沟通方式，弥补了书面沟通的缺陷 2. 管理者可以向员工传递有关公司战略和组织文化的信息 3. 团队成员可以相互了解彼此工作进展情况的信息，实现更好的协调和配合	1. 现场会议要求员工离开工作岗位参加讨论，可能影响正常工作 2. 对管理者的管理和沟通技能要求较高 3. 有些问题不便在会议上讨论 4. 容易产生少数人控制和从众行为 5. 如果没有良好的企业文化，可能变得形式主义	1. 非必要少开，可长可短的会议尽可能缩短会议时间 2. 合理安排会议时间，以不影响工作为宜 3. 避免让没有必要参加会议的人开会 4. 开会时应形成一种民主沟通的气氛，避免“一言堂”，鼓励大家发表不同意见 5. 讨论问题时对事不对人，防止把工作问题演变为其他问题 6. 需要的时候采用其他方式弥补

同时，会议沟通应该注意以下几个方面的问题：

第一，会议之前必须进行充分的准备。

会议前的准备包括会议主题的准备、会议程序的准备、会议时间的准备、会议场地的准备、会议所需材料的准备、可能出现的问题的准备、让与会者做准备等。

第二，做好会议过程中的组织。

在会议开始的时候，介绍会议的日程，使与会者了解会议全部的时间安排和规则；主管人员作为会议的主持人应该尽量多给员工发言的机会，力争做到真正发挥与会者的智慧，不应将可能提出重要建议的员工从讨论中排除出去；当会议的讨论偏离主题时，会议组织者应该及时将与会者的注意力拉回到会议主题；有关的内容不要急于在会议上立刻做出决策；注意制订会议结束后的行动计划；在即将结束会议的时候回顾会议的全部内容，并重申会议上做出的决策；布置会议后应该做的工作等。

第三，做好会议记录。

会议记录要在会议结束后比较短的时间内发给相关的与会者，涉及会议后的行动计划内容的，要注意写明行动的责任人和完成时间。

3. 正式面谈

管理者与员工进行一对一的正式面谈是绩效沟通的另一种常见形式。这种形式使得管理者和员工可以进行较为深入的沟通，员工会感受到尊重和重视，而管理者也可以根据每个员工的处境和特点给予指导和帮助，因此有益于双方融洽关系的建立。但是该方式也有一定的缺陷，如沟通范围小、容易带有感情色彩等。

表 5 - 4 是正式面谈的优缺点及弥补的方法。

表 5 - 4　正式面谈的优缺点及弥补的方法

优点	缺点	弥补的方法
1. 通过面谈，可以使管理者与员工较深入地探讨一些较敏感的问题及某些不宜公开的观点 2. 通过面谈，员工有一种被尊重和重视的感觉，容易拉近上下级之间的心理距离，有利于在上下级之间建立融洽的人际关系 3. 通过面谈，主管可以针对每个员工的具体情况提供个性化的辅导和帮助，做到因材施教	1. 一对一谈话容易使员工产生较大的心理压力，尤其是当其工作中出现差错时 2. 面谈沟通也容易带有个人的感情色彩 3. 沟通范围小，信息不能共享 4. 对管理者要求较高，时间耗费多	1. 明确面谈的目的与重点，控制好交流的进程和方向 2. 鼓励员工多谈自己的想法和做法，以坦诚、开放的方式进行交流 3. 及时提醒和纠正员工的无效行为和想法，给予适当的帮助和支持 4. 记录重要信息，明确任务 5. 需要的时候以其他方式补充

（二）非正式沟通

绩效沟通的形式除了正式沟通外，还有大量的非正式沟通方式。

对于员工来讲，无论任何形式的正式沟通都会让他们产生紧张的感觉，致使很多真实的想法无法表达出来。而非正式的沟通气氛轻松、形式活泼，更容易让员工发表自己的意见，实现充分的交流。好的管理者除了要善于运用正式沟通方法之外，还应该充分利用各种各样的非正式沟通机会，及时、便捷地获取工作信息和员工的真实想法。

常见的非正式沟通方式如表 5 - 5 所示。

表 5－5　常见的非正式沟通方式

非正式沟通方式	含义
走动式管理	管理者在员工工作期间经常到员工的座位附近走动，与员工进行交流，或解决员工提出的问题，及时解决员工的工作困难和障碍；管理者的及时问候和关心可以减轻员工的压力，使员工受到鼓舞和激励
开放式办公	办公室随时向员工开放，员工随时可以进入办公室和管理者讨论问题，说出自己的想法和意见；将员工置于比较主动的位置，员工可以选择与主管沟通的时间，能够比较多地主导沟通的内容
非正式会议	包括联欢会、生日晚会等各种形式的非正式团队活动，管理者可以在比较轻松的气氛中了解员工的工作情况和员工遇到的需要帮助解决的困难
工作间歇时的沟通	在工作之余进行绩效沟通，比如在午餐时、在咖啡间聊天时进行的沟通，这种沟通简便易行、轻松自然

案例评析

一个沟通小技巧

“麦肯锡嗯、嗯”这个方法因麦肯锡公司的咨询顾问在同客户交流时使用而得名。实际上，很多人都无师自通地在用它。这种沟通技巧，适用于多种场合，内部绩效沟通时可以用它，同客户进行交流也可以用它。具体情况是这样的：沟通时，眼睛平和地注视对方，不时与对方进行目光交流，耳朵认真地听，嘴里轻声发出“嗯、嗯”的声音，手在笔记本上做记录。这样一个姿态，给了对方四点信息：（1）我在听；（2）我在认真地记；（3）我赞同你所说的；（4）我希望你继续讲下去。采用这样的技巧，有利于沟通的深入进行。

资料来源：刘秀英．绩效管理．2 版．杭州：浙江大学出版社，2017.

微课

绩效沟通中应该做和不该做的事

四、绩效沟通的注意事项

在持续的绩效沟通中，管理者要注意哪些是应该做的，哪些是不该做的，如表 5－6 所示。

表 5－6　持续的绩效沟通中应该做和不该做的事

应该做的	不应该做的
全年提供指导	直到每年的绩效评估时才对绩效进行反馈
注意发现每个人的正确表现，对做得好的员工给予认可	只讨论错的地方
营造积极的交流气氛，传达积极的期望，即每个人都是有价值的，都是可以进一步改善绩效的	让员工感觉自己是个失败者，是没有希望的
鼓励开放的对话，使每个人都参与进来	跟人谈话时或给建议时，过多使用“如果我是你，如何……如何……”之类的话
除了讨论个体改善的必要外，还要与他讨论其优势	太挑剔别人或只注意到消极方面

续表

应该做的	不应该做的
不用冲动的判断方式说明绩效差距，直接用要求的和期望的相比	攻击个人
乐意去帮助别人，但记住每个人对改善负责	把自己放在防御的位置
要有耐心，指导要有建设性	在你生气时召开沟通会议，对别人发泄你的情绪
记住指导是以发展为目的的，要以解决问题为核心	把指导看作对人的治疗和惩罚
当绩效有改进时要给予认可，并继续鼓励提高	把改进当作正常的事

技能训练

任务名称	绩效沟通训练
训练目标	• 提升学生对绩效沟通方式的进一步认知，塑造其团队合作、自觉自律的职业素养；培养沟通意识和团队合作精神，提升组织协调能力。
训练内容	• 选择合适的沟通方式，如班级会议、单独面谈等，和同学共同进行沟通训练，就近期的学习、生活或工作表现进行沟通。
质量评价	• 事前准备认真，整体组织有序（40%）。 • 沟通过程中能够选用合适的方法（40%）。 • 小组成员积极参与、体现团队合作（20%）。
成果摘要	

任务二

绩效信息收集

任务导入

任务名称	绩效信息收集	
学习目标	知识目标	• 了解绩效信息收集的目的； • 熟悉绩效信息收集的内容； • 掌握绩效信息收集的渠道和方法。
	能力目标	• 具备选用合适的绩效信息收集方法的能力； • 具备绩效信息的收集与分析的能力。
	素养目标	• 从绩效信息收集活动出发，理解绩效信息收集的价值，坚持实事求是、与时俱进、求真务实、一切从实际出发，得出符合客观规律的科学认知，更好地指导实践。

引导案例

绩效信息为什么失真?

2018 年 1 月中旬，甲公司召开年度经营会议。新春气氛渐浓，一切似乎都很平静，然而，经营会议上公布的 2017 年度绩效考核结果，却令会场安静不下来。

甲公司是一家成立于 20 世纪 80 年代中期的高科技股份有限公司，1998 年 9 月公司股票在上海证券交易所上市。作为迅速发展中的生物高科技公司，甲公司围绕农化、医保、花卉三大产业已经形成一个高水平的、开放式的科技创新体系；形成一个以“千县万点工程”为主要内容的、技术服务导向的营销网络体系；形成围绕农化、医保、花卉三大产业链下属三十几家子公司的企业集团。业务的发展令人欣喜，然而，绩效管理却令人力资源总监王先生苦恼不已。

果然，会议结束，王先生的电话就成热线电话了。

“花卉产业是朝阳产业，用利润指标考核不能反映我们花卉公司取得的业绩。”

“营销部自己委托市场调查公司，你说客户满意度能不高吗?”

“王总，财务部员工的业绩肯定不是公司的中间水平！我对员工要求严格，考核标准把握的尺度也紧，其他部门的领导尺度放得松——人力资源部也没有人把关，你叫我怎么向员工交代啊！”

“王总，有个数据不知道能不能改改。我认为利润增长率的利润应当用EBITDA值，EBITDA值是世界先进企业通用的指标。我一直以为我们公司用的是这一标准，但财务部前几天告诉我公司用的是EVA值，我们公司用EVA值的条件还不成熟。”

王先生犯愁了，一个个都来抱怨，好像全是人力资源部的错。领导层也不满意，昨天总经理也问过：“公司经营业绩表现一般，勉强及格，怎么部门领导的绩效却个个都是八九十分呢？”可是，这些分数都是按照绩效管理体系和制度执行而得出的，绩效信息为什么又不准了呢？

资料来源：赵曙明，赵宜萱．绩效考核与管理：理论、方法、实务．北京：人民邮电出版社，2018.

关键知识点

在绩效实施阶段，管理者与员工在保持持续不断的绩效沟通的同时，还有一项重要的工作就是进行绩效信息的收集与记录。

一、绩效信息收集的目的

管理者收集信息的目的是解决问题与证明问题，要解决绩效实施过程中存在的问题必须知道究竟出现了什么问题并分析问题存在的原因，这两者均由收集到的相关信息提供答案；而要证明员工的绩效水平也必须依赖于对被评估者的绩效表现所做的观察与记录。概括来说，进行信息的收集与分析有以下目的。

（一）提供绩效评估的事实依据

绩效评估结果的判定需要明确的事实依据作为支撑，在绩效评估时，将一个员工的绩效判断为“优秀”“良好”“一般”“差”，需要有证据作为支持，不能凭感觉，而要用事实说话。这些信息除了可以用来对员工的绩效进行评估外，还可以作为晋升、加薪等人事决策的依据。

（二）提供绩效改进的事实依据

进行绩效管理的最终目的是改进并提高员工的工作效率和获取更多的工作产出。通过对员工的绩效进行记录和收集，管理者可以发现员工绩效方面存在的问题。通过和其他优秀员工的对比，管理者可以提出改进的绩效目标。每个员工之间是有差异的，当管理者评判员工哪些方面存在不足或需要改进的时候，要结合员工本人具体的事例以及优秀员工的事例来增强说服力，为员工指明努力的方向和追赶的目标，这样会让员工清楚地看到自己存在的问题以及与优秀员工的差距，有利于员工改进和提高绩效。

（三）发现绩效问题和优秀绩效的原因

对绩效信息的记录和收集可以积累一些绩效表现的“关键事件”，例如绩效突出的员工的工作表现和绩效较差的员工的工作表现。这样可以帮助管理者发现优秀绩效背后的原因，利用这些信息帮助其他员工提高绩效；还可以发现绩效不良背后的原因，有助于对症下药，改进绩效。

（四）作为劳动争议中的重要证据

收集和记录具体、详尽的绩效信息很重要的原因是有关绩效的详情和沟通等信息是进行纪律处分和处理潜在劳动纠纷及争议的重要证据。不只是奖励员工，惩罚员工也要拿出令人信服的证据。在劳动争议过程中，如果能够有丰富的证据，会对企业在合理的情况下赢得争议十分有利。当然，保留翔实的员工绩效表现记录既可以保护企业的利益，也可以保护当事员工的利益。

二、绩效信息收集的内容

绩效信息收集是一项非常重要的工作，但是在收集信息时，并非所有的数据都是有效的，信息也不是越多越好。毕竟收集信息需要耗费大量的人力、金钱和时间，而每个组织的资源都是有限的。总的来说，绩效信息的内容应该是与绩效指标密切相关的信息，包括绩效结果信息和绩效过程信息，例如业绩、出勤等。同时，实际收集的内容也要根据考核目的确定。例如，管理者正考虑让某位员工升职加薪，可能需要收集其近几年或者是从入职以来的绩效信息；如果管理者仅仅是为了解该员工近期内的履职表现，收集的信息则侧重于其近期的工作行为和态度。通常来说，应该收集的绩效信息内容主要包括：

（1）工作目标或任务完成情况的信息，例如生产岗位的员工完成的生产产品数量；

（2）证明工作绩效优秀或不良的事实证据，如工作态度问题；

（3）来自内、外部客户的积极和消极反馈信息，例如客户表扬的情况；

（4）与员工进行绩效沟通的记录；

（5）员工因工作或其他行为受到表扬或批评的情况等。

在收集的信息中，有相当一部分是属于“关键事件”的信息。关键事件是观察、书面记录员工有关工作成败的“关键性”事实，在某种程度上能够说明员工的工作为什么达到了目标或者为什么没有达到目标。管理者可以对每一事件的描述内容，包括导致事件发生的原因和背景、员工的特别有效或无效的行为、关键行为的后果、员工自己能否支配或控制上述后果等进行记录。在大量收集这些关键事件的信息后，管理者可以对它们进行分类，并总结职务的关键特征和行为要求。关键事件具体的记录方法将在考评方法中作详细介绍。

课堂互动

有人认为，管理者的日常事务已经够多了，还要花那么多时间收集绩效信息，实在是不值得的事情。你是怎么看待这个问题的呢？

三、绩效信息收集的渠道

信息收集的渠道有很多，有员工的汇报与总结，有同事的反馈与观察，有上级的检查与记录，也有下级的反映与评价。如果企业中所有员工都具备了绩效信息反馈的意识，就能给绩效管理带来极大的帮助与支持。各种渠道畅通，信息来源全面，信息收集迅速，便于企业做出更真实、更客观、更有效率的绩效考核，使企业的绩效管理更加有效。企业收集绩效实施信息，可以从以下多种渠道入手：

（1）定期安排与员工的会面来考评他们的绩效；

（2）对照制订的行动计划检查工作进展，考查绩效是否达到目标；

（3）回顾在考评周期开始的时候形成的目标计划；

（4）到各处巡视工作的进展情况，并与员工进行非正式的讨论，细致地了解他们的工作情况；

（5）从与员工共事的其他人处得到对员工本人的反馈，包括正式的和非正式的；

（6）检查工作的产出、结果，以了解其工作质量或准确性；

（7）要求员工做工作进展报告；

（8）提出要求后，检查任务完成情况，或者看是否有需要帮助员工解决的困难；

（9）关注客户的投诉和满意度，包括内部的或外部的，以便考评、检查员工的绩效。

案例评析

地点：总经理会议室

参会人员：总经理、总经理助理、人力资源部经理、柏明顿顾问

时间：某月某日下午2点

总经理：考核数据收集得怎么样了？有多少数据了？

人力资源部经理：依据前期柏明顿的建议和方案，我们考核周期是季度考核。第一次考核周期从11月1日到1月31日。目前绩效考核数据的统计方法是各部门每日提供数据表并发放到OA系统上。虽然大家都对这样频繁的数据提供有了诸多抱怨，但我们采取了“有数据就填，没有数据就写今日无数据”这样的方式。经过两周时间的沟通，各部门基本都接受了每日提供数据这种方式。但是，从11月14日正式下发通知“数据必须每日提供”开始，我们收集到的数据只有6条。我下面把已经提供的数据通报一下。商务中心的“采购及时性”投诉1条，是工程中心投诉的；行政部“服务不及时”投诉1条，是技术中心投诉的；“报销不及时”是营销中心投诉财务中心的。质量安全部提供了3条数据的“5S评分”，分别针对地方公司、工程中心、设备公司。

总经理：这么少的数据，是什么原因？人力资源部经理看了绩效计划表吗，有没有对照一下？和各业务部门沟通了吗？到底是怎么回事？

人力资源部经理：我问了业务部，你们的数据怎么没有呢？他们说：项目没有做完，暂时没有数据。你是否在公司会议上强调一下考核的重用性？你得帮帮我。

总经理：是哪些经理说的？你有没有去核实？我在会上强调考核重要性没问题，但是你们人力资源部要发挥主动性。现在是你要来告诉我目前考核出现了什么问题，我开会才有针对性，我不能毫无根据地说“你们要重视考核啊”。他们能找出100个理由来反驳我。你得告诉我是哪些问题，不是你来问我怎么办，有困难就早点提出来，我才能帮你。上次说让你拟定一个会议制度，开会的效率太低了。赶紧开始做会议制度，会上落实的问题找他们签名，没有落实的全部处罚。

柏明顿顾问：这样吧，现在的数据非常少，业务部门可能说的是事实，我们不能被动等待他们提供数据。虽然提供了“今日无数据”，但是意义并不是很大，季度考核的时间过去两个月了，我们是否应该开个会，把前期定义的指标再梳理一遍，找到不能实施的原因。

总经理：这个会议早就应该开了，人力资源部经理你去安排一下。

人力资源部经理：好的，我会马上安排。

柏明顿顾问心得：顾问师要督促人力资源部收集数据，对不能收集的数据，不能等到让领导者去催，而是要发挥人力资源部的主动性，把现象和事实反映出来，让领导者决策。

四、绩效信息收集的方法

（一）工作记录法

员工的某些工作目标完成情况是通过其他部门的工作记录体现出来的。例如，财务数据中体现出来的销售额数据，客户记录表中记录下来的业务员与客户接触情况，质检部门记录下来的废品、不合格品个数等。这些都是相关部门日常工作记录中体现出来的绩效情况。

（二）工作日志法

员工的某些工作目标完成的情况可以通过工作日志体现出来。例如，巡查人员需要详细记录巡逻执勤的具体时间、地点、发生的问题、采取的措施等内容。

（三）观察法

观察法是指管理人员直接观察员工在工作中的表现，并记录相关数据和信息的方法。例如，管理者看到员工粗鲁地与客户讲话，或者看到一个员工在完成了自己的任务后热情地帮助其他同事，或者总是与同事闹矛盾等，这些信息都可以通过观察得到。

（四）他人反馈法

当员工的某些工作绩效无法通过上述方式获得时，也可以采用他人反馈的信息。一般来说，当员工的工作是为他人提供服务或工作过程中与他人产生联系时，就可以从员工提供服务的对象或产生联系对象那里得到有关的信息。

运用他人反馈法时，可以采用访谈法或者问卷调查法。例如，对于从事客户服务工作的员工，管理人员可以通过发放客户满意度调查表来获得员工的绩效信息，即问卷调查法，这种方法可以在短时间内迅速收集到大量的关于员工绩效的信息；对于公司内部的行政后勤等服务性部门的人员，可以采用访谈方式从接受其提供服务的其他部门人员那里了解信息，即访谈法，这种方法可以获得直接观察、工作记录等方式无法获得的信息。

信息收集方法的正确有效与否直接关系到信息质量的好坏，而每种方法都有一定的局限性，因此各种方法的综合运用是值得推荐的，当然也要考虑到收集的成本和效率。

课堂互动

上述绩效信息收集方法，各自有哪些优缺点？又分别适合什么样的情况呢？

五、绩效信息收集的注意事项

（一）管理者必须参与到信息收集的工作中

很多企业的部门管理者往往把绝大部分的时间花费在具体的技术工作和问题的解决上，而忽视了自身的管理者职能。收集员工的绩效表现数据和信息，并对其进行科学客观的考核也是管理者重要的职能之一。管理者只有合理分配自己的精力，履行自身的管理职能才能更好地协调员工之间的工作，带领他们完成工作任务，并引导他们和企业共同发展。

（二）让员工参与收集信息的过程

让员工参与收集信息的过程也是给员工授权的过程，能大大激发员工的自我管理意识。绩效管理的主要目的是提高员工的工作绩效，从而提升组织的绩效，这是管理者和员工共同的任务。员工参与了信息收集过程，一方面，有利于员工经常性地参照绩效目标进行自我管理，改进工作方法，提升工作效率和效果；另一方面，可以在正式沟通之前让员工根据自身的情况对工作进度进行微调，以利于绩效目标的实现。而且，管理者基于记录的信息与员工进行沟通，更容易和他们达成共识。

要注意的是，让员工参与并不等于全部由员工记录，否则容易出现收集上来的信息不准确，无法反映员工真实工作表现的情况。对于某些信息，可以由员工自己收集记录，还有很多信息仍然要由管理者来收集和记录，如工作计划的变更、工作差错等。

（三）收集信息时要有目的性

收集信息需要耗费一定的人力和物力，如果收集到的信息不被使用，只是封存在档案里，这无疑是一种浪费。企业在收集绩效信息之前，一定要弄清楚为什么要收集这些信息、如何使用收集到的信息、这些信息预期会对绩效管理工作有怎样的帮助。也就是说，信息收集要有针对性，一般都是收集与本期的考核内容息息相关的信息。

（四）可以采用抽样法收集信息

管理者不可能时时刻刻来跟踪、记录员工的信息，而且也没有必要这样做。很多信息是由员工自己记录的，因此员工在做工作记录或收集绩效信息的时候可能会有选择地记录和收集，甚至会提供虚假信息。制约员工这种行为倾向的办法就是抽查，即从员工全部的行为中抽取一部分做记录。这种抽样的关键是样本的代表性，常用的抽样方法有随机抽样法、分层抽样法等。管理者有时也可以凭借自己的能力和经验来将那些与真实情况出入较大的信息进一步筛选出来。

（五）要区分事实与推测

信息收集是指收集那些已成事实的绩效信息，而不应记录对事实的推测。通过观察可以记录员工的行为，但行为背后的动机和原因往往是推测的，这种推测很容易带有较大的感情色彩和个人倾向，很可能是不可靠的。例如，某位员工最近经常迟到、早退，而且效率低下，不能按期完成任务。上述内容就是事实记录，但是如果据此记录员工工作积极性降低、业务水平不高就是推测，因为很可能是其他原因，比如家中出现变故等导致其工作绩效低下的。那些推测出来的信息往往缺乏信度与效度，在运用时就很容易出错。

素养提升

1930 年 5 月，毛泽东为了反对当时红军中存在的教条主义思想，专门写了《反对本本主义》一文，提出“没有调查，没有发言权”的著名论断。他指出：“你对于某个问题没有调查，就停止你对于某个问题的发言权。”“注重调查！”“反对瞎说！”“中国革命斗争的胜利要靠中国同志了解中国情况”。“本本主义”者必须“速速改变保守思想！换取共产党人的进步的斗争思想！到斗争中去！到群众中作实际调查去！”

1931年，他又进一步提出："我们的口号是：一，不做调查没有发言权。二，不做正确的调查同样没有发言权。"在《实践论》和《矛盾论》这两部哲学著作中，毛泽东深刻阐明了反对主观主义特别是教条主义、坚持实事求是的重要意义，为调查研究提供了坚实的马克思主义哲学基础，为坚持党的优良传统，深入实际的调查研究提供了重要的理论指导。

在绩效实施活动中也是一样，收集的绩效信息是评判员工工作绩效的唯一依据，不应根据评估者个人主观意志做出判断，应该以真实的依据为准绳，公平公正地对待每个员工。

技能训练

任务名称	“绩效管理实务”课程绩效信息收集
训练目标	• 让学生对绩效信息收集的方法有进一步的了解并能够应用于实际的学习与生活中，强化自我评价认知，提高参与度。
训练内容	• 运用绩效信息收集的方法，结合此前设定的“绩效管理实务”课程评价体系，指出如果按此进行考核，应该如何收集有效信息进行评价，并简要说明理由。
质量评价	• 提出的收集方法合理、充分（50%）。 • 理由描述充分、有据（30%）。 • 小组成员积极参与、体现团队合作（20%）。
成果摘要	

项目作业单

作业名称	服务部门绩效信息的收集
作业说明	• 绩效实施阶段的工作主要包括持续不断的绩效沟通和绩效信息的收集与分析，该阶段是绩效管理的重要环节，也是绩效管理中耗时最长的活动。本次作业以学生较为熟悉的日常有所接触的部门（后勤集团所属对外服务部门如食堂、超市、公寓等）作为对象，收集绩效信息。
作业目的	• 进一步掌握绩效信息收集与分析的方法，应用于实际，并采用合理的沟通方式获取有效信息；培养沟通能力与组织协调能力，提高分析问题能力、撰写调查报告的文字能力，形成良好的职业素养。
作业内容	• 假定为了提高广大师生对学校后勤集团的满意度，学校决定对后勤集团所属对外服务部门（例如食堂、超市、公寓等）进行阶段性绩效考评，以便从中找出问题，改善其服务质量、提高其服务水平。该如何收集各个部门及各个岗位员工相关的绩效信息呢？经讨论，大家一致认为，除了工作日志、工作报表记录等方法外，来自包括外部客户等的绩效信息也很重要。现在，需要大家协助完成外部客户绩效信息的收集，也就是采用问卷形式进行一次满意度调查。
质量评价	• 调查问卷设计合理（30%）。 • 调查过程有记录，符合数量要求（20%）。 • 调查报告撰写符合要求、格式规范、汇报清晰（50%）。

考核评价

项目评价说明：本项目的评价主要由教师评价与组内评价构成，评价内容包含过程与结果两个部分，涉及学生知识、技能、情感等内容，结合不同评价主体特征设定具体评价内容与权重。

项目考核内容采用“1+X”方式选取，“1”是指“项目作业单”，为考核必选内容；“X”是指每个任务模块的“技能训练”，为考核可选内容。教师根据学情或分层教育等要求进行选择和权重配置，不作为项目考核内容的百分比设置为“0”或不填。

项目五　考核评价表

<table>
<tr><td>项目名称</td><td colspan="2">绩效沟通与绩效信息收集</td><td colspan="2">操作人</td><td></td></tr>
<tr><td>考核内容</td><td>评价主体</td><td>评价指标 / 分值</td><td colspan="2">评分</td><td>总计得分</td></tr>
<tr><td rowspan="4">项目作业单
（　）%</td><td rowspan="2">教师评价
（　）%</td><td>完成质量 /80 分</td><td></td><td rowspan="2"></td><td rowspan="4"></td></tr>
<tr><td>完成时效 /20 分</td><td></td></tr>
<tr><td rowspan="2">组内评价
（　）%</td><td>贡献度 /50 分</td><td></td><td rowspan="2"></td></tr>
<tr><td>参与度 /50 分</td><td></td></tr>
<tr><td rowspan="4">技能训练 5－1
（　）%</td><td rowspan="2">教师评价
（　）%</td><td>完成质量 /80 分</td><td></td><td rowspan="2"></td><td rowspan="4"></td></tr>
<tr><td>完成时效 /20 分</td><td></td></tr>
<tr><td rowspan="2">组内评价
（　）%</td><td>贡献度 /50 分</td><td></td><td rowspan="2"></td></tr>
<tr><td>参与度 /50 分</td><td></td></tr>
<tr><td rowspan="4">技能训练 5－2
（　）%</td><td rowspan="2">教师评价
（　）%</td><td>完成质量 /80 分</td><td></td><td rowspan="2"></td><td rowspan="4"></td></tr>
<tr><td>完成时效 /20 分</td><td></td></tr>
<tr><td rowspan="2">组内评价
（　）%</td><td>贡献度 /50 分</td><td></td><td rowspan="2"></td></tr>
<tr><td>参与度 /50 分</td><td></td></tr>
<tr><td>项目总评</td><td colspan="4">项目得分＝项目作业单得分 ×（　　）%+ 技能训练 5－1 得分 ×（　　）%+ 技能训练 5－2 得分 ×（　　）%</td><td></td></tr>
</table>

06

项目六

确定绩效考评主体与周期

项目导入

项目名称	确定绩效考评主体与周期	**项目任务**	任务一　确定绩效考评主体 任务二　确定绩效考评周期
项目描述	• 绩效考评是绩效管理的关键环节，在绩效管理循环中发挥着重要作用。绩效考评主体是指员工绩效的评估人，考评周期就是多长时间进行一次绩效考评。那么，在绩效考评过程中，企业中的哪些人员能成为考评主体呢？他们又分别发挥着什么样的作用呢？企业一般多久考评一次？又该在什么时候进行考评呢？通过本项目的学习，要求掌握不同绩效考评主体和考评周期的确定，培养学生的整体观、大局观，提高职业素养。		
项目准备	• 1. 与同学进行讨论，作为一名学生，有哪些人会对你的学习、工作等进行评价。 • 2. 想想自己在学校学习一般是按照什么周期进行考核的。		
项目期待	• 学生对项目学习的期望，学习之前写一写。		
备　注			

任务一

确定绩效考评主体

任务导入

任务名称	确定绩效考评主体	
学习目标	知识目标	• 掌握绩效考评的主体及其优缺点和适用性； • 熟悉 360 度绩效考核的一般做法； • 了解考评主体容易进入的常见误区； • 熟悉对考评主体进行培训的常见方法。
	能力目标	• 具备分清不同绩效考评主体在评估过程中扮演角色的能力； • 具备进行绩效考评主体合理选择的能力。
	素养目标	• 从多样化的绩效考评主体出发，学会全面看问题； • 联系职业生涯规划，对自己进行全面分析，学会正确看待他人评价，提升个人心理素质。

引导案例

A 公司的绩效考评

A 公司有 20 多年的历史，年营业额在 12 亿元左右。其以往的考评内容一成不变，考评流于形式，不能真实地反映员工的工作绩效。因此，人事部门全面修订考评制度，重新编制了考评表。

2012 年，新的考评制度开始实行，公司对普通员工的考评分为自我考评、上级考评和人事部门考评；对部门经理的考评分为自我考评、上级考评、人事部门考评和下级考评。每月初，部门经理在员工考评表上列出员工本月应当完成的主要工作，将考评表发给员工。

考评表除了列出本月的工作要求外，还有固定的考评项目，如工作态度、工作品质、纪律性、协调能力、团队精神等，每项都说明了含义和分值。

考评项目满分为 100 分，月末员工填写考评表为自己打分，再交给部门经理。部门经理在同一张考评表上为员工打分，再交给人事部门。人事部门对员工进行最终的考评和分数汇总，并向员工通报当月的考评成绩。员工对考评结果有疑问，可直接向人事部门反映。

普通员工的考评中，自评占 30%、人事部门评分占 10%、部门经理评分占 60%。部门经理的考评中，自评占 30%、下级评分占 20%、主管副总评分占 40%、人事部门评分占 10%。考评结果应用于薪酬、晋升、培训等各方面。

资料来源：沈丽，勾景秀 . 绩效管理 . 北京：中国人民大学出版社，2013.

关键知识点

绩效考评主体是指对被考评人员做出评估的个体。或者说，员工绩效的优劣由哪些人做出评判。显然，由于对员工工作状况的了解程度不同，不同的绩效考评主体会产生不同的考评结果。因此，选择考评主体对绩效考评非常重要。

一、考评主体的类型

通常情况下，员工在组织中的关系是上有上司、下有下级、周围有同事，有些岗位还涉及外部的客户，因此可能对员工绩效进行考评的主体主要有以下几种类型，且具有不同的特点。

（一）上级考评

直线经理在绩效管理过程中自始至终都起着十分关键的作用。在大多数组织中，上级考评是最常用的方式，这是由于员工的直接上级通常是最熟悉下属工作情况的人，而且也比较熟悉评估的内容。同时，对于直接上级而言，绩效评估作为绩效管理的一个重要环节，为他们提供了一种引导和监督员工行为的手段，从而帮助他们促进部门或团队工作的顺利开展。如果直接上级没有进行绩效评价评估的权力，将会削弱他们对于下属的控制力。另外，绩效管理的开发目的，与员工的上级对其进行技能开发的工作是一致的，员工的上级能够帮助人力资源管理部门更好地将绩效管理与培训制度相结合，从而充分发挥这两种人力资源管理制度的行为引导作用。总之，直接上级在观察和评价其下属人员的工作绩效方面占据着最为有利的位置，同时也承担了更多的管理责任。

但是，上级考评也存在着局限性。直接上级对员工工作的观察未必是全面和客观的，观察时间的限制以及个人的主观偏见有可能使其评估缺乏准确和公正性。因此，在员工的直接上级独立地对员工绩效进行评估后，一般还要由员工直接上级的上级对评估结果进行复核，这样有助于减少肤浅的或有偏见的评估结果，因为间接上级往往比直接上级更能把握和平衡标准、做出客观的评判。间接上级参与评估一般有以下作用：一是减少偏见，能对直接主管的考评进行检查和补充；二是增强公平感，尤其是增加工资、职位晋升的考评中，会使员工感觉对自己的考评并非由直接主管完全控制；三是减少情感效应，在员工与直接主管关系紧密或矛盾较大的情况下采用较为有效。

另外，虽然按照管理的理论，应当坚持单一管理原则，即一个员工只有一个直接上级，但这种原则有时候在实际中很难实现，经常出现多元主管的情况。比如在对一些临时性的项目进行管理的过程中，员工要同时接受几个主管的管理。在这种情况下，为了更加合理地考评该员工，就要正确地处理好其考评关系。

（二）同级考评

同级考评是由被考评者的同级同事对其进行考评。这里的同级不仅包括被考评者所在团队或部门的成员，还包括其他部门的成员，这些人员一般与被考评者处于同一管理层级，并且与被考评者有经常的工作联系。研究表明，同级考评的信度和效度都很高，同时，同级考评还是工作绩效预测的有效因子。这是由于同级经常以一种与上级不同的眼光来看待他人的工作绩效，比如他们会更加注重相互之间在工作中的合作情况。另外，上级与员工接触的时间毕竟有限，员工总是会在上级面前把他最优秀的方面表现出来，而同事却总能看到他的真实表现，这则是同级考评最有价值之处。此外，使用同级作为评价主体来补充上级评价有助于形成关于个人绩效的一致性意见，并帮助人们消除偏见，促进被考评者更好地接受评估结果。实证研究表明，一名员工的同事对他的考评可以有效地预测出此人将来能否在管理方面获得成功。

尽管来自同事的考评信息极具价值，但这一考评主体也有其难以克服的局限。当绩效评价结果与薪酬和晋升等激励机制结合得十分紧密时，同级之间的竞争关系会引发利益冲突，从而影响人际关系和工作氛围。另外，同级之间的个人关系也可能影响考评的可信程度，一些人对与其私交较差的同事进行考评时往往会不考虑其绩效而给予较低的评价；反之，对私交较好的同事则给予高分。再有，同事之间还可能存在“互相标榜”的问题，即所有同事串通起来相互为对方打高分，进而使考评结果失去意义。这就更说明全方位收集信息的必要性了。运用同级考评，一般应使考评人员与工资晋级和晋升活动没有联系，同级考评也更适用在需要广泛的同事配合的小组工作中。

（三）下级考评

下级考评给管理者提供了一个了解员工对其管理方式和风格看法的机会。由于下属的视角独特，因此这种自下而上的反馈更多侧重于对管理者管理技能的评判而不是对其实际工作绩效的考评。适合下级考评的管理技能包括领导能力、沟通能力、团队协调能力、组织能力等，而计划、预算、创新等能力由下级考评就不太适当。下级考评要采用匿名提交的方式，而且要保证足够的下级数量，以提高考评者的安全性和评价结果的公正性。

由于下级考评与传统的自上而下的管理方式相悖，因此该方法的使用要格外谨慎。下级从未做过管理者从事的工作，很有可能想当然地对其行为加以判断，因此对其考评结果要在合理分析之后再做应用。另外，管理者也有可能担心由于某些必要的管理行为如批评、惩罚等触动了员工的利益而在考评时遭到报复。当然，员工也会忧虑在对上级做出诚实的考评时会引来对自己的谴责和威胁。总之，下级考评在很大程度上还是一种管理突破，使用得当的话会对提高管理质量、培养组织氛围大有好处，因此越来越多的企业组织员工以不署名的方式参与对上级的考评，特别是对员工进行广泛问卷调查的方式非常普遍。实际上，向下属收集的这类自下而上的绩效信息更多用于提高上级的管理技能方面。

（四）自我考评

班杜拉的“自我强化理论”认为，如果给员工机会，他们就会客观地对自己的工作绩效进行评估，并采取必要的措施进行改进。另外，自我考评能给员工一个思考自身优缺点的机会，并引发员工就有关阻碍高绩效形成的原因进行讨论。自我考评的实施能够提高员工对最终绩效评估结果的接受程度，提倡自我考评的员工会在自我工作技能开发等方面变得更加积极和主动。

但是，大多研究都表明，员工对他们自己的工作绩效所做出的评估一般总是比他们主管人员或同事所做出的评估等级要高。一项研究显示，当员工被要求对自己的工作绩效进行考评时，所有各种类型的员工中有 40% 的人将他们自己放到绩效最好的 10%（“最好者之一”）之列；剩下的人要么是将自己放入前 25%（“大大超出一般水平”）之列，要么是将自己放入前 50%（“超出一般水平”）之列；通常情况下，只有不到 1% 或 2% 的人将自己列入低绩效等级范围之中。而那些总是将自己列入高绩效等级的员工在很多时候则往往是低于一般绩效水平的。因此，很多人认为自我考评方式更适合用于发展功能，而非管理功能。

（五）客户考评

出于全面质量管理的考虑，愈来愈多的企业开始使用内部和外部客户作为员工考评的主体之一。外部客户中，常见的做法是选择消费者和供应商。例如在服务行业中，以顾客为考评主体对那些直接面对顾客的服务人员进行评价，可以更多地了解他们在实际工作中的表现。更为重要的是，由于客户满意度已经成为企业成功的关键因素，因此将客户作为考评主体来引导员工行为可以促进员工更好地为客户提供服务。虽然向外部客户收集绩效信息比以上几个信息来源的收集工作更困难，但这类信息对有些岗位如一线业务员和服务性职员都极其重要。

与外部客户相比，内部客户包括企业内部得到其他员工服务与支持的人。例如，直线经理得到了人力资源部门招聘和培训员工的服务支持，那么直线经理就可以成为对人力资源部门进行评价的内部客户。内部客户的确认和考评可以提高组织整体的协同配合，增加流程运作的质量和效率，进而提高企业的内部实力。

课堂互动

比较和总结各个不同考评主体的优缺点和适用性。

二、考评主体的选择原则

绩效本身具有多维性，而不同考评主体从不同角度观察和感受，自然对同一员工的工作绩效判断不同。各种考评主体并不是相互孤立、相互排斥的，一般来说，应针对不同的被考评人员选用不同的考评主体，但无论哪一类考评主体，都应该是了解员工工作和表现的人。通常，工作业绩一般由直接上级、内外客户来考评；个人品质以相关同级考评为主；核心能力由直接上级、直接下级、相关同级全方面综合考评。绩效考评主体的选择一般要遵循以下原则。

（一）熟悉被考评者的工作表现

绩效考评主体必须要熟悉被考评人员的工作表现，这是显而易见的原则。如果考评者根本不了解被考评人员的工作状况和工作表现，那么考评者所做出的评估一定是不准确甚至是错误的，而这对整个绩效评估的准确性和公正性也会产生不良影响。这条原则就要求绩效考评者平时要多了解被考评者，多和被考评者沟通，这样既能了解被考评者的过程绩效，也能知晓被考评者的绩效结果。

（二）了解被考评者的工作内容和工作性质

员工的任何职务行为都是基于实现一定职责任务的目的，并不是孤立的行为。缺乏对员工岗位的全面了解往往可能做出以偏概全的判断。因此，来自组织内外的众多考评者只是起到了提供反馈信息的作用，他们对被考评对象做出的评估结论不能作为管理决策的依据。遵循这条原则，考评者最基础的工作就是要对被考评者的工作岗位及工作内容进行了解，只有在这个基础上，考评主体才能依据正确的标准来衡量被考评者的工作，进而做出正确的评断。

（三）有能力将观察结果转化为有用的信息，公正而客观地提供评估结果

绩效考评主体需要具备一定的观察能力，但更重要的是能够将观察的结果转化为有用的信息，作为绩效评估的依据。这就像授课的教师一样，自己知识丰富仅仅是成为好教师的条件之一，更重要的是教师要知晓如何将这些知识传授给学生，成为对学生有用的信息。如果考评主体不具备这样的能力，那肯定对评估结果的客观性、公正性有所影响。

（四）有助于进行绩效评估

考评主体的选择一定要对部门甚至组织目标的实现有所助益。一般情况下，员工的直接上级往往是最重要的考评主体，这是因为员工的直接上级对员工的工作行为进行最直接的监督和指导。在这种情况下，直接上级就可以通过绩效考评主体的身份更好地监督、了解并控制员工的绩效表现，进而整合全部下属员工的工作，更好地实现团队或部门的整体工作目标。

三、全方位选择考评主体

全方位选择考评主体即为 360 度考评，也称为全视角评估、多源反馈评估等，是一种从多个角度获取组织成员行为观察资料的方法，考评主体的选择包括上级、下级、自己、同事等，有时甚至还包括内外部客户。图 6-1 是某公司销售经理的考评主体。

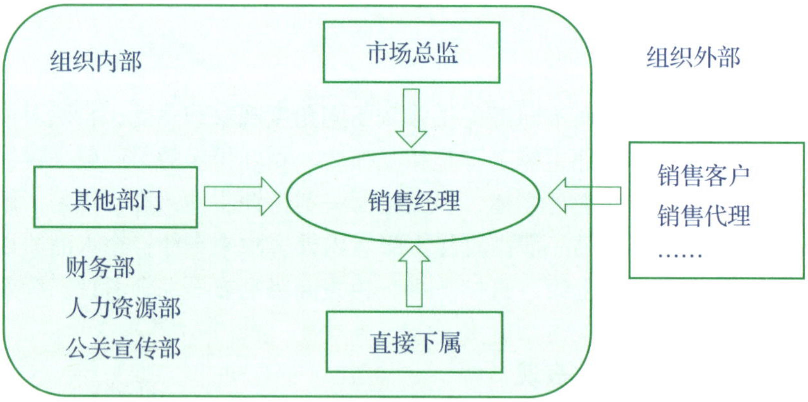

图 6-1　销售经理的考评主体

全方位考评具有以下优点：

第一，比较公平、公正，与单纯直线经理评估相比，避免滥用权力和主观性强的缺点。

第二，加强了部门之间的沟通，包含主管介绍岗位职责和部门工作的内容、特点、职责、成绩和困难，以及为克服这些困难员工的努力，增进员工间的相互了解。

第三，人事部门据此展开奖惩等工作会比较容易。

第四，有利于员工制订绩效改进计划，促进员工绩效的改善和提升；有利于员工做好职业生涯规划。

但全方位考评在执行过程中也会存在缺陷：

第一，考核成本高。当一个人要对多个同伴进行考核时，时间耗费多，由多人来共同考核所导致成本上升可能会超过考核所带来的价值。

第二，成为某些员工发泄私愤的途径。某些员工不正视上司及同事的批评与建议，将工作上的问题上升为个人情绪，利用考核机会“公报私仇”。

第三，考核培训工作难度大。组织要对所有的员工进行考核制度的培训，因为所有的员工既是考核者又是被考核者。

案例评析

M公司的360度绩效考核

M公司是一家跨国广告公关公司，“尊重每一个人”是M公司对待员工的基本态度，因此M公司采用360度绩效考核方法，其主要目的是了解和保障员工个人的职业生涯发展。

员工进入公司，试用期过后可以参加正式绩效考核，绩效考核活动一年举行两次。每次绩效考核前都要对员工进行绩效考核培训，由人力资源部人员给员工讲解绩效考核目的以及评价表的填写方法。之后，选择相应的绩效考核者与被考核者，进行360度绩效考核。

绩效考核时，绩效考核者评价被考核者的绩效，而被考核者则除了自评以外还要对绩效考核者进行反评。在自评时，从能否高效地完成工作、能否说服他人接纳建议、团队合作、创新能力、对企业文化的理解，以及学习能力几个维度进行评估，之后还需填写成就、个人成长、改善空间等以明确自己对职业生涯发展的规划。

在对绩效考核者进行反馈时，主要是从上级的管理技巧、同事的工作技能、下级的发展潜力出发进行评估，并提出改进工作的建议。人力资源部门回收评价意见，并进行汇总及分析。以绩效考核者、被考核者，以及人力资源部门人员为主，召开绩效考核会议。在会议上，主要针对事业发展计划进行讨论，由绩效考核者查阅并认可被考核者的规划，给予建议或承诺。

资料来源：姚月娟，王克勤．人力资源管理．大连：东北财经大学出版社，2014.

四、考评主体的常见误区

微课

绩效考评中的常见误区案例

在绩效考评过程中，考评者由于主观原因造成的偏见、误差和错误等对绩效评估结果的正确性有很大的影响。有时候，考评者并非有意为之，而是自身也并未意识到存在这样的问题，因此事先明确熟悉常见的误区对于避免类似偏差的产生尤为重要。

（一）晕轮效应

晕轮效应也叫光环效应，即从一个人工作绩效的一个方面出发进而对其工作绩效的所有方面做出不确切的归纳评判。如一个人在“人际关系”方面很差，往往会使考评者认为其样样都差。在日常生活中，晕轮效应经常发生，在绩效考核工作中也是如此。

（二）首因效应

首因效应就是第一印象误差，当考评者一开始对某个员工做出了满意或不满意的评价，又忽视了随后的信息以至于一直保持着对员工的最初印象时，就产生了首因效应。如员工在第一个月中非常出色，后面几个月却表现平平，但由于首因效应，考评者可能一直给其较高评价，也就是表现为“知前不知后”。

（三）近因效应

近因效应是指在人际交往过程中，最近一段时间所获得的信息对最后印象的形成影响较大，其作用可能会冲淡过去的信息所造成的印象。如果绩效考评过程中，考评者没有做好平时的信息收集工作，仅凭印象，那么很容易受近因效应影响，也就是表现为“知后不知前”。

（四）相似性假设

相似性假设是指考评者倾向于给那些看起来与自己相似的人较为有利的评价。也就是说，被考评者在价值观、看法、个性、生平背景方面与考评者越接近，考评者给他有利评价的可能性就越大。比如被考评人员和自己有共同的爱好或者毕业于同一院校同一专业的相似教育经历时，考评人员可能会给予较高的评价，因为人们很容易以自己为标准进行评判。

（五）对照效应

对照效应是指把某一被考评者与其前一位被考评者进行对照，从而根据考评者的印象和偏爱而做出的与被考评者实际工作情况有误差的结论。例如，如果考评者接待的前一位被考评者，在考评者看来各方面表现都很出色，那么对比之下，有可能给后一位被考评者带来不利影响。

（六）过宽过严效应

过宽过严效应是指考评者在考评过程中过宽或过严。过宽可能会增加员工对加薪、晋升、富有挑战性工作任务的期望，而这些期望却很难实现；过严会使员工屡屡挫败，不再努力。造成宽大化倾向的主要原因包括考评主体不愿意与被考评者产生冲突、考评主体对考评工作不自信、尽量避免引起争议、考评主体希望本部门的绩效高于其他部门、考评主体想以此鼓励被考评者等。造成过严倾向产生的原因可能来自报复、惩罚等私人情绪，还可能源于评价等级缺乏划分的具体指标、为组织有计划的裁员提供证据或减少凭业绩提薪的雇员比例。

（七）中心化倾向

中心化倾向是指不敢拉开差距、考核结果集中于中间及偏上等级，其原因是对考核工作缺乏自信，缺乏有关的事实依据。例如，如果考评等级范围为 1 ～ 7，考评者一般避免做出最高或最低的极端判断，而趋于中间（3 ～ 5）的评定等级。

（八）个人偏见或刻板印象

考评者对被考评者的偏见也会导致结果失真，包括人际关系、种族、年龄、性别、性格等。比如考评者对新入职员工有偏见，给予较低评价。

（九）从众效应

从众效应作为一个心理学概念，是指个体在真实的或臆想的群体压力下，在认知上或行动上以多数人或权威人物的行为为准则，进而在行为上努力与之趋向一致的现象。从众效应既包括思想上的从众，又包括行为上的从众。比如有些考评者特别重视其他考评者的评价，担心自己与其他人对被考评者的评价不一致会引起不必要的麻烦。

（十）马太效应

马太效应是指好的愈好、坏的愈坏，多的愈多、少的愈少的一种现象。在马太效应的作用下，企业绩效考评每次都是那几个人最终胜出，他们所得到的奖励和荣誉越来越多，而其他人则往往被忽视，其价值或被贬低或得不到承认，在这种环境下，有潜质的人才很难被发现和得到培养。

（十一）其他因素

除了上述误区外，还有的考评者可能根据个人的情况进行考核，自己擅长的方面，考核尺度严；不擅长的方面，考核尺度宽，不能做到实事求是。

有些考评者可能会由于来自上级或下属的压力做出不客观的评价，比如上级为了提拔某个员工给考评者压力，下级因为关系自己切身利益而找考评者对质等带来的压力。

还有些考评者可能认为考评工作没有意义，从而产生懈怠情绪，也会导致整个考评结果失真等。

课堂互动

小组讨论，通过什么样的方法能够避免或减轻上述误区带来的影响？

五、考评主体的培训

（一）考评主体的培训内容

为了减少考评过程中不必要的偏差，对考评人员进行培训具有重要的意义。对考评人员进行培训，一般包括以下内容：

第一，德的培训。这一部分主要是考评道德与纪律的培训，通过培训缩小考评误差尤其是心理误差，不徇私情、不轻信偏听，注意避免总体印象，力求公正评价。

第二，知的培训。通过培训使考评人员了解绩效考核的目的、作用、原则、内容以及制度的构成，向员工做考评说明，解释考评事项，建立被考评人的信赖感。

第三，能的培训。通过培训，统一考评者的评价标准，形成统一基准；掌握考评操作的方法和考评沟通技巧，改善水准、能力与态度。

（二）考评主体的培训方法

常见的培训方法有：

第一，教学法。首先，通过讲演、讨论、会谈、讲评等方式，以语言启示；其次，进行讨论和沟通，树立正确的观念；最后，依据人员与环境的各种情势作个别辅导或集体辅导，以适应需求。教学法包括集体教学和个别教学。

第二，案例法。给出绩效考评实务问题或个案，由大家参与座谈讨论，提供意见及解决之道；其原理在于通过交流，提出各种不同看法，以交换经验、沟通思想。

第三，小组讨论法。讲课的方法有时对改变主管的考评方式没有实质性的影响，通过小组讨论的方法，让考评者参与寻找解决问题的方法，能够成功地减少考评误差。

此外，也可以通过网络培训、自学、角色扮演等方式进行。

素养提升

认识事物要从多个角度、全方位地考察。当只听到或看到事情的一部分时，不能自作聪明地胡乱猜测，只有对事物全面了解，才能得出正确的结论。

盲人摸象是一则汉语成语，该成语最早出自《大般涅槃经》："其触牙者，即言象形如芦菔根；其触耳者，言象如箕；其触头者，言象如石；其触鼻者，言象如杵；其触脚者，言象如臼；其触脊者，言象如床；其触腹者，言象如瓮；其触尾者，言象如绳。"

绩效考评过程也是如此，选择合适的考评主体，全面看待员工的绩效，才能真正体现绩效管理的价值。

技能训练

任务名称	学生干部考评主体选择
训练目标	• 进一步认识到各个考评主体的优缺点和适用范围，培养全面、正确看待事物的基本素养；形成团队合作意识，培养良好的沟通能力和分析问题、解决问题的能力。
训练内容	• 讨论某个学生干部岗位应由哪些考评主体来评价其学期工作表现，并给出理由。
质量评价	• 考评主体选择准确（40%）。 • 理据充分、表述清晰（40%）。 • 小组成员积极参与、体现团队合作（20%）。
成果摘要	

任务二

确定绩效考评周期

任务导入

任务名称	确定绩效考评周期	
学习目标	知识目标	• 熟悉确定绩效考评周期的依据； • 理解确定绩效考评周期的方法； • 了解绩效考评的时机。
	能力目标	• 具备根据不同岗位特点确定绩效考评周期的能力；具备判断哪些情况下适合进行绩效考评的能力。
	素养目标	• 从绩效考评周期化考核出发，理解事物是变化发展的，形成全面看待问题的基本素养。

引导案例

某公司的库存考核计划

某公司的年销售额约 6 亿元，库存材料是 3 800 多万元。现在制定的目标是到年底库存下降到 2 800 万元。对于消耗 1 000 万元库存的目标，具体的计划是很难精准制订的。但是又不能中间不考核，而放到年底再考核，因为如果过程控制不好，是不能保证结果的。于是该公司采用叠加方法进行考核，如 1 月份降了多少、2 月份降了多少、3 月份降了多少。虽然考核数据以年底为准，但是这样的过程控制可以不断地提醒管理者计划的实现程度，然后根据计划的实现程度修正下月的计划，从而最终实现年底的目标。这种方法可以有效地解决由于计划不能够准确制订而带来的考核麻烦。

资料来源：沈丽，勾景秀．绩效管理．北京：中国人民大学出版社，2013.

关键知识点

绩效考评周期的基本含义是指多长时间进行一次考评。考评周期的确定并没有统一的标准，目前常见的有按年度、半年度、季度、月度或者按项目周期进行考评的。组织在设计考评周期的时候，应充分考虑到员工的特征、任务的特征、企业绩效管理的效果以及考评工作带来的各类成本。

一、绩效考评周期确定的依据

（一）按考评对象的岗位层级确定

考评对象职务层次高，工作复杂程度高，对能力、智力和素质的要求也高，其相应的绩效反映周期就越长；反之，职务层次低，工作要求相对简单，其绩效反映周期就短。

因此，对于基层的员工，他们的工作绩效可以在较短时期内得到一个好或不好的评估结果，考评周期可相对短一些；对于管理人员和专业技术人员，他们只有在较长的时间内才能够看到他们的成绩，因此对于他们的绩效考评周期，就要相对地长些。比如，高层管理者的考评往往以半年或一年为周期，中层管理人员的考评周期为半年或季度，专业人员一般为季度或月度，操作类人员一般为月度。

这种按考评对象确定考评周期的办法，能够根据被考评对象的工作周期和职务特点确定考评周期，层次分明、针对性强。但是，未能顾及组织情境和管理方式，划分太细，不利于考评的统一组织，同时由于上下级采用不同的考评周期，如果操作不当，很可能导致绩效目标难以自上而下落实。

（二）按考评的目的确定

绩效考评的结果将应用于人力资源管理的各个环节。如果考评的目的主要是薪酬调整，那么自然就会使考评的周期与薪酬调整的周期保持一致；如果是为了分配奖金，那就与分配奖金的周期一致。在实践中，很多企业的绩效考评结果往往都和薪酬有关，所以考评周期与其匹配的情况较多。但是除此以外，绩效考评的也常被用到选拔、晋升、培训、评职称等其他用途，所以就要相应地与这类工作的周期和要求匹配进行。

（三）按照工作任务的特征和组织管理方式确定

比如，对于实行目标管理的企业，以实现组织阶段性目标的周期作为考评周期，根据实际情况，可以是一年或更长，也可以是半年或者每季、每月进行评估；对于实行合同制的企业，可以以整个合同期为考评周期，也可将合同期划分为若干阶段作为评估区间；对于实行承包制的企业，则可以将整个承包期作为考评周期，也可将承包期划分为若干阶段作为评估区间；对采用常规体制的企业，一般以一年为周期较多。

案例评析

A 公司是一家大型商场，公司包括管理人员与员工共有 500 多人。由于大家齐心努力，公司销售额不断上升。到了年底，A 公司又开始了一年一度的绩效考评，因为每年年底的绩效考评是与奖金挂钩，大家都非常重视。人力资源部将一些考评表发放到各个部门的经理，部门经理在规定的时间内填写表格，再交回人力资源部。

老张是营业部的经理，他拿到人力资源部送来的考评表格，却不知怎么办。表格主要包括了对员工工作业绩和工作态度的评价。工作业绩那一栏分为五档，每一档只有简短的评语，如超额完成工作任务、基本完成工作任务等。由于年初种种原因，老张并没有将员工的业绩目标清楚地确定下来，因此在业绩考评时，无法判断谁超额完成任务、谁没有完成任务。工作态度就更难填写了，由于平时没有收集和记录员工的工作表现，到了年底，仅对近一两个月的事情有一点记忆。由于人力资源部又催得紧，老张只好在这些考评表勾勾圈圈，再加上一些轻描淡写的评语，交给人力资源部。想到这些绩效考评要与奖金挂钩，老张感到如此做有些不妥，他决定向人力资源部建议重新设计本部门营业人员的考评方法。

二、绩效考评周期的类型

（一）单期考评

单期考评指的是在规定的一个期限内进行考评，一般以一个月为标准，即每月考评。这种考评适用于具有以下特征的考评项目：

（1）一年内每期的目标计划相对比较平衡，波动比较小，也就是说内部是可控的，如出勤情况等。

（2）绩效数据跨期比较少，也就是说，每期或每个月都能得到一个准确的考评数据，如产品的产量等。

（二）滚动考评

滚动考评指的是在对下期目标进行评估时，同时要将上期的数据进行平均处理，一般以季度或者半年为滚动期。这种方法一般适合于具有以下特征的考评项目：

（1）评估项目前后跨度较长，如招聘合格率等；

（2）制订计划时不确定因素较多的项目，如降低库存额等。

例如，某公司今年的销售计划是 8 000 万元，如果把这个数据分到 12 个月去评估，无论如何都很难精确每个月的评估目标，即使考虑了销售的淡、旺季影响，也是如此，这时可以采用季度滚动式评估。比如计划目标是 1 月份 60 万元，2 月份 60 万元，3 月份 80 万元；实际数据是 1 月份 40 万元，2 月份 70 万元，3 月份 90 万元。如果采用每月评估，则第一个月就很低了，但按季度滚动评估就可以避免这种情况。1 月份的目标完成率是 40 ÷ 60，到 2 月份的时候为（40+70）÷（60+60），3 月份就是（40+70+90）÷（60+60+80），然后到 4 月份的时候，则滚动 2、3、4 月这 3 个月的。这样就出现了 123，234，345，456……以此类推，形成三个月一次的评估结果，这一结果就可以避免因为计划不准确而导致的评估误差。

（三）叠加考评

叠加考评是对滚动考评方式的延伸，一般以年为考评周期，以避免计划不准确导致的误差。它与滚动考评的区别是，不再按照每段时间，比如三个月来滚动，而是将全年的数据进行叠加，以计算最后的目标达成情况。具体操作如表 6－1 所示。

表 6-1　叠加考评举例

考评周期	1月	2月	3月	4月	5月	6月	7月	8月
计划	J1	J2	J3	J4	J5	J6	J7	J8
实际	S1	S2	S3	S4	S5	S6	S7	S8
1 月份绩效 =S1 ÷ J1								
2 月份绩效 =（S1+S2）÷（J1+J2）								
3 月份绩效 =（S1+S2+S3）÷（J1+J2+J3）								
……								
8 月份绩效 =（S1+S2+……+S8）÷（J1+J2+……+J8）								

三、考评时机的确定

事实上，考评时机的选择是非常重要的。时机适当，可以使考评工作顺利圆满地完成；时机失当，会给考评人员、管理人员带来很多麻烦，影响考评进程和效果。因此，根据不同情况可采用不同方法，主要有回避法、快速法和结合法。

（一）回避法

回避法就是指考评工作不要在各级领导工作特别繁忙的时候，或者由于种种原因引起的士气低落、人心不定等情况下实施考评。例如，部门正在突击加班或组织攻关时；领导和员工因班子调整、工资调整等人心慌乱时，都不宜进行大规模的考评。回避法是一种预防被动的方法，凡是实施阶段性考评的地方，都应掌握这种方法。

（二）快速法

快速法是针对考评工作费时、费力、麻烦等一些缺点而进行改进的一种方法。快速法强调考评人员在实施考评前，要做好充分的准备工作；在考评展开时，考评人员应利用较多时间处理日常事务，从而减少下级部门和有关员工的负担，使人们感到省时、方便。特别是在有较多人员参与的阶段性考评中，要设法以最快的时间进行考评，最好能够做到当人们在还没有感到麻烦时，考评工作已经告一段落了。当前很多企业有计算机等系统的辅助，考评工作时间可大大缩短。

（三）结合法

结合法是将考评与年终评比、成果鉴定等有利时机结合起来进行考评的一种方法。其优点在于既不失考评的特色和基本保证，又能找到适宜的时机，使考评工作易于接受和开展。因为往往在这种时候，人手比较集中，领导和员工也会认为这是理所当然的，不太会产生厌烦情绪，所以会取得好的效果。但如果组织得不好，也易流于形式和表面化。

课堂互动

讨论对于不同学生干部岗位进行考评，适合采用什么样的考评周期，并给出理由。

技能训练

任务名称	学生干部考评周期确定
训练目标	• 进一步熟悉绩效考评周期确定的方式和常见的绩效考评周期类型，认识到日常考核与阶段性考核相结合的意义，理解全程考核的必要性；形成团队合作意识，培养良好的沟通能力和分析问题、解决问题的能力。
训练内容	• 讨论某个学生干部岗位应该如何设计考评周期、不同类型的考评周期如何相结合，并给出理由。
质量评价	• 考评周期设计合理（40%）。 • 理据充分、表述清晰（40%）。 • 小组成员积极参与、体现团队合作（20%）。
成果摘要	

项目作业单

作业名称	《绩效管理制度》撰写（三）
作业说明	• 绩效管理制度共包含总则、考核组织与职责、绩效考核内容、绩效考核实施、绩效反馈、绩效结果应用、附则等七项内容，本次作业为撰写其中的一部分内容。根据项目匹配的分块内容完成后，即构成完整的绩效管理制度。
作业目的	• 进一步熟悉考评主体与考评周期，能够为特定的岗位确定合适的考评主体和考评周期；形成全面看待问题的理念，培养良好的文字能力、细致踏实的工作作风及精益求精的工匠精神，强化职业认知。
作业内容	• 参照组织绩效管理制度的撰写，完成小组《绩效管理制度》的“绩效考核实施”部分的撰写；内容主要有考核周期、考核者培训、考核流程、目标变更说明等。
作业提示 / 参考	• 某企业绩效管理制度撰写参考： 第四章　绩效考核实施 10　考核周期 公司考核分为项目考核、半年度考核和年度考核三种。技术管理岗位人员实行半年度考核和年度考核；主创设计师、设计师岗位实行项目考核和年度考核；其他人员实行年度考核。 11　考核者培训 综合管理部负责对各部门考核者实施考核指导和培训，使其掌握绩效考核相关技能，熟悉考核各个环节，准确把握考核标准，掌握考核方法，克服考核过程中常见的问题。 12　考核流程 12.1　项目考核 12.1.1　每个项目正式开始前，由总监牵头，部门经理负责组建项目团队，确定项目负责人。在总监与部门经理的指导下……确定每位项目成员的考核指标及标准。综合管理部负责…… 12.1.2　每个项目结束后，由部门经理牵头组织项目考核，综合管理部向项目成员发放考核表。 12.1.3　项目结束后 3 个工作日内…… 12.1.4　项目结束后 5 个工作日内…… …… 12.1.8　被考核者如有异议的，按照申诉流程进行。 12.2　年度 / 半年度考核 …… 13　目标变更 在绩效实施过程中，若出现重大计划调整等客观原因确实需要进行目标变更的，需经被考核者、考核者及其上级主管共同商定后报总经理批准后方可生效。
质量评价	• 结构合理、要素齐全（40%）。 • 内容描述准确、符合实际（40%）。 • 语句通顺、格式规范（20%）。

考核评价

项目评价说明：本项目的评价主要由教师评价与组内评价构成，评价内容包含过程与结果两个部分，涉及学生知识、技能、情感等内容，结合不同评价主体特征设定具体评价内容与权重。

项目考核内容采用“1+X”方式选取，“1”是指“项目作业单”，为考核必选内容；“X”是指每个任务模块的“技能训练”，为考核可选内容。教师根据学情或分层教育等要求进行选择和权重配置，不作为项目考核内容的百分比设置为“0”或不填。

项目六　考核评价表

项目名称	确定绩效考评主体与周期		操作人		
考核内容	评价主体	评价指标 / 分值	评分		总计得分
项目作业单 （　）%	教师评价 （　）%	完成质量 /80 分			
		完成时效 /20 分			
	组内评价 （　）%	贡献度 /50 分			
		参与度 /50 分			
技能训练 6－1 （　）%	教师评价 （　）%	完成质量 /80 分			
		完成时效 /20 分			
	组内评价 （　）%	贡献度 /50 分			
		参与度 /50 分			
技能训练 6－2 （　）%	教师评价 （　）%	完成质量 /80 分			
		完成时效 /20 分			
	组内评价 （　）%	贡献度 /50 分			
		参与度 /50 分			
项目总评	项目得分＝项目作业单得分 ×（　　）%+ 技能训练 6－1 得分 ×（　　）%+ 技能训练 6－2 得分 ×（　　）%				

07

项目七

绩效考评方法应用

项目导入

项目名称	绩效考评方法应用	**项目任务**	任务一　比较法的应用 任务二　关键事件法的应用 任务三　量表法的应用 任务四　描述法的应用
项目描述	• 绩效考核实施过程中，考评方法的选择至关重要。绩效考评的方法很多，但是没有一种考评方法是适合所有情形的。那么，有哪些类型的考评方法？这些考评方法又是如何应用的呢？通过本项目的学习，要求熟悉各类绩效考评方法，掌握各类绩效考评方法的使用，形成具体问题具体分析的职业素养，培养潜心学习、认真完成各项任务的职业精神。		
项目准备	• 通过网络等媒介查找知名企业绩效考评的典型案例，并做好小组分享准备。		
项目期待	• 学生对项目学习的期望，学习之前写一写。		
备　注			

任务一

比较法的应用

任务导入

任务名称	比较法的应用	
学习目标	知识目标	• 了解比较法的含义及包含的具体方法； • 熟悉排序法、配对比较法、强制分布法、团体评价法的基本内容、优缺点和适用范围。
	能力目标	• 具备运用排序法、配对比较法进行考核评价的能力； • 具备绘制强制分布法坐标图的能力； • 具备运用团体评价法进行等级判定的能力。
	素养目标	• 从对相对评价方法的认知，理解比较的意义，同时端正态度，避免偏私，形成公正公平的职业素养。

引导案例

某公司的排序考评

李某是某公司生产部门主管，该部门有20多名员工，其中既有生产人员又有管理人员。该部门采用的考评方法是排序法，每年对员工考评一次。具体做法是：根据员工的实际表现给其打分，每个员工最高分为100分，上级打分的占比为30%，同事打分的占比为70%。在考评时，20多人互相打分，以此确定员工的排序。李某平时很少与员工就工作中的问题进行交流，只是到了年度奖金分配时，才对所属员工进行打分排序。

那么，该部门在考评中存在什么问题吗？如果有，产生问题的原因是什么呢？

关键知识点

比较法也叫相对评价法，是指事先没有统一制定的评价标准，而是在团队或部门内对人员进行相互比较做出评价的评估方法。由于比较法是最为方便的评估方法，评估结果也一目了然，作为各类管理决策的依据时也十分方便，因此得到了广泛应用。常见的比较法有排序法、配对比较法、强制分布法和团体评价法等。

一、排序法

（一）排序法的含义与实施步骤

排序法是将雇员的绩效进行比较并排序，类似于学校考试的成绩排名。常见的排序法有直接排序法和交替排序法。

直接排序法作为最简单的排序方法，使用时只需要将一定范围内所有被评估者的绩效结果进行比较并从绩效最高者到绩效最低者排出顺序。比如，对于销售员按照“销售额”指标进行排序，销售额最高的排在第一，次高的排在第二，以此类推，最少的排在最后。

交替排序法与直接排序法的不同之处在于前者是先确定一定范围内被评估人员的最好者和最差者，再从剩下的被评估人员中继续确定最好者和最差者，以此类推直到将所有人的顺序排定。人们直觉上认为这种方法优于简单排序法，但是事实上是由易到难，排到后期绩效中等者较为接近，必须仔细辨别，直至全部排完。

（二）排序法的优缺点及适用范围

排序法的优点：简单实用，评估结果令人一目了然，有利于识别出好绩效的员工和差绩效的员工。对于某个评估因素上绩效有问题的员工，可以作为在该方面培训的对象。因此，排序法能够为员工培训奠定良好的基础。

排序法的缺点：（1）当被评估的人较多时，要准确地将他们依次排列，费时费力，效果也不一定好；（2）当个人的绩效水平相近时难以进行准确排序；（3）如果存在工作性质差异，或是对不同部门的人员进行评估，则该方法不适用；（4）这种方法容易对员工造成心理压力、在感情上也不易接受，甚至可能会造成员工之间的相互攀比和不正当竞争，排名靠后的员工可能会使用不正当的手段破坏评估的公平性，从而造成绩效评估结果缺乏客观性。

一般来讲，排序法比较适用于人数较少的情况。

微课

配对比较法

课堂互动

在生活中，有哪些排序法的实例？请和同学一起聊一聊。

二、配对比较法

（一）配对比较法的含义与实施步骤

配对比较法是由排序法衍生而得，又称为一一比较法、成对比较法、两两比较法等。该方法的操作程序主要是先按每一绩效评估要素列出表格，标明被评估员工姓名与评估要素。将被评估人员中的每个人与其余的被评估者一一进行比较，得出每次比较中的“高绩效者”和“低绩效者”，可以分别以“+”和“–”进行标注。最后统计每个人获得“+”和“–”的次数。得到“+”越多的人将获得更高的评估分数，也就是根据每位员工比较的净胜次数的多少进行排序。如表7–1所示，以纵向统计“+”的次数为结果，B的评估得分最高。

表7–1　配对比较法示例

评估要素：团队协作精神

被比较者	比较者				
	A	B	C	D	E
A		+	+	–	–
B	–		–	–	–
C	–	+		–	–
D	+	+	+		+
E	+	+	+	–	
对比结果	中	优	良	差	及

（二）配对比较法的优缺点及适用范围

配对比较法的优点：通过对被评估者进行两两之间的比较而得出次序，因而评估结果更为可靠。

配对比较法的缺点：这种方法会受到被评估者人数的制约，当有大量员工需要评估时，这种方法显得复杂和浪费时间。例如，当被评估者的人数为n时，按照一一对比的原则，总共需要配对比较$n(n-1)/2$次。如果对5个员工进行评估，评估者需要配对比较10次；10个员工需要配对比较45次；而当需要评估的员工为50个时，则配对比较要增加到1 225次。

因此，这种方法一般适用于人数不多的情况。

三、强制分布法

（一）强制分布法的含义及实施步骤

强制分布法实际上也是将员工进行相互比较的一种排序方法，只不过它是对员工按照组别进行排序，而不是按照个人进行排序。该方法将员工绩效分成若干等级，每一等级强制规定一个百分比，根据员工总体工作绩效进行归类。

这一方法的理论依据是数据统计中的正态分布概念，认为员工的业绩水平遵从正态分布，比如说将同一考分的学生安排在一个班中学习，经过一段时间后，这些学生的学习成绩就会产生分化，会有成绩好的学生，也会有成绩不好的学生。在企业中，也是一样，同一职位等级的员工经过一段时间后，也会产生分化，会有业绩突出与业绩不良的。因此可以将所有员工按事先规定的比例分为例如优秀、良好、中等、基本合格、不合格等情况，并且分布比例呈现“两头小、中间大”的特点，如图7–1所示。在实践中，有些实行强制分布的企业通过对设定的分布形式进行一定程度的变通，使员工业绩水平的分布形式呈现出某种偏态分布。

微课

强制分布法

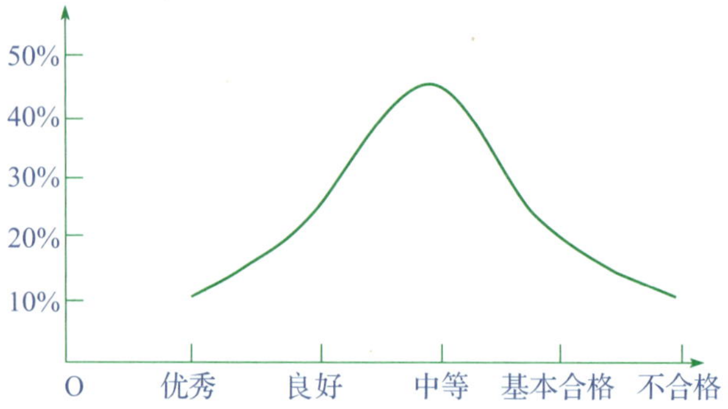

图 7－1 强制分布法示例

案例评析

德国默克公司的绩效评价

默克公司是德国一家拥有 4 000 多名雇员的工厂，原来的工作绩效评价办法不够规范。当时，公司发现，根据公司实行的 5 级尺度评价法，公司雇员中，竟然有 80% 的人工作绩效评价等级都在第 4 级和第 5 级。那些在工作中做出显著成绩的雇员所得到的工作绩效评价等级，实际上比那些无任何突出之处的雇员高不了多少。结果，不仅公司的工作绩效评价体系形同虚设，连带公司的绩效工资都没有起到激励作用。因此，公司决定实行强制分布法，在雇员之间形成更大的绩效等级差别，这样就能比较容易地发掘出那些工作确实优秀的雇员。

现在，默克公司在每年的 11 月份都要对所有雇员进行工作绩效评价。这些雇员要与他们的主管人员面谈自己在这一年中的工作完成情况（与先前制定的工作目标进行比较）。最后，他们将得到以下 5 个绩效评价等级中的一个：优异、优秀、高标准、需要改进和难以令人满意。任何一位管理人员的下属雇员中都只有一定比例的人能够进入每一个等级之中。比如，一个部门中只有 8% 的人能够得到优异级的评价；10% 的人能够得到优秀等级的评价；但大多数人即 60% 的人都将进入高标准这一中间等级之中。

此种强制评价体系强制主管人员对其手下雇员进行比较，并只能将其中不多于 18% 的人的工作绩效等级评定为高于平均水平。

该公司在实行考评时着力克服强制分布法自身所存在的问题，因此，这一工作绩效评价方法在该企业中应用得很成功。同时，对于那些只有四五名下属的管理人员，公司要求他们采用一种“滚雪球”式的做法，即为了满足强制分布法绩效评价体系的等级分布比例要求，将在同一分支机构中的几个部门合并起来进行绩效评价。在每一次绩效评价会议上，每一位主管人员都可以提出相当于其手下雇员总数 2/5 的人员名单，把他们的工作绩效评价等级定为优异级。

当然，在默克公司也仍然存在一种争论：到底是应当对雇员的绝对绩效进行评价，还是应当对雇员的相对绩效进行评价。然而，从总体情况来看，默克公司的工作绩效评价体系是成功的。

课堂互动

根据默克公司的案例，画出强制分布法坐标图。

（二）强制分布法的优缺点与适用范围

强制分布法的优点：增加评估硬度，能够克服评估者过宽、过严、集中化倾向；有利于管理控制，特别是在引入员工淘汰机制的公司中，它能明确筛选出淘汰对象；由于员工担心因多次落入绩效最低区间而遭解雇，因而具有强制激励和鞭策功能。

当然，它的缺点也同样明显：如果一个部门员工的确都十分优秀，还要强制进行正态分布划分等级，或者出现其他不符合分布的情况，则按照这种方法将不利于评估，可能会带来多方面的弊端；在淘汰制公司中，造成员工人心惶惶、压力过大。

强制分布法一般适用于人数较多的情况，为了减少偏差，建议采用多元主体评估，同时采用一些其他方式进行辅助。

四、团体评价法

（一）团体评价法的含义及实施步骤

微课

团体评价法

为了克服强制分布法的缺陷，同时也将员工的个人激励与集体激励更好地结合起来，可以使用团体评价法以改进强制分布法的效果。实施这种考评方法的基本步骤如下：

（1）确定 A、B、C、D、E 各个评定等级的奖金分配的点数，如表 7－2 奖金点数的设置举例，要注意各个等级之间点数的差别应该具有充分的激励效果。

表 7－2　团体评价法奖金点数的设置

等级	A	B	C	D	E
奖金点数	200	150	120	80	50

（2）由每个员工根据业绩考评的标准，对自己以外的所有其他员工进行 0 ～ 100 分的评分。

（3）计算个人的平均分：对称地去掉若干个最高分和最低分，求出每个员工的平均分。例如有 N 个员工的话，那么每个员工获得的分数个数将是 $N-1$，然后求出每个员工的平均分。

（4）计算部门平均分：将部门中所有员工的平均得分加总，再除以部门的员工人数，计算出部门所有员工的平均分。

（5）计算个人标准化得分：用每位员工的平均得分除以部门的平均分，就可以得到一个标准化的评价得分。那些评价标准分为 1 及其附近的员工就应该达到 C 等级的评价，那些评价标准得分明显大于 1 的员工就应该得到 B 等级或 A 等级的评价，而明显低于 1 的员工就应该得到 D 等级甚至 E 等级的评价。

例如，部门平均分为 80 分，员工 1 本人得分 80，则比值为 1，员工 2 本人得分为 90，则比值大于 1，员工 3 本人得分为 70，则比值小于 1，相应地进入不同的评价等级。

在某些企业中，为了强化管理人员的权威，可以将员工团体评价结果与管理人员的评价结果的加权平均值作为员工最终的考评结果，但需要注意的是，管理人员的权重不应该过大，各个评价等级之间的数值界限可以由管理人员根据过去员工绩效考评结果的离散程度来确定。这种计算标准分的方法可以合理地确定被考评员工的绩效评价结果的分布形式。

（6）计算个人奖金数：根据每位员工的评价等级所对应的奖金分配点数，计算部门的奖金总点数，然后结合可以分配的奖金总额，计算每个奖金点数对应的金额，并得出每位员工应该得到的奖金数额。其中，每个部门的奖金分配总额是根据各个部门的主要管理人员进行相互评价的结果来确定的。

例如，本部门共 10 个员工，1 人为 A 级，2 人为 B 级，4 人为 C 级，1 人为 D 级，2 人为 E 级，那么其总点数为 1 160 点。假设奖金总额为 20 万元，那么每个奖金点数对应金额约为 172（200 000/1 160）元，那么 A 级员工奖金为 34 483（172.415 × 200）元；E 级员工奖金为 8 621（172.415 × 50）元。

为了鼓励每位员工客观准确地评价自己的同事，那些对同事的评价排列次序与最终结果的排列次序最接近的若干名员工应该得到相应的奖励。另外，员工的评价结果在考评的当期应该是严格保密的，同时奖金的发放要采取秘密给付的方式，以保护员工的情绪。

（二）团体评价法的优缺点与适用范围

团体评价法的优点：成本低、实用、评价所花费的时间和精力非常少。而且，这种绩效考评方法有效地消除了某些考评误差，如避免了考评人员的趋中性错误。

团体评价法的缺点：首先，因为判定绩效的评分标准是模糊或不实在的，评分的准确性和公平性就可能受到很多质疑；其次，团体评价法没有具体说明一个员工必须做什么才能得到好的评分，因而它们不能充分地指导或监控员工行为；最后，公司用这样的方法不能公平地对来自不同部门的员工的绩效进行比较，如 A 部门排在第六名的员工可能比 E 部门的第一名做得更好。

因此，在绩效评估结果与奖金发放联系紧密，且企业文化良好的情况下使用团体评价法较为适宜。

技能训练

任务名称	团体评价法的奖金计算
训练目标	• 进一步提高学生对排序法的认知，理解社会比较的客观存在，通过团体评价法的运用，强化细心的学习态度，并提升基础计算能力。
训练内容	• 假设目前被考评部门共有 10 名员工，最后评价结果 1 人为 A 级，2 人为 B 级，4 人为 C 级，1 人为 D 级，2 人为 E 级，等级对应的奖金点数分配如下：A（300）、B（220）、C（160）、D（100）、E（60），奖金总额为 20 万元。 • 请根据绩效考评中团体评价法的操作方法，计算每位员工可以获得的奖金数（计算结果取整数）。
质量评价	• 计算过程清晰（50%）。 • 计算结果正确（50%）。
成果摘要	

任务二

关键事件法的应用

任务导入

任务名称	关键事件法的应用	
学习目标	知识目标	• 了解关键事件法的含义与优缺点； • 掌握关键事件记录的 STAR 法； • 了解关键事件法记录时应注意的问题。
	能力目标	• 具备能够区分是否属于关键事件的能力； • 具备运用 STAR 法进行关键事件记录的能力。
	素养目标	• 通过关键事件的记录，形成实事求是的工作作风； • 培养学生良好的文字能力，养成信息记录的职业习惯，为个人职业生涯奠定基础。

引导案例

A 公司的关键事件记录

A 公司是一家发展中的新兴企业，公司的绩效管理工作一直处于摸索阶段。随着企业规模的扩大、员工数量的增加，A 公司绩效管理工作的开展也遇到了一些困难。

在上一年度年底的绩效反馈面谈中，不少主管碰到了如下问题：在对员工工作情况，尤其是存在问题的部分进行反馈沟通时，不少员工表示不服，有些员工直接否认了事情的发生，而由于主管此前没有做好相关的过程管理，导致反馈沟通进展不顺利。

今年年初，公司人力资源管理部门对主管进行了培训，指导大家在日常管理工作中采用记录关键事件的方式，进行员工工作过程重要事件的记录。经过半年的施行，在今年年中的半年度考核时，主管们都表示，反馈沟通容易多了。

关键知识点

一、关键事件法的含义

关键事件法（Critical Incident Method），是观察、书面记录员工有关工作成败的关键性事实。它是由美国学者弗拉根（Flangan）和伯恩（Bara）创立的，包含三个要点：第一，观察；第二，书面记录员工所做的事情；第三，有关工作成败的关键性事实。

关键事件法要求保存最有利和最不利的工作行为的书面记录，当这样一种行为对部门的效益产生无论是积极还是消极的重大影响时，管理者都应把它记录下来，并把这些资料提供给评估者用于对员工绩效进行考评，这样的事件便称为关键事件。关键事件的记录能够及时向员工做出反馈，有效引导员工行为，并为绩效考评提供事实依据。

案例评析

关键事件一

张涛是一家家电公司的销售员，张明是公司的经理。一天，张明路过张涛的办公桌时，正巧张涛在打电话。张明注意到张涛正在给买了公司产品的客户打电话，收集客户对产品质量的反馈："您觉得我们的产品用起来怎么样啊？""您觉得我们的产品还有哪些方面需要改善？""您还用过其他类似品牌的产品吗？它们在哪些方面比我们好？"而且他认真地记录下客户的意见。过了几天，张涛整理了一份客户意见调查报告交给了张明。张明发现，报告详细地对客户使用产品的意见进行了总结和归类，并且有张涛自己的意见分析，这些分析对于产品的改进有很大帮助。

关键事件二

高爽将一份打印精美的月度报告交给了总经理。总经理非常认真地阅读了这份报告，他对报告中的一些数据感到有些怀疑，于是重新核算了一下，发现有错误。总经理忽然想到高爽的报告与林宇的报告用的同样的模板，于是他拿出了林宇的报告对照了一下，结果发现高爽的报告中有些数据由于粗心没有替换，用的还是林宇的数据，这样就导致了错误。

二、关键事件法的优缺点

关键事件法常常用作等级评价技术的一种补充，一般不单独使用。它在认定员工特殊的良好表现和劣等表现时是十分有效的，而且对于制定改善不良绩效的规划也是十分方便的。但是记录的只是一些好的或不好的事情，并没有贯穿整个过程。就它本身来说，在对员工进行比较或在做出与之相关的薪资提升决策时，可能不会有太大用处。

关键事件法有以下优点：

（1）有理有据。因为时间、地点、人物全都被记录下来了。

（2）成本很低。不需要花钱，也不需要花太多的时间，经理做的只是花上几分钟将这件事写下来，成本非常低。

（3）及时反馈，提高员工的绩效。据统计，员工离职最大的原因就是平常干得好没有人夸，干得不好也没有人批评。

当然关键事件法也存在缺点，最大的缺陷是主管人员常漏记关键事件。有很多时候，管理人员都是一开始忠实地记下每一件关键事件，到后来失去兴趣，在考评期快结束时再去补充记录。这样，近期效应的偏差被夸大，员工会觉得管理人员编造事实来支持其主观意见。即使管理人员做了全面的记录，员工也会因管理人员总记着几个月前的差错而感到不快。

三、关键事件法的记录

微课

关键事件法

（一）星星法

记录关键事件的主要方法是星星法，也就是 STAR 法。这是由四个英文单词的第一个字母表示的一种方法，由于 STAR 是星星的意思，所以叫星星法。星星就像一个十字形，分成四个角，记录的一个事件也要从四个方面来展开。

S 是 Situation，情境，即这件事情发生时的情境是怎么样的？

T 是 Target，目标，即他为什么要做这件事？

A 是 Action，行动，即他当时采取了什么行动？

R 是 Result，结果，即他采取这个行动产生了什么结果？

连起这四个角就叫 STAR，如图 7－2 所示。

图 7－2　记录关键事件的 STAR 法

（二）关键事件法记录实例

背景：20×× 年 6 月 20 日，某塑化公司生产的胶带出现了质量问题。大量发送出去的货物被退回来了，时间正是下午 6 时——员工下班的时间。

负责分管生产的副总张先生看到被退回来的一箱一箱的不合格品，皱了皱眉头，依然开着车子走了，他想等明天上班再说。

负责分管技术的总工黄先生立即拆了一箱被退回来的货，进行研究，寻找原因。黄先生一直工作到晚上 10 时，终于找出了原因。第二天上班时，迅速地指导工人解决了问题，恢复了公司信誉，此事被总经理柯先生看在眼里，他做了两个关键事件记录表。

张先生的关键事件记录表如表 7－3 所示。

表 7-3 张先生的关键事件记录表

行为者：张 ××	行为发生时间：20××.6.20
地点：公司某车间	观察者：柯 ××

事情发生过程及现象（S）：
5 月 15 日发送给 A 公司的胶带被退回来了。
行为者的行为（A）：
张先生未对该事情作任何表示，开车离开了公司。
行为者的行为结果（R）：
未能及时处理事件。
分析与解释（T）：
张先生可能想在明天上班再来解决退货事件，但这可能带来公司员工的窝工和公司经济、信用的损失。张先生责任心不够强。

记录者：柯 ××
记录时间：20××.6.21

黄先生的关键事件记录表如表 7-4 所示。

表 7-4 黄先生的关键事件记录表

行为者：黄 ××	行为发生时间：20××.6.20
地点：公司某车间	观察者：柯 ××

事情发生过程及现象（S）：
5 月 15 日发送给 A 公司的胶带被退回来了。
行为者的行为（A）：
黄先生拆开其中一箱胶带，立即研究和分析，工作至当晚 10 时，找出产品不合格的原因。
行为者的行为结果（R）：
次日，黄先生指导员工纠正了错误，维护了公司的信誉，并使公司的经济损失降到最小。
分析与解释（T）：
黄先生考虑到自己的责任，同时预计到明天的工作安排与今晚的原因排查有关。黄先生的责任心和工作计划性较强。

记录者：柯 ××
记录时间：20××.6.21

（三）关键事件记录的注意事项

在进行关键事件记录时，管理人员应着重对事件或行为进行记载，而不是对员工进行评论。例如，应在某位员工的记录中记载“6 月 6 日，某顾客对所购买的商品质量有疑问，该员工热情而耐心地对顾客进行解释，消除了顾客的疑虑，使其满意而归”，而不是抽象地记录“该员工工作非常认真负责”。

课堂互动

进行关键事件记录时，应注意哪些问题？

技能训练

任务名称	关键事件的记录
训练目标	• 进一步掌握关键事件记录的 STAR 法，充分理解四个方面的具体内容及因果关系；培养良好的文字能力、分析能力和材料信息提取能力。
训练内容	• 选择案例评析中的两个关键事件（张涛和高爽的案例）之一，运用 STAR 法记录关键事件。
质量评价	• 要素完整、无遗漏（40%）。 • 内容描述准确（40%）。 • 格式规范（20%）。
成果摘要	

任务三

量表法的应用

任务导入

任务名称	量表法的应用	
学习目标	知识目标	• 了解图尺度量表法的基本做法； • 掌握行为锚定等级评价法的内容和实施步骤； • 掌握行为观察量表法的内容和实施步骤。
	能力目标	• 具备设计图尺度量表的能力； • 具备运用行为锚定等级评价法、行为观察量表法进行行为量表制作的能力。
	素养目标	• 从对量表形式的应用出发，提升相关工具应用能力，追求客观性、提升公平感； • 培养学生良好的文字能力，使其养成信息记录的职业习惯，以及潜心学习、致力于认真完成各项任务的工匠精神。

引导案例

M公司的量表考核

M公司虽然是一家初创公司，但其创始人非常重视绩效管理工作。公司发展初期，由于很多制度还不够完善，且很多事情没有先例可循，因此在绩效考核时，根据实际情况采用了"一张表"考核的方式。

在这张表上，首先建立三大考评要素，即工作成果、工作能力和工作态度；其次具体化这三个方面，工作成果为工作完成情况，工作能力包括专业知识、专业技能、执行能力和沟通能力四项指标，工作态度包括责任心、纪律性、团队合作三项指标。每项内容分为五个等级，并赋予一定的分数，即等级从高到低分别被赋予10分、8分、6分、4分和2分。

在进行绩效评价时，对每一位员工从每一项评价指标中找出最能符合其绩效状况的分数，汇总后作为其最终的评价结果。在企业发展初期，这种做法发挥了一定的作用。

关键知识点

量表法作为一种绝对评价法，注重将绩效考评指标进行合理量化，即考评者根据被考评者在各个评价指标上的实际表现进行判断和评分，最后计算出总分。在量表法中，多以行为为导向，对每项标准都有明确、具体的定义以帮助考评者进行客观评价。因此考评结果更客观、准确，信度和效度更高。量表法还突破了比较法不能在不同群体间横向比较的障碍，使考评结果能更加有效地运用于各项人事决策。但量表法的设计十分复杂，专业性极强，因此需要花费大量的时间和精力，通常还需要专家协助才能完成。

一、图尺度量表法

图尺度量表法是被采用得最普遍的一种考评方法，此方法主要是借助事先设计的等级量表来对员工进行评价。使用图尺度量表进行绩效考评的具体做法是：

（1）根据考评的目的和需要来设计等级量表，表中列出有关的绩效考评项目并说明每一项目的具体含义；

（2）将每一考评项目分成若干等级并给出每一等级相应的分数，由考评者对员工每一考评项目的表现做出评价和记分；

（3）计算出总分，得出考评结果。图尺度量表法示例见表 7－5 和表 7－6。

表 7－5　图尺度量表法示例一

考核项目	考核要素	说明	评定				
基本能力	知识	是否充分具备现任职务所要求的基础理论知识和实际业务知识	A 10	B 8	C 6	D 4	E 2
业务能力	理解力	是否能充分理解上级指示，干净利落完成本职工作任务，不需上级反复指示和指导	A 10	B 8	C 6	D 4	E 2
	判断力	是否能充分理解上级指示，正确把握现状，随机应变，恰当处理	A 10	B 8	C 6	D 4	E 2
	表达力	是否具有现任职务所要求的表达力（口头或文字），能否进行一般的联络说明工作	A 10	B 8	C 6	D 4	E 2
	交涉力	在与企业内外的对手交涉时，是否具有使双方诚服接受、同意或达成协商的表达交涉力	A 10	B 8	C 6	D 4	E 2
工作态度	纪律性	是否严格遵守工作纪律和规定，有无早退、缺勤等情况，对待上下级、同级和企业外部人士有礼貌，严格遵守工作汇报制，按时提出工作报告	A 10	B 8	C 6	D 4	E 2
	协调性	在工作中，是否充分考虑到别人的处境，是否主动协助上级、同级和企业外人员	A 10	B 8	C 6	D 4	E 2
	积极性 责任感	对分配的任务是否不讲条件、主动积极、尽量多做工作，主动进行改良、改进，向困难挑战	A 10	B 8	C 6	D 4	E 2

续表

考核项目	考核要素	说明		评定
评定标准： A：非常优秀，理想状态 B：优秀，满足要求 C：略有不足 D：不满足要求 E：非常差		分数换算： A：65 分以上 B：50 ～ 64 分 C：50 分以下	合计分	
			评　语	
			评定人签字	

表 7－6　图尺度量表法示例二

考核项目	第一次考核					第二次考核					第三次考核					事实依据
回款	30	24	18	12	6	30	24	18	12	6	30	24	18	12	6	
	s	a	b	c	d	s	a	b	c	d	s	a	b	c	d	
销售量	30	24	18	12	6	30	24	18	12	6	30	24	18	12	6	
	s	a	b	c	d	s	a	b	c	d	s	a	b	c	d	
客户保有	30	24	18	12	6	30	24	18	12	6	30	24	18	12	6	
	s	a	b	c	d	s	a	b	c	d	s	a	b	c	d	
客户开发	30	24	18	12	6	30	24	18	12	6	30	24	18	12	6	
	s	a	b	c	d	s	a	b	c	d	s	a	b	c	d	
出勤率	30	24	18	12	6	30	24	18	12	6	30	24	18	12	6	
	s	a	b	c	d	s	a	b	c	d	s	a	b	c	d	
各次考核得分																
三次总分																
最终得分（三次平均）											档次划分说明： s（极优）：130 分以上 a（优）：111 ～ 130 分； b（良）：80 ～ 110 分； c（中）：60 ～ 79 分； d（差）：59 分以下					
最终档次																
评语																

图尺度量表法的实用性强且开发成本和使用成本低，可以对雇员的工作内容、责任和行为特征进行考评；操作简单、迅速，能使考评者在较短时间内完成对员工的考评。但是图尺度量表法只能评定等级和分数，不能有效指明员工必须做什么才能得到某个分数。由于每个评价等级没有明确的定义，这使得不同的考评者对每个等级有不同的理解，难免会导致考评失误，考评结果不精确，主观性大，考评也就容易流于形式。可见图尺度量表法虽然简单易行，但存在不够精确的问题，因此有时在表格中设置“评语”或“评价依据”等项目，可以略微缓解由此带来的负面影响。

课堂互动

怎样理解图尺度量表的通用性特点？

二、行为锚定等级评价法

行为锚定等级评价法（Behaviorally Anchored Rating Scale，BARs）是一种将某一职务工作可能发生的各种典型行为进行评分度量，建立一个锚定评分表并以此为依据，对员工工作中的实际行为进行测评给分的考评办法。

行为锚定等级评价法实质是把关键事件法与图尺度量表法结合起来，兼具两者之长。行为锚定等级评价法是关键事件法的进一步拓展和应用。它将关键事件和等级评价有效地结合在一起，通过一张行为等级评价表可以发现，在同一个绩效维度中存在一系列的行为，每种行为分别表示这一维度中的一种特定绩效水平，将绩效水平按等级量化，可以使考评的结果更有效、更公平。

建立行为锚定等级评价法的步骤如下：

第一步，对被评价者的工作行为进行观察、评价，收集关键事件，完成对最优绩效行为和最差绩效行为的描述；

第二步，明确绩效评价要素（指标），并且将关键事件分配到评价要素中；

第三步，对已经分配到绩效要素中的关键事件进行整理和分级（一般每一个评价要素下会有 6 ～ 7 个关键事件等级）；

第四步，按其优劣等级对各个行为级别进行赋值（一般是按 7 点或 9 点进行等级计分）。

这样通过行为描述、分级、赋值等就形成了“行为锚”，可以使用这个工具对员工的行为指标进行评价了。

以指标“吸收和解释政策的能力”为例，最积极的考评结果可以概括为“可以期望该员工成为组织中其他新政策和政策变化的信息来源”，最消极的考评结果可以概括为“即使对员工重复解释后，该员工也不可能学会什么新东西”，在最积极和最消极的层次之间可能还存在几种层次，行为锚定等级评价表中，就把这些具体的行为都表述清楚了。表 7－7 所示是“客户服务”行为锚定等级评价法的示例。

表 7－7 “客户服务”行为锚定等级评价表

等级	锚
7	把握长远盈利观点，与客户达成伙伴关系
6	关注顾客潜在需求，起到专业参谋作用
5	为顾客而行动，提供超常服务
4	个人承担责任，能够亲自负责
3	与客户保持紧密而清晰的沟通
2	能够跟进客户回应，有问必答
1	被动的客户回应，拖延和含糊回答

行为锚定等级评价法的优点主要包括：

（1）对工作绩效的考评更加精确。由于是由那些对工作及其要素最为熟悉的人来编制行为锚定等级体系，因此这一方法能够比其他考评方法更准确地对工作绩效进行评价。

（2）工作绩效考评标准更加明确。等级尺度上所附带的关键事件有利于考评者更清楚地理解“非常好”和“一般”等各种绩效等级上的工作绩效到底有什么差别。

（3）具有良好的反馈功能。关键事件可以使考评者更有效地向被考评者提供反馈。

（4）各种工作绩效表现要素之间有着较强的相对独立性，可避免考评者因对被考评者某一方面的评价较高而将其他方面的评价等级也定得较高的情况。

（5）信度较高。即不同的考评者对同一个人进行评价，其结果基本上相似。

行为锚定等级评价法的主要缺点是设计和实施成本比较高，经常需要聘请人力资源管理专家帮助设计，而且在实施前要进行多次测试和修改，因此要花费许多时间和费用。表 7-8 是“信息传递”指标的行为锚定等级评价表，相较前面的表格设计更加完整。

表 7-8　“信息传递”行为锚定等级评价表

员工姓名：	工作部门：		考核者：	评价日期：
评估指标	指标定义：考核员工与上司交流信息、传递情报的紧密及时程度			评分
信息传递	评价等级（分值）	最好（5）	随时将与公司利益相关的情报传送上司及有关部门，使其充分获得来自外界的各类消息	
		较好（4）	在总公司召集的工作会议上能够将与公司利益相关的工作进展传送上司	
		一般（3）	在极个别的情况下，主动汇报工作进展	
		较差（2）	如果上级不主动询问，基本不主动汇报工作进展	
		差（1）	上级要求主动汇报工作但不能及时传递信息	

案例评析

巡警职位行为锚定

1. 总是提前开始工作，不仅带齐工作所必需的装备，而且穿戴整齐。在参加点名之前抽出一段时间检查前一班巡逻人员的活动情况以及各种新的公文，在点名过程中将上一班巡逻人员的活动记录下来。

2. 总是提前开始工作，不仅带齐工作所必需的装备，而且穿戴整齐，在参加点名之前检查前一班巡逻人员的活动情况。

3. 提前开始工作，带齐工作所必需的装备，穿戴整齐。

4. 按时参加点名，带齐工作所必需的装备，穿戴整齐。

5. 点名时还未完全穿戴整齐，没有带齐工作所必需的装备。

6. 点名时没能赶到，不检查装备或车辆是否存在损坏或需要修理的地方，不能在点完名之后立即赶去工作，需再回到存物间、车上或者回家去取必备的工作装备。

7. 在点名结束之后才赶到，不检查装备和车辆，也没有带齐工作所必需的装备。

资料来源：刘秀英 . 绩效管理实训 . 杭州：浙江大学出版社，2016.

三、行为观察量表法

行为观察量表法（Behavior Observation Scale，BOs）提出某一工作的高绩效所需求的一系列行为。同行为锚定等级评价法一样，考评人员会收集关键事件并按照维度分类。两种方法之间的关键区别在于：该方法并非是确定工作表现处于哪一水平上，而是确定员工某一行为出现的频率。

建立行为观察量表评价的步骤如下：

第一步，运用关键事件分析法进行职务分析；

第二步，对关键事件依照行为归类；

第三步，把类似的行为项目归类成为行为观察量表标准；

第四步，评价内部判断一致性；

第五步，评价内容效果；

第六步，去掉次数过少和过多的项目；

第七步，确定行为观察量表的信度及各个行为观察量表标准的相对重要程度。

在使用行为观察量表时，考评人员可以通过指出员工表现各种行为的频率来评定工作绩效。一个 5 分的量表被分为从“偶尔（1）”到“总是（5）”，通过将员工在每一个行为上的得分相加得到总评分，高分意味着一个人经常出现合乎希望的行为。有时，对于特殊的工作表现还可以设定一个等级标准进行加总，然后乘以一个重要性加权系数。行为观察量表示例见表 7－9 和表 7－10。

表 7－9 “克服变革的阻力”行为观察量表

<table>
<tr><th>细化行为</th><th>频率等级</th><th>得分</th></tr>
<tr><td>向下属描述变革的细节</td><td rowspan="6">5：几乎总是
4：经常如此
3：有时如此
2：偶尔如此
1：几乎从来没有</td><td></td></tr>
<tr><td>解释为什么必须进行变革</td><td></td></tr>
<tr><td>与雇员讨论变革会给雇员带来何种影响</td><td></td></tr>
<tr><td>倾听雇员的心声</td><td></td></tr>
<tr><td>在变革推进的过程中请求雇员的帮助</td><td></td></tr>
<tr><td>如果有必要，会就雇员关心的问题定一个具体的日期来进行变革之后的跟踪会谈</td><td></td></tr>
<tr><td>6 ～ 10 分：很差
11 ～ 15 分：尚可
16 ～ 20 分：良好
21 ～ 25 分：优秀
26 ～ 30 分：出色</td><td>总分：</td><td></td></tr>
</table>

表 7-10 “新员工辅导”行为观察量表

考核指标：新员工辅导 指标定义：解决新员工的生活和工作困难，帮助新员工尽快熟悉工作					
5：几乎总是如此（90% ～ 100% 的情况下） 4：经常如此（70% ～ 89% 的情况下） 3：有时如此（50% ～ 69% 的情况下） 2：偶尔如此（30% ～ 49% 的情况下） 1：几乎从不如此（0 ～ 29% 的情况下）					
1. 帮助新员工联系安排宿舍，解决新员工的生活问题	5	4	3	2	1
2. 带领新员工参观工厂，将新员工介绍给本部门和其他部门的同事	5	4	3	2	1
3. 向新员工讲解企业文化、企业制度和公司纪律	5	4	3	2	1
4. 对新员工进行业务培训和工作指导	5	4	3	2	1
5. 倾听新员工所关心的问题，与他们一起讨论解决	5	4	3	2	1
6. 按时对新员工试用期表现进行评定	5	4	3	2	1
考核时在所选择的代表行为发生频率的分数上画“○”					
总分： 杰出：26 ～ 30；优秀：21 ～ 25；良好：16 ～ 20；尚可：11 ～ 15；不足：6 ～ 10					

行为观察量表法的优点体现在以下几个方面：

（1）基于系统的工作分析。

（2）关键行为和等级标准设定得一目了然。

（3）允许员工参与工作职责的确定，从而加强员工的认同感和理解力。

（4）由于特定的目标是与重要行为的一定得分相对应的，因此有利于信息反馈以改进员工的工作绩效。

但是，行为观察量表法也存在如下不足：

（1）与其他考核方法相比，该方法需要花费更多的时间和成本。

（2）过分强调行为表现容易忽略某些真正的考评要素，特别是对管理工作和一些按章办事的工作而言，应该注重的往往是实际产出结果，而不是行为。

（3）该方法要求观察员工的工作表现，对管理者的时间投入和精力投入要求较高。

课堂互动

谈谈行为锚定等级评价法与行为观察量表法的区别与联系。

技能训练

任务名称	设计“团队协作”的行为锚定
训练目标	• 加深对行为锚定等级评价法的理解，能够区分其和其他方法的不同，掌握设计行为锚定等级评价表的方法；培养良好的文字能力、沟通讨论能力和信息提取能力。
训练内容	• 设计“团队协作”的行为锚定，形成行为锚定等级评价表，注意同时需要对“团队协作”进行定义，并且评价表至少形成五个以上的等级层次。
质量评价	• 评价表要素完整、格式规范（20%）。 • 文字描述到位（40%）。 • 等级间具有区分度（20%）。 • 小组成员积极参与、体现团队合作（20%）。
成果摘要	

任务四 描述法的应用

任务导入

任务名称	描述法的应用	
学习目标	知识目标	• 理解描述法的内涵； • 掌握自我报告法的撰写方式； • 掌握短文法的描述方式； • 理解描述法与其他考评方法的关系。
	能力目标	• 具备运用自我报告法进行自我评价的能力； • 具备运用短文法进行评价的能力。
	素养目标	• 从对自我报告法的认知出发，培养能够正确看待自己的优缺点、客观进行自我评价的素养； • 从运用短文法进行他人评价出发，能够正确合理地看待他人，养成做事客观全面的职业习惯。

引导案例

A公司的绩效考核方法的选择

A公司成立于20世纪50年代初，经过几十年的努力，在业内已具有较高的知名度并获得了较大的发展。绩效考核工作是公司基础管理重点投入的一项工作，公司的高层领导非常重视，人事部具体负责绩效考核制度的制定和实施。人事部在原有的考核制度基础上制定了《中层干部考核办法》。每年年底正式进行考核之前，人事部会出台当年的具体考核方案，以使考核达到可操作的程度。A公司的做法通常是由公司的高层领导与相关的职能部门人员组成考核小组。考核的程序通常包括：被考核者填写述职报告，在自己单位内召开全体职工大会进行述职，民意测评（范围涵盖全体职工），向科级干部甚至全体职工征求意见（访谈），考核小组汇总写出评价意见并在征求主管副总的意见后报公司总经理。

考核的内容主要包含三个方面：被考核单位的经营管理情况，包括该单位的财务情况、经营情况、管理目标的实现情况等；被考核者的德、能、勤、绩及管理工作情况；下一步工作打算及重点努力的方向。具体的考核细目侧重于经营指标的完成、政治思想品德，对于能力的定义则比较抽象。各业务部门（子公司）都在年初与总公司对于自己部门的任务指标进行了商讨。

对中层干部的考核完成后，公司领导在年终总结会上进行说明，并将情况反馈给个人，尽管考核的方案中明确说明考核与人事的升迁、工资的升降等方面挂钩，但最后的结果总是不了了之，没有任何下文。

对于一般员工的考核，由各部门的领导掌握。子公司的领导对下属业务人员的考核通常是从经营指标的完成情况（该公司中所有子公司的业务员均有经营指标的任务）来进行的；对于非业务人员的考核，无论是总公司还是子公司均由各部门的领导自由进行。通常的做法是，到年底分奖金时，部门领导对自己的下属做一个笼统的排序。

这种考核方法，使得员工的参与程度较高，颇有点儿声势浩大、轰轰烈烈的感觉。公司在第一年进行操作时，获得了比较大的成功。由于被征求了意见，一般员工觉得受到了重视，感到非常满意。领导则因为该方案得到了大多数人的支持，也觉得满意。但是，被考核者因为自己的部门与其他部门相比，历史条件和现实条件不同，年初所定的指标不同，觉得相互之间无法平衡，心里很是不服。考核者尽管需访谈 300 人次左右，忙得团团转，但由于大权在握，体会到考核者的权威，还是乐此不疲。

进行到第二年时，大家已经丧失了第一次时的热情。第三年、第四年进行考核时，员工考虑前两年考核的结果出来后，业绩差的和业绩好的并没有任何区别，自己还得在他手下干活，便敷衍了事。被考核者认为年年都是那一套考核方式，没有新意，只不过是领导布置的事情，不得不应付。

资料来源：沈丽，勾景秀．绩效管理．北京：中国人民大学出版社，2013.

关键知识点

描述法与前述比较法、量表法等相比，是一类特殊的绩效考评方法。描述法没有统一的考评标准，多采用描述性和总结性的文字评价，因此也不会单独使用，往往是根据描述内容的不同，作为其他方法在使用时的必要补充。

一、自我报告法

自我报告法，是雇员利用书面形式对自我工作进行总结陈述的考评方法。自我报告法通常会让雇员依照岗位要求或前期制定的绩效计划目标，回顾一定时期内的工作情况，并填写雇员自我鉴定表，如表 7-11 所示。

表 7-11　雇员自我鉴定表

姓名		部门		职位	
项目	本月（年）你所做的实际工作是什么？				
目前工作	执行任务时，你曾遇到哪些困难？				
工作目标	本月（年）你的工作目标是什么？				
目标实现	本月（年）你的目标实现程度如何？				
贡献	你认为本月（年）对公司比较有贡献的工作是什么？				
工作构想	在你负责的工作中，你有什么更好的构想？请具体说明：				

课堂互动

请谈谈自我报告法的优缺点。

自我报告法类似于简易的月末总结和年度总结，需要雇员自己独立完成，通过雇员自己对其一段时间工作结果的总结，使被考评者主动地对自身的表现进行反省，并评价自己的绩效。

案例评析

人事工作岗位工作总结（节选）

20××年在紧张而充实的气氛中已近尾声，我也在兢兢业业和精益求精中度过了在公司的第×个年头。在公司领导的带领和关怀下，凭借从事人事工作近×年所积累的经验，我尽心尽力，踏实做事，圆满完成了各项工作。现对这一年的工作进行汇报，希望从中总结经验、改进不足，为新一年工作的开展奠定坚实的基础。

本年度，我的工作主要围绕人事招聘、员工劳动关系管理、薪酬管理这三方面开展。

一、招聘面试工作

本年度的招聘工作中，我们本着“唯才是举，宁少求精”的原则，通过日常招聘、社会招聘、猎头合作、校园招聘等多种途径进行选拔和面试，实力与潜力并重，规范招聘流程，在简历筛选、面试安排、择优录取、人才库储备等各个环节严格把关。

1. 日常招聘

本年度，人事招聘专员共筛选简历 × 份；面试安排月平均 × 次，月面试成功 × 人次；总共为公司招聘到了 × 名日常增补人员、× 名各部门急缺岗位人员。

在高端岗位人员招聘方面，今年我们获得了可喜的成绩。其间，我们未通过与猎头合作，而是认真筛选了超过 × 份简历，和财务总监反复沟通安排面试，最终成功招聘到了人才。这一举措为公司节约了招聘成本，充实了人才队伍，同时激励着我们在新的一年做出更大的成绩。

在招聘流程把控方面，我们严格对应聘者的简历来源、学历认定、行业背景调查、录用流程各方面实施规范化管理，严厉杜绝学历造假和证书造假、规范入职体检流程、避免直系亲属推荐、规范职业道德修养，通过一系列举措来规范流程，吸纳人才，降低成本。

同时，我们保持着和各大猎头公司良好的沟通，社会招聘也按照公司的项目情况及时跟进。

2. 校园招聘

……

二、短文法

短文法是指通过一则简短的书面鉴定来进行考评的方法。书面鉴定通常谈及被考评者的成绩和长处、不足和缺点、潜在能力、改进意见和培养方法等方面。要求考评人员对被考评员工的行为进行评价并以文章的形式，认真地描述被考评的员工。通常要记录员工的优点和缺点，并对员工的发展提出建议。

短文法属于主观判断型的定性考评方法。它只从总体上进行考评，不考虑考评维度，也不设计具体的考评标准和量化指标。短文法的优点是有机会指出被考评员工独有的特征，当上司要求指出员工在才能、技能和优缺点方面的特殊之处时，非常有用。但它的缺点也很明显，如描述太费时、绩效考评质量易受到考评人员写作技巧和表达风格的影响、过于主观、易遗漏重点等。因此，这种方法通常应与其他方法配合使用。

表 7－12 为短文法示例。

表 7－12　短文法示例

员工 ×××，作为企业全职安全员，能严格遵守企业安全规则要求，根据安全规则履行自己的职责。在日常安全管理中，主动积极，工作开展得有声有色，使全企业安全工作得到很好开展；在安全检查中，认真细致，不放过任何一个安全隐患。如今年 4 月在 A 车间的一次例行检查中，及时发现了压力表存在的问题，并认真监督进行更换，排除了设备的安全隐患。 ……

法治护航

《中华人民共和国劳动法》(1995年1月1日施行，2018年12月29日修正)第二十六条规定：

有下列情形之一的，用人单位可以解除劳动合同，但是应当提前三十日以书面形式通知劳动者本人：

(一)劳动者患病或者非因工负伤，医疗期满后，不能从事原工作也不能从事由用人单位另行安排的工作的；

(二)劳动者不能胜任工作，经过培训或者调整工作岗位，仍不能胜任工作的；

(三)劳动合同订立时所依据的客观情况发生重大变化，致使原劳动合同无法履行，经当事人协商不能就变更劳动合同达成协议的。

由上述条款可知，绩效考核后不能直接对员工作解除劳动合同的处理，即便考核后发现不能胜任工作，也应按合法的程序进行处理。

技能训练

任务名称	短文法评价训练
训练目标	• 进一步理解采用文章形式进行评价的方法，掌握短文法的要点，培养良好的语言表达能力。
训练内容	• 请用短文法来评价自己或你的一位同伴，可以只选择自己或他（她）的一两个特质来展开。
质量评价	• 短文法评价结构准确（50%）。 • 语言描述合理，具有逻辑性（30%）。 • 评价语气中肯、亲切（20%）。
成果摘要	

项目作业单

作业名称	行为考评量表制作
作业说明	• 绩效考评方法有很多，但并非每个岗位都适合采用相同的方法，应根据实际岗位特点进行合理选择。本次作业以学生身边比较熟悉、能接触到的岗位（如餐厅服务员、超市收银员、学校保安员、商场导购员、食堂打菜员、公交车司机、宿管员等）为对象，制作行为考评量表。
作业目的	• 进一步熟悉行为考评量表的制作方法，能够有效提取指标并进行标准的撰写；培养良好的文字能力、细致踏实的工作作风及精益求精的工匠精神，强化职业认知。
作业内容	• 1. 请运用行为锚定等级评价法为餐厅服务员（或超市收银员、学校保安员、商场导购员、食堂打菜员、公交车司机、宿管员等）设计一份绩效考评量表，考评指标的选取数目不少于 3 个。 • 2. 请运用行为观察量表法为餐厅服务员（或超市收银员、学校保安员、商场导购员、食堂打菜员、公交车司机、宿管员等）设计一份绩效考评量表，考评指标的选取数目不少于 3 个。
质量评价	• 结构合理、要素齐全（40%）。 • 内容描述准确、符合实际（40%）。 • 语句通顺、格式规范（20%）。

考核评价

项目评价说明：本项目的评价主要由教师评价与组内评价构成，评价内容包含过程与结果两个部分，涉及学生知识、技能、情感等内容，结合不同评价主体特征设定具体评价内容与权重。

项目考核内容采用“1+X”方式选取，“1”是指“项目作业单”，为考核必选内容；“X”是指每个任务模块的“技能训练”，为考核可选内容。教师根据学情或分层教育等要求进行选择和权重配置，不作为项目考核内容的百分比设置为“0”或不填。

项目七　考核评价表

<table>
<tr><th>项目名称</th><td colspan="2">绩效考评方法应用</td><th colspan="2">操作人</th><td></td></tr>
<tr><th>考核内容</th><th>评价主体</th><th>评价指标 / 分值</th><th colspan="2">评分</th><th>总计得分</th></tr>
<tr><td rowspan="4">项目作业单
（　）%</td><td rowspan="2">教师评价
（　）%</td><td>完成质量 /80 分</td><td></td><td rowspan="2"></td><td rowspan="4"></td></tr>
<tr><td>完成时效 /20 分</td><td></td></tr>
<tr><td rowspan="2">组内评价
（　）%</td><td>贡献度 /50 分</td><td></td><td rowspan="2"></td></tr>
<tr><td>参与度 /50 分</td><td></td></tr>
<tr><td rowspan="4">技能训练 7－1
（　）%</td><td rowspan="2">教师评价
（　）%</td><td>完成质量 /80 分</td><td></td><td rowspan="2"></td><td rowspan="4"></td></tr>
<tr><td>完成时效 /20 分</td><td></td></tr>
<tr><td rowspan="2">组内评价
（　）%</td><td>贡献度 /50 分</td><td></td><td rowspan="2"></td></tr>
<tr><td>参与度 /50 分</td><td></td></tr>
<tr><td rowspan="4">技能训练 7－2
（　）%</td><td rowspan="2">教师评价
（　）%</td><td>完成质量 /80 分</td><td></td><td rowspan="2"></td><td rowspan="4"></td></tr>
<tr><td>完成时效 /20 分</td><td></td></tr>
<tr><td rowspan="2">组内评价
（　）%</td><td>贡献度 /50 分</td><td></td><td rowspan="2"></td></tr>
<tr><td>参与度 /50 分</td><td></td></tr>
<tr><td rowspan="4">技能训练 7－3
（　）%</td><td rowspan="2">教师评价
（　）%</td><td>完成质量 /80 分</td><td></td><td rowspan="2"></td><td rowspan="4"></td></tr>
<tr><td>完成时效 /20 分</td><td></td></tr>
<tr><td rowspan="2">组内评价
（　）%</td><td>贡献度 /50 分</td><td></td><td rowspan="2"></td></tr>
<tr><td>参与度 /50 分</td><td></td></tr>
<tr><td rowspan="4">技能训练 7－4
（　）%</td><td rowspan="2">教师评价
（　）%</td><td>完成质量 /80 分</td><td></td><td rowspan="2"></td><td rowspan="4"></td></tr>
<tr><td>完成时效 /20 分</td><td></td></tr>
<tr><td rowspan="2">组内评价
（　）%</td><td>贡献度 /50 分</td><td></td><td rowspan="2"></td></tr>
<tr><td>参与度 /50 分</td><td></td></tr>
<tr><td>项目总评</td><td colspan="4">项目得分＝项目作业单得分 ×（　　）%+ 技能训练 7－1 得分 ×（　　）%+ 技能训练 7－2 得分 ×（　　）%+ 技能训练 7－3 得分 ×（　　）%+ 技能训练 7－4 得分 ×（　　）%</td><td></td></tr>
</table>

08

项目八

绩效反馈

- 任务一　绩效反馈认知
- 任务二　绩效面谈

项目导入

<table>
<tr><td>项目名称</td><td>绩效反馈</td><td>项目任务</td><td>任务一　绩效反馈认知
任务二　绩效面谈</td></tr>
<tr><td>项目描述</td><td colspan="3">• 绩效考评结束后，要将结果反馈给员工。绩效反馈的形式有很多，其中绩效面谈是绩效反馈的最重要的方式，也是最普遍的方式。那么，常见的绩效反馈有哪些方式呢？又应该如何进行绩效面谈呢？通过本项目的学习，要求了解绩效反馈的不同方式，掌握绩效面谈的基本程序和技巧，培养沟通意识，提高沟通能力，为职业发展做好准备。</td></tr>
<tr><td>项目准备</td><td colspan="3">• 1. 日常生活中，你在和他人（家长、朋友、老师、同学等）进行沟通时，有没有遇到过障碍？是怎么解决的？你觉得和不同的对象进行沟通时，需要运用不同的方式吗？学习本项目前，回顾一下，并可以和同学聊一聊。
• 2. 收集一些常见的沟通技巧案例。</td></tr>
<tr><td>项目期待</td><td colspan="3">• 学生对项目学习的期望，学习之前写一写。</td></tr>
<tr><td>备　注</td><td colspan="3"></td></tr>
</table>

任务一 绩效反馈认知

任务导入

任务名称	绩效反馈认知	
学习目标	知识目标	• 了解绩效反馈的含义与作用； • 熟悉绩效反馈的常见方式； • 熟悉绩效反馈的原则； • 掌握绩效反馈的内容。
	能力目标	• 具备描述不同反馈方式和优缺点的能力； • 具备采用不同绩效反馈方式进行结果反馈的能力。
	素养目标	• 从对绩效反馈的认知出发，学会全面看问题，逐步构建良好的职业素养； • 联系职业生涯规划，明确反馈与沟通的价值，培养良好的职业素养。

引导案例

张经理的绩效反馈

某公司客服部张经理因本月给下属杨小玉评了最低分，在绩效面谈时，杨小玉与张经理发生了争吵，杨小玉提出三点投诉理由：

1. 张经理无法解释打分的标准是什么，这种评分是在凭印象打分，是有意打击报复下属；

2. 杨小玉向张经理请教绩效改进的方法，张经理没有给予明确的回复，这样的面谈是在浪费时间；

3. 张经理言语带有讽刺性，是在侮辱人格。

人力资源部黄经理收到杨小玉的投诉后，开始核查工作，客服部经理也反馈了两点意见：

1. 评分标准是公司统一制定的，张经理本人是严格按照公司标准来执行的；

2. 因公司绩效面谈一直流于形式化，上个月人力资源部要求进行绩效面谈，但并没有告诉部门经理绩效面谈时怎么谈。

关键知识点

绩效反馈是对员工在整个绩效周期工作完成情况的全面体现，建起了员工与考核者沟通的桥梁，让考核的绩效结果公开化，保证了考核的公正性。

一、绩效反馈的含义与作用

绩效反馈是指通过考评者与被考评者（通常是主管与下属员工）之间的面对面沟通，就被考评者在考评周期内的绩效考评结果进行反馈，在肯定成绩的同时，找出工作中的不足并加以改进。绩效反馈是一种激励的重要手段，用得好可以大大调动员工的积极性，反之则会成为障碍。

法国工业家亨利·法约尔曾经做过这样一个实验：他挑选了 20 名技术水平相当的工人，每 10 人一组，把他们分成了两组。然后，在相同条件下，让他们同时进行生产。每隔一个小时，他就回去检查一下工人们的生产情况。对第一组工人，法约尔只是记录下他们各自生产的产品数量，但是不告诉工人他们的生产速度。对第二组工人，法约尔不但对生产的产品数量进行了登记，而且告诉每个人他们各自的生产速度。每一次考核完，法约尔都根据考核的结果，在生产速度最快的两个工人的机器上各插一面小红旗；速度居中的 4 个人，每人插一面小绿旗；最后的那 4 个人，则各插一面小黄旗。这样一来，每个工人对自己的生产速度到底如何，就一目了然了。最终，实验的结果表明：第二组工人的生产效率远远高于第一组工人。可见，有效的绩效反馈对于绩效管理具有重要的作用。绩效反馈的作用具体可以表现为以下几个方面。

第一，绩效反馈有利于对员工绩效进行正确评估。

管理人员与员工对于绩效的评估可能存在不同理解，而管理者的主观评估将会影响员工的积极性。因此管理者和员工进行绩效沟通，告知员工其自身真正的绩效水平，并与之就评价结果进行讨论，发现结果不合格处存在的原因与解决措施，就能使员工充分理解和接受评价的结果；员工对自身评估结果的不认可也会影响其个人以及团队的绩效，绩效反馈使得员工可以就绩效评估中的问题和自身想法与管理者进行交流，解释自己绩效评估不合格的主要原因，并与管理者达成绩效评价结果的共识，提高绩效评估结果的可接受性。

第二，绩效反馈有利于员工正确认识自己在绩效中的成功与不足。

绩效反馈对于绩效水平的全面分析，一方面使管理者在了解员工取得的成就时，给予相应的认可和奖励便可以起到激励员工的作用；另一方面在发现员工目前绩效的不足之处时，给员工的工作提出意见和建议，促使员工的绩效进一步提升。

第三，绩效反馈有利于保证绩效考核的公开公正。

绩效反馈可以保证绩效考核结果的公平、公正和客观性，并使员工相信绩效考核的真实性；此外，反馈面谈可以促使管理者认真对待绩效考核工作，摒弃考核过程中的主观性，使结果更加公正客观。

第四，绩效反馈有利于绩效改进计划的制订与实施。

员工与管理者在对绩效评估的结果达成一致后，可为当前绩效存在的不足制订改进计划。缺乏管理者的参与，则会使员工缺少绩效改进的动力，就很难真正找出绩效改进的有效途径；而员工参与绩效改进计划的制订过程则使绩效改进计划的实施更加顺利。

二、绩效反馈的方式

（一）语言方式

绩效反馈的发出者以语言形式对接受者的绩效进行反馈。此种方式的效果受到绩效反馈双方的情感、思想、态度、观点的直接影响。语言方式又可分为口头方式和书面方式。口头方式比较灵活，速度快，双方的情感、思想、态度、观点更容易交流；书面方式比口头方式更正式，可以长期保存，接受者可以反复阅读。

（二）奖惩方式

绩效反馈的发出者以奖励或惩罚的形式对接受者的绩效进行反馈，奖惩包括物质的和非物质的（如表扬、提升、给予进修的机会）奖惩。

（三）暗示方式

绩效反馈的发出者以间接的形式对接受者的绩效进行反馈，比如，可以通过与下属接近或疏远的方式暗示对下属工作绩效的评价。

（四）绩效面谈

绩效面谈是一种非常重要的绩效反馈方式，绩效考核是对员工发展过程的“诊断”，绩效面谈则是对员工发展过程的“治疗”。通过面谈能增进组织与员工的沟通和理解，帮助员工找到自身的不足，是员工纠正问题、明确方向和目标的大好时机。

对于管理者来说，要选择最合适的方式把考核结果反馈给员工，这样才能达到考核反馈的效果。

课堂互动

不同的绩效反馈方式各有什么样的优缺点？其适用性又如何？

三、绩效反馈的原则

组织内存在岗位分工和专业化程度的差异，所以管理者和员工之间对于工作情况的了解和掌握往往不对称。为了缓解和消除这种情况，双方之间的反馈和沟通应是经常的、及时的，并且遵循以下原则。

微课

绩效反馈的原则

（一）具体原则

绩效反馈要直接而具体，不能做泛泛的、抽象的一般性评价。对于管理者来说，不论是赞扬还是批评，都应该以具体客观的事实或结果为依据，使员工明白哪些地方做得好、哪些地方还存在差距。如果员工对反馈的内容有异议，要进行申辩解释，也要以具体客观的事实为依据。只有双方交流的是具体而准确的事实，绩效反馈才是有效的。

（二）互动原则

绩效反馈应该是一种双向的沟通。由于层级地位的差异，管理者往往在双方的沟通中占据主导地位，员工则多是被动地接受。为了获得员工的真实想法，管理人员应该鼓励员工多说话，充分表达自己的观点，不应打断或压制。对于员工的好建议，管理者应该给予肯定，并共同制定双方发展、改进的目标。

（三）对事不对人原则

绩效反馈的过程中，双方需要讨论的是工作行为和工作绩效，也就是工作中的一些事实表现，而不是讨论员工的个性特点。员工的个性特点不能作为评估绩效的依据，比如个人气质的活泼或者沉静。性格特点本身没有优劣好坏之分，虽然关键的影响绩效的性格特征需要被指出来，如有的员工个性中不爱与人沟通，但不应该将它作为指责的焦点。

（四）正面引导原则

绩效反馈中相当大的一部分内容是对员工过去的工作绩效进行回顾和总结，但并不意味着反馈的目的在于过去的事实，而应是从过去的事实中总结出一些对未来发展有用的经验或教训。不管员工的考核成绩是好是坏，一定要多给员工一些鼓励，引导员工发现并勇于承认自己的过失并给予辅助和建议，将双方的目光聚焦于员工和企业未来的发展。

案例评析

经理和员工的几个正面反馈示例

1. 我真的很感激你本周使用签到让我了解你的项目的最新情况。它帮助我与利益相关者进行协调，我很高兴地分享我们正在按计划推出。你的工作过程也很棒。你学习的效率给我留下了深刻的印象。

2. 跨团队和跨部门工作的能力并不是每个人都具备的优势。你拆除筒仓的方式给我留下了深刻的印象。

3. 你为了得到这个客户付出了很多努力，而且真的得到了回报。感谢你加倍努力并管理这个项目的所有专注和决心，实现了既定的目标。

四、绩效反馈的内容

（一）谈工作业绩

工作业绩的综合完成情况是管理者进行绩效面谈时最重要的内容，在面谈时管理者应将评估结果及时反馈给员工，如果员工对绩效评估的结果有异议，就需要管理者和员工一起回顾该绩效周期的绩效计划和绩效标准，并详细地向员工介绍绩效评估的理由。通过对绩效结果的反馈，员工结合绩效达成的经验，找出绩效未能有效达成的原因，为以后更好地完成工作打下基础。

（二）谈行为表现

除了绩效结果以外，管理者还应关注员工的行为表现，如工作态度、工作能力等。对工作态度和工作能力的关注可以帮助员工更好地完善自己，提高技能，也有助于员工进行职业生涯的规划。

（三）谈改进措施

绩效考核的最终目的是改善绩效。在面谈的过程中，针对员工未能有效完成的绩效计划，管理者应该和其一起分析绩效不佳的原因，并提出具体的绩效改进措施。

（四）谈新的目标

绩效面谈作为绩效管理流程中的最后环节，管理者应在这个环节结合上一绩效周期的绩效计划完成情况，以及员工新的工作任务，和员工一起提出下一绩效周期中的新的工作目标和工作标准。这实际上是帮助员工制订新的绩效计划。

技能训练

任务名称	绩效反馈案例分析
训练目标	• 正确认识绩效反馈的意义，加深对绩效管理中构建透明、公开、员工参与等机制的理解，培养良好的沟通能力和分析问题、解决问题的能力。
训练内容	• 根据下面的对话回答问题： 在某公司的办公室内，员工小王对陈经理说："为什么小孙的工资要比我多将近 5%？" 陈经理回答说："因为他当年的绩效评估结果是 A，而你是 B。" 小王说："我怎么不知道？" 陈经理："……" 问题： 1. 为什么会出现上述的尴尬局面？ 2. 你是怎么看待绩效反馈的意义的？
质量评价	• 答题要点准确（60%）。 • 表述清晰、证据充分（40%）。
成果摘要	

任务二 绩效面谈

任务导入

任务名称	绩效面谈	
学习目标	知识目标	• 了解绩效面谈的含义与目的； • 熟悉绩效面谈的各项准备工作； • 掌握绩效面谈的基本步骤； • 熟悉绩效面谈的基本技巧。
	能力目标	• 具备分析绩效面谈案例、提出正确做法的能力； • 具备进行绩效面谈准备、实施的能力。
	素养目标	• 从绩效面谈的目的与做法出发，学会全面看待问题、悉心处理问题，致力成为吃苦耐劳、甘于奉献、爱岗敬业的新时代劳动者。

引导案例

集合式绩效面谈

2013年3月18日、19日，研究院北京分院第一次以部门为单位集体开展绩效面谈，打破了以往只有领导与下属一对一面谈的惯例，以一种全新的方式邀请部门全体员工一起参加部门绩效面谈，北京分院领导出席，众人一起参与，针对部门的绩效完成情况和内部管理，提出各自的见解，并讨论相应的解决方案。

“集合式绩效面谈”立足于将各部门内部的管理（不论好坏）全部公开，部门负责人勇于在员工面前展示自己的不足，将经营管理理念深入每一位员工的内心，充分调动员工参与部门经营和管理的主观能动性，结合团队的力量和智慧，全面提升部门的管理能力。

（1）让每一名员工参与管理。“集合式绩效面谈”是一次管理创新的尝试。在绩效面谈开始之前，为打消部门领导和员工的顾虑，主管领导首先说明“集合式绩效面谈”的目的是提高每一个人的责任意识，以这种开放式的平台将部门内部管理精细化。实施伊始，大家还是有所迟疑的，在部门领导对现阶段DOMA完成情况和内部管理情况进行陈述后，会议室格外安静，无人发言，员工都不敢当众表达自己的想法。对此，研究院北京分院院长在会上明确了“集合式绩效面谈”的目的：一是为了将内部管理更加公开透明化，让每一个人都能了解部门内部的管理和经营情况；二是给大家提供一个展示能力的机会，让每一个人都参与到管理中来，管理不是部门负责人一个人的事，只有发挥每一个人的聪明才智，大家共同努力才能实现部门乃至公司的全面管理提升。明确目的后，有员工开始主动发言。当员工的建议得到领导的肯定和大家的认同时，盘旋在大家心头的疑虑才开始真正逐渐消散。随后，与会领导就员工的建议，提出现有重点项目进度是否有改进空间等跟进性问题。有了前一个员工的带头发言，大家开始就重点项目的进度安排开展了热烈的讨论，通过大家的集思广益，原计划要六个月完成的项目，最终压缩到三个月，并确定在两天内拟订具体的执行计划，明确各部分的责任人和时间节点，予以实施。至此，各部门“集合式绩效面谈”顺利实施，员工纷纷主动发言，为部门的经营管理献计献策。

（2）提供平台挖掘集体智慧。鼓励员工积极发言的效果是非常明显的，越来越多的人开始主动发言，说出自己的感受和想法，原有的只限于项目进度等关键考核指标的讨论范围也逐步扩展，有员工开始从个人职业发展的角度提出自身的培训、学习需求，新员工提出希望能够更多地参与到部门的技术研究项目中，更有人表达了对于这种创新讨论方式的认同。大家的思路也就此拓展开来，不再拘泥于原有单纯的目标讨论。

基于此，研究院北京分院采用“集合式绩效面谈”的方式，为全体员工搭建了一个可以畅所欲言，充分展示自我，同时还能够用自己的智慧参与管理的平台。员工能够在这个平台上平等交流，展现自己的才华；中基层管理者能够直面各方的建议，并加以改进和完善；而领导者能够从中了解更加全面的信息，掌握员工的思想动态，这种方式在挖掘员工智慧的同时，也推动了部门领导甚至分院领导的工作，改进了绩效。更为关键的是，活跃的思维可以碰撞出更多灵感和火花，这也是研究院北京分院管理层一直坚持积极开放的管理思路和管理创新的重要原因。

资料来源：赵曙明，赵宜萱．绩效考核与管理：理论、方法、实务．北京：人民邮电出版社，2018.

关键知识点

绩效反馈的一个重要方式是绩效面谈，绩效面谈是绩效管理的重要组成部分，在绩效管理中起着沟通、传递、计划的作用。

一、绩效面谈的含义与目的

绩效面谈是指管理者对员工的绩效表现进行打分，确定员工本周期的绩效表现，然后根据结果，与员工做一对一、面对面的绩效沟通，将员工的绩效表现通过正式的渠道反馈给他们，让员工全面地认识自己表现好的方面和不好的方面，使员工在下一个绩效周期做得更好，达到改善绩效的目的。

通过绩效面谈，应该达到以下目的：

（1）考核者和被考核者就考核结果达成一致；

（2）员工认识到自己的成绩和优点；

（3）员工认识到工作中有待改进的方面；

（4）共同制订绩效改进计划；

（5）就下一个考核周期的绩效目标达成一致；

（6）向员工传达企业的期望。

课堂互动

绩效面谈的实施，对于管理者和员工而言，分别有哪些意义？

二、绩效面谈的准备

为了充分实现绩效面谈的目的，管理者和员工作为面谈的参与者都应该做好准备。

微课

绩效面谈的管理者准备

（一）管理者的准备

1. 收集整理绩效考评资料

管理者在与员工进行绩效面谈前，应准备好相关的资料。这些资料主要包括对员工的绩效进行评估的表格、员工日常工作表现的记录、员工定期的工作总结、岗位说明书等。

需要注意的是，面谈前要对有关的各种资料谙熟于胸，当需要的时候可以随时找到相关的内容；不要出现在面谈时找不到所说资料的情况。

2. 确定恰当的时间

绩效面谈往往在一个绩效周期结束时进行，而这段时间通常又是很多部门工作繁忙的时候，面谈的时间选择对于最终的反馈效果有很大影响，管理者应该根据工作安排确定一个双方都有空闲、不会受到干扰，且面谈双方情绪都稳定的时间。主管人员定下时间后应询问员工是否可行，既可以表示出对员工的尊重，也有利于员工提前安排。同时，在时间的确定上，应避免在上下班的时间，并尽量将开始时间避开整点，增强紧迫感。同时，要计划好面谈时间长度，这样不仅有利于安排好手头的工作，给面谈留下足够时间，也可以对面谈的时间有个总体的把握。另外，面谈时间也不宜过长或过短，一般为30分钟到1个小时。

3. 选定和布置面谈的场所

一般来说，在办公环境下，主要的面谈地点有管理者的办公室、会议室、接待室等，其中小型会议室、接待室是比较理想的选择，因为这些地方一般远离电话传真，是不易被干扰的场所。当然，现实工作中由于条件所限，管理者的办公室成为最常见的选择。有些面谈，尤其是涉及经理级以上职位的，管理者也可以将面谈地点安排在工作场所之外，比如咖啡厅、茶室等，有更好的条件轻松地谈。在办公室面谈时要注意安排好谈话者的位置。

图8-1是常见的几种面谈座位安排方式。第一种是面对面的座位安排。这种方式显得比较公式化，能够体现权威，让人感受较为生硬。管理者与员工面对面而坐，双方距离较近，目光直视，容易给对方造成心理压力，使员工感觉自己好像是在法庭上接受审判，紧张不安，以致无法充分表达出自己的想法。第二种是管理者与员工坐在桌子的同一侧。这种方式能拉近彼此的心理距离，但这样近的距离反而会使有些员工感觉到不自在、有压力，而且也不利于观察对方的表情和非语言沟通方式。第三种是管理者与员工成一定的角度而坐。这种方式能避免目光直视，可以缓和心理紧张，避免心理冲突，同时也有利于观察对方的表情和非言语行为。因此，我们建议在通常情况下最好采用此种坐法来进行绩效反馈面谈沟通。

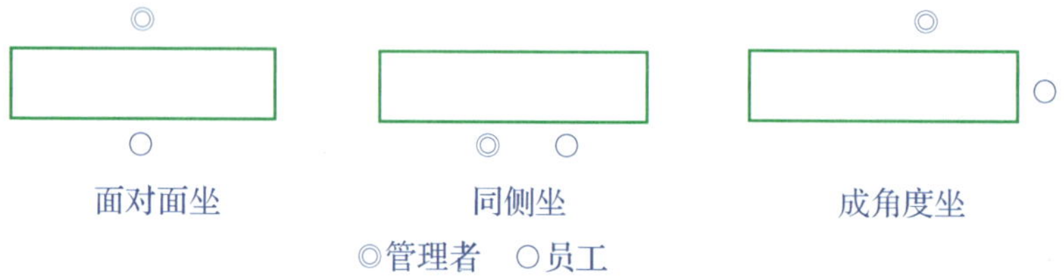

图8-1　绩效面谈中的座位安排

另外，不同的下属选择不同的地点。有的选择在会议室，感觉那里是很开放的一个环境。还有一些员工是问题类的、吵架类的，像这样的员工面谈也可以选择在公司以外。

4. 提前将面谈事宜通知员工

管理者应提前将面谈的时间、地点、目的等内容通知员工，使员工能够有充分的时间做好心理上和行动上的准备，比如准备好相关资料、准备好提出的问题等。

5. 计划好采用的方式

第一，计划好如何开场。

开场白有很多种形式，主管人员可以先谈最近发生的大事和新闻，也可先谈员工家里最近发生的小事或其以为做得好的事，或者干脆单刀直入谈本次面谈的目的。采用何种方式开始面谈取决于具体的谈话对象和情况，不管采用何种方式，一定要是最自然且能营造最佳面谈气氛的。

第二，计划好谈话的过程与方式。

绩效反馈面谈的过程有多种方式，例如，首先谈员工本期工作表现的优点，对成绩加以肯定，再谈其不足和有待改进的地方；在提出自己的评价之前，先让员工自己说出他的看法，或让员工把考评表上的所有项目都先看完，再逐项地让其说明；直接就考评表中的内容逐项与员工进行沟通，如果双方的认识一致就进行下一项讨论，如果双方意见不一致就通过讨论争取达成一致，对于实在无法达成一致的意见，可暂时放在一边，事后再做进一步沟通。无论采用哪种方式，目的都是使双方就如何提高工作绩效达成一致的看法。

第三，计划好如何结束面谈。

一般来说，在双方对绩效考评中的各项内容基本达成一致意见后，就可以结束面谈了。如果某些问题还未达成一致，在面谈结束时主管人员要向员工提出自己的建议，并约定再次面谈的大致时间。

6. 事先准备好发问内容

在面谈前，也要做好发问内容的准备，以便在提问的时候能够有条不紊，也不容易有遗漏。发问的问题比如：

（1）在工作中哪些方面较成功？

（2）你认为自己的工作在本部门和全公司中处于何种状况？

（3）你认为本部门工作最好、最差的是谁？

在管理者准备好之后，最后还要进行核检。检查准备工作是否完备，可以通过“5W1H”即 when、where、who、what、why、how 进行。

（二）员工的准备

1. 自我评价并收集与先前绩效有关的资料或证据

对自己前一阶段工作绩效进行回顾、对个人工作绩效进行描述及自我评价，同时收集相关的资料或证据，包括行为、成就详尽的资料，对于完成得好的工作任务，以事实为依据说明具体在哪些方面做得好，也可以提供一些资料或证据证明自己在某些绩效标准上未实现的原因。

2. 准备好一份关于自己的发展计划

面谈注重过去、现在的表现，更注重将来的发展。因此，主管人员也希望了解到员工个人的未来工作计划，特别是针对绩效中不足的方面如何改进。

3. 准备好想向主管人员提出的问题

绩效面谈是双向的，员工可以准备好一些与绩效管理有关的问题，以便在面谈中向主管人员提问。

4. 沟通前安排好自己的工作

这一点很重要，只有工作交代妥当，才能集中心思在面谈上，必要时应该请同事帮助处理一下。

三、绩效面谈的基本步骤

绩效面谈是一个循序渐进的过程，一个完整的绩效面谈过程一般包括如下过程，如表 8－1 所示。

表 8-1 绩效面谈的基本步骤

步骤	具体内容
第一步	营造一种积极、和谐的气氛
第二步	说明面谈的目的、步骤和时间
第三步	根据预先设定的绩效指标讨论员工的工作完成情况
第四步	告知下属评估结果并与下属商讨异议，争取达成一致
第五步	与员工一起分析成功与失败的原因
第六步	讨论员工行为表现与组织价值观相符合的情况
第七步	讨论员工在工作能力上的强项、有待改进的方面以及可能的解决途径
第八步	讨论员工的个人发展计划
第九步	为员工下一绩效周期里的工作设定绩效指标和目标，讨论员工需要的资源与帮助
第十步	双方在绩效面谈记录表上签字认可

绩效面谈结束后，面谈双方需要在绩效面谈记录表上签字，绩效面谈记录表如 8-2 所示。

表 8-2 绩效面谈记录表

部门 / 处室		时间	
被考评者	姓名：	岗位：	
考评者	姓名：	岗位：	
工作业绩要点			
行为表现要点			
改进措施			
新的目标			

四、绩效面谈的技巧

（一）认真倾听员工解释

主管在面谈过程中常常容易犯的错误就是喋喋不休，连指责带命令。这样做的结果往往是面谈成为只有一个听众的演讲。有调查结果表明，即使主管人员听了员工的谈话也至多只记下了对方谈话内容的 30%。

在绩效面谈过程中，主管要有同理心，应尽量撇开自己的偏见，控制情绪，耐心听取员工讲述并不时地概括或重复对方的谈话内容，鼓励员工继续讲下去，以更全面了解员工绩效的实际情况，帮助其分析原因。

（二）采用合适的提问方式，探求员工的建议

提问是非常重要的一种获取信息的手段。通过有效的提问，可以让对方更好地在你所关心的某一方面拓展或进一步解释。面谈过程中应注意选用合适的提问方式。例

如，当主管人员听到员工表明自己对某事物的看法时，可以直接提问以获取进一步的信息。常用的提问方式有："你说你希望……，那么具体我们能做些什么呢？"你说了你认为……，那么我们能做些什么以使……更能被接受？"

为了让员工更多地表达对绩效的看法，主管人员不应该问那些用"是""不是"就可以回答的问题，应多提一些开放性的问题，激起员工的兴趣，排除戒备心理，慢慢调动员工的主动性。通过提开放性的问题，你可以得到员工对事情真正的观点或如实的表述。常提的开放性问题有："你认为……如何？""你觉得……怎么样？"

"建议—请求"的方式，是最诚实的赞扬形式之一，询问一名员工对于一些事的看法或如何处理一项他干得很好的特殊工作，这样你能发现员工知道的要比你多。例如"对于……，你是怎么看的？"而且，这还能使员工感到主管人员对自己的能力的欣赏和认可，就更容易激励员工好好工作。

（三）使用"我们—你们"技巧

"我们—你们"是指要用"你们"去称赞员工，而用"我们"来批评自己。例如，"你们正从事着一个伟大的工作""我们工作中还存在许多问题"。其内涵是使你的赞成成为个人的事，而使批评成为非个人的事。使用这种方式进行面谈是比较容易被员工接受的。

（四）使用第三者称赞

第三者称赞，是管理人员使用从第三方那儿得到的有关员工表现的赞扬来对员工进行称赞。例如，"听张副总说，你给他帮了一个大忙，我觉得你这种团队精神很好"。如果得到的信息是可靠的话，这等于员工从管理人员那儿得到了多次的直接表扬。同时，也表明我们很快就能得到他人的这种赞扬的信息，并且从不回避和隐瞒。这是与员工建立强有力联系的一个绝妙的良机。

（五）善于给员工台阶下

面谈中，员工有时已经清楚自己做得不好，在主管人员给出了具体的事例与记录后，却不好意思直接承认错误，主管人员就不要进一步追问，而应设法为对方挽回面子，可以这么说："我记得以前这一项你们做得相当棒，这次可能是大意了"，员工可能会随口说："是啊，是啊"。这样，一方面给员工搭了个"台阶"，使其对主管心存感谢，另一方面又引导员工承认自己的不足，可谓一举两得。

（六）避免使用极端化字眼

极端化的字眼是指比如"总是、从来、从不、完全、极差、绝对、太"等语气强烈的词语。如果把极端化字眼用于对否定结果的描述中，比如"你总是给我惹麻烦""你从来不能自己很好地处理同事关系""你的业绩太差""我真怀疑你从不认真思考"等。一方面员工会认为主管进行的绩效评价缺乏公平性与合理性，从而增加不满情绪；另一方面员工会感到心灰意冷，并怀疑自己的能力，对建立未来计划缺乏信心。因此，管理者面谈时必须杜绝使用这些字眼，多使用中性字眼，而且还要注意用相对缓和的语气。

（七）运用关键事件描述而非直接的绩效结果

如员工曾经与顾客争吵而没有向顾客道歉，让员工通过这些关键性事件自己判断得出结论以避免其抵触情绪。不要直接使用"小李你这次服务态度差"这样的表述，而要说明事件，比如"小李，……与顾客争吵而没有向顾客道歉……"。

（八）批评讲究艺术

首先，要对事不对人。例如，一位员工上班时，对顾客态度粗暴，主管批评他说“你这个人脾气太坏了，跟谁也相处不好，你就不应该做这份工作”，这样的表述可能会使员工情绪激动。换成“我想你这么做可能有你的理由，可是在商场内与顾客争吵，在顾客眼中，你代表的就是整个商场，人们不会关心争吵的原因，只会说‘某某商场服务态度真差，员工还跟顾客吵架’，我想你也不希望这样，是吗？”后者的内容则是聚焦在事件本身，而非人身上。

其次，批评员工也批评自己。例如，对犯错误的员工说“出现这个问题，我真的很抱歉，你是第一次做这类事，没有经验，我应该提醒你的，是我疏忽了”，批评员工的同时，自己也负起了责任。

（九）注意非语言沟通技巧的使用

非语言沟通是绩效面谈中一个不容忽视的环节，它对绩效反馈有很大影响。非语言信息一般表现为面部表情、体态语言等，这些信息对管理者和员工双方都具有某种意义。但互相理解的意义有时会出现偏差，因此，管理者对非语言信息的流露应有所重视，并注意细节。

课堂互动

非语言沟通在面谈中非常重要，你还知道哪些非语言沟通的具体做法吗？

五、绩效面谈实例比较

（一）失败的绩效面谈实例

主管：小 A，有时间吗？

小 A：什么事情，主管？

主管：想和你谈谈，关于你年终绩效的事情。

小 A：现在？要多长时间？

主管：嗯……就一小会儿，我等会儿也还有事。你也知道，现在人力也不够，大家都很忙，我也不想浪费你的时间。可是人事部门总给我们添麻烦，总要求我们这样那样的。

小 A：……

主管：那我们就开始吧，我一贯强调效率。

于是小 A 就在主管放满文件的办公桌的对面，不知所措地坐下来。

主管：小 A，今年你的表现总的来说还过得去，但和其他同事比起来还差了一点，你也做了这么久了，我还是很了解你的，所以我给你的综合评价是 3.3 分，怎么样？

小 A：（愣住 2 秒）3.3 分啊，我认为我还是做得不错，服从安排，没什么大错，有时我还帮助其他的同事做很多的工作……

主管：你错是没怎么犯，可一直以来都是这样，没什么进步。

小 A：可是你之前也没跟我谈过，也没给我一些计划啊，我以为只要把事做好不出错就可以了！

这时候，该部门代理直接走进来，说："主管，这个商品订了很久了都没有来货，都没库存了，你跟厂商联系一下吧！"

主管：小 A，你看我现在很忙，先稍等一会儿吧。

主管马上打电话给厂商，花费了十分钟的时间。这时小 A 很无聊，玩起了自己的手机。

主管：好了好了，小 A，我忙完了，把手机收起来吧。对了，刚刚我们谈到哪儿了？

小 A：谈到我们的工作目标了。

主管：喔，设定目标计划什么的都是人事部门要求的，他们哪里懂营运！现在我们都是计划赶不上变化，他们只是要求你的表格填得完整、好看，而且现在事情这么多，哪有时间一个个给你们设定目标计划。而且你都做了这么久了，该怎么做自己心里应该有个底，你自己应该对未来有个规划的啊，难道一定要我来跟你制定才行吗？

其实大家都不容易，再说了，你的工资也不错，你看小 B，他的工资就比你低，工作却比你做得好，所以我想你心里应该平衡了吧。明年你要是做得好，我相信我会让你满意的。

小 A：可是主管，我们做人是要往上看啊，你看 ×× 科小 C，他跟我一起来的，现在都做组长了。别的科我就不说了，小 D 呢，我们科的，我觉得比他表现好，但他都有 3.5 分，你是不是有点偏心啊？

主管：没有啊，他的工作表现很好的。他今年都没有口头指导，而你有两次。

小 A：我没有记过指导啊，我记得他还有一次客诉呢！

主管：没有啊，你肯定记错了。

小 A：哪有，我记得很清楚，那个客诉单还是店秘让我转交给你的呢。

主管：好了好了，我们不说这个了。反正我就只能给你 3.3 分。

小 A：那算了。主管，这样吧，听说 3.5 分以下的，往后一年都没有晋升，那你就把我的分数调高一点，让我这次可以多加点工资。你也知道的啦，我都做了这么久了，家庭负担又很重，你给我个机会嘛。

主管：其实，这个分数也不是我能做主的，人事部门限制了分数比例，分配给我的 3.5 分以下要这么多人，我也没有办法，就只能把你列到 3.5 分以下。

小 A：……

主管：好了，你没问题了吧，那就这样吧。

主管没有理会小 A，匆匆地离开了自己的办公室。

（二）成功的绩效面谈实例

主管：小 A，这两天我想就你近来的绩效考核结果和你聊一聊，你什么时候比较方便？

小 A：主管，后天下午怎么样？

主管：行，那就后天下午 3 点吧，有问题吗？

小 A：没问题。

面谈之前，主管认真准备面谈可能用到的资料，并对面谈中可能会遇到的情况作了思考，某些问题还询问了人事部。在这期间，小 A 也对自己一年的工作情况进行了反思。

（下午3点，公司小会议室，宽敞明亮，主管顺手关上了房门，在会议桌一头坐下，小A侧坐在主管的右侧。）

主管：小A，今天我们打算用大约半小时的时间对你在过去半年的工作情况做一个回顾。在开始之前，我想还是先请你谈一谈你认为我们做绩效考核的目的是什么。

小A：我不是很清楚，绩效考核应该是对优秀的员工进行交流，特别是作为这次年度调薪的依据。不知我说的对不对，主管？

主管：你的理解与我们做绩效考核的真正目的有些偏差，这可能主要是由于我们给大家解释得不够清楚。事实上，我们实行绩效考核，最终是希望在绩效考核后，能通过绩效面谈，将员工的绩效表现——优点和差距反馈给员工，便于员工了解在过去一年中工作上的得与失，以明确下一步改进的方向；也提供一个沟通的机会，使领导了解实际情况或困难，以确定可以提供哪些帮助。

小A（点点头）：原来是这样啊，那我之前的理解有点不全面了。

主管（宽容地笑笑）：我们现在取得一致了，那不是很好吗？你先做一下自我评价，看看我们的看法是否一致。

小A：我觉得去年我还是做得可以的，主管安排的各项工作都完成了，也没有出什么大错。但是性子比较内向，沟通不是很好，可能有时有得罪过人，而且对店内的一些活动参加得较少。

主管：你对自己评价得蛮中肯的嘛！

小A：谢谢鼓励！

主管：这次你的总体评分是3.4分，这是你的评分表，你先看一下，有什么意见可以提出来。

小A（看评估表10分钟左右）我看完了，我觉得这次给我的评分比较低啊！

主管：那你觉得哪几项与你的预期有差距呢？

小A：专业知识和顾客服务这两项，我觉得我专业知识很熟练，服务顾客也很热情。

主管：你有很多优点，是属于默默做事型，对我们的专业知识学得很认真，理论知识掌握得很全面，但运用起来比较死板，这主要也是沟通方面的不足；服务顾客方面也是，没有站在顾客立场上想问题，判断能力和应变能力不够，你曾经因此被记了1个口头指导。总的来说，我认为你还达不到“优秀”的等级，可以给“符合要求”，你认为呢？

小A：“符合要求”是在3.0～3.9分啊，为什么我没有3.5分呢？听说3.5分一年内才可以晋升。

主管：虽然3.4分到3.5分之前只有0.1分之隔，但是公司对3.5分的要求和对3.4分的要求是完全不同的。3.5分（含）以上要求员工的专业水平、沟通能力、管理能力等方面达到一个相当高的水平，必须能胜任上一个职级的工作，我认为你在这方面还有一定的进步空间。

小A：嗯，我了解了，谢谢，我一定会努力改进的。

主管：下面我们来讨论你今后需要继续保持和需要改进的地方，对此你有什么看法？

小 A：我觉得我最大的优点是责任心强，比较可靠，最大的缺点是缺少有效的沟通，团队精神有些欠缺。我今后的发展方向是一年后做个组长。

主管：我觉得你还有一个优点，就是能清楚地认识自己，实在，不好高骛远，未来我主要会对你的沟通技巧方面进行培训与追踪。而且我会给你一个平台，让你有机会在大众面前表达你自己的想法，我相信，你是一个有潜力的年轻人，今后一定会成为公司的中坚力量。

小 A：好的，谢谢主管。

主管：那今天的面谈就结束了，请你在评估表上签字。感谢你今天的配合，祝你以后工作顺利！

素养提升

在与员工的沟通过程中，要根据员工的实际情况，具体问题具体分析，选用合适的方法有针对性地提出问题与建议。

俗话说："兵来将挡、水来土掩。"当问题出现时，我们必须具体问题具体分析，才能找到最合适的方法加以解决。正如《西邻五子》寓言中讲到，西邻有五子，一子朴，一子敏，一子盲，一子偻，一子跛。乃使朴者农，敏者贾，盲者卜，偻者绩，跛者纺，五子皆不患衣食焉。西邻公根据自己的五个孩子的不同情况，让质朴的务农，机智敏捷的去经商，失明的卜卦算命，驼背的搓麻，跛脚的纺纱，因人而异，安排不同的工作，五个儿子各得其所。如此安排，才更好地发挥了各人的长处。可见，针对不同的情况，要采取不同的方法，在组织与员工绩效管理中亦是如此。

技能训练

任务名称	失败的绩效面谈案例分析
训练目标	• 进一步熟悉绩效面谈的程序和基本技巧，了解绩效面谈容易出现的常见问题，意识到正确绩效面谈的重要性；培养良好的沟通能力、洞察能力、随机应变能力和分析、解决问题的能力。
训练内容	• 认真阅读“失败的绩效面谈实例”，分析该案例中管理者在面谈过程中失败的做法，进行问题概括并找出案例中的依据，同时指出正确的做法。
质量评价	• 分析总结到位，依据充分（50%）。 • 文字表述准确（30%）。 • 积极参与讨论（20%）。
成果摘要	

项目作业单

作业名称	绩效面谈模拟
作业说明	• 绩效面谈是组织中最为普遍的绩效反馈形式，也经常让管理者和被管理者感到头疼。本项目中，给定背景案例展开模拟面谈练习。
作业目的	• 进一步理解绩效面谈程序和技巧，通过模拟方式强化在实际情景中的应用；充分进行团队合作，提升团队精神，培养沟通能力。
作业内容	• 根据背景案例设计绩效面谈脚本（抽签确定），可自行增加情节；各个小组内部自行分解角色、把握人物个性特点，针对设计的脚本进行录制播放或现场演示；对其他小组的表现进行评价并记录。
作业提示 / 参考	• 背景案例： 绩效面谈案例 1：经理 你是公司行政部的经理，年初刚刚上任。刘红是你上任前半年调到你的部门的，目前负责 A 项目的行政支持和服务。你的前任告诉你，刘红是公司最早的员工之一，人缘极好，大家都喜欢她。刘红上年度的业绩判定是良好。 你接手的这几个月中，发现刘红的确人很好，为人热心，且积极组织各种员工活动，如郊游、慰问希望小学等。她几乎认识公司的每一个人，有时别人办不了的事情她都能办。 你同时也发现刘红的专业技能很差，外语和计算机都远不能达到她现在的工作要求，甚至她的有些报告需要别人帮忙来做。她对业务的了解也非常肤浅，基本不能向你汇报项目的状况。最重要的是她好像并未意识到这些问题，仍花费大量时间在其他事情上。 你决定提前就她的业绩表现与她谈谈。 绩效面谈案例 1：员工 你是公司最早的员工之一，从最基层开始，做过各种工作。去年调到行政部负责 A 项目的行政支持和服务。你做人的信条是“我为人人、人人为我”，所以你非常愿意组织各种职工活动，如郊游、慰问希望小学等。看到大家玩得高兴，你自己也觉得很有价值。 然而，随着公司的发展，新的工作与过去已大不相同，许多报告和报表要用电脑来做。因以前用得不多，现在做起来很费力，好在同事们都很熟，做得快的同事帮一下就出来了。另外，项目的一个外籍员工讲话太快，多亏组里同事帮忙翻译，否则真听不懂。现在的工作比以前的工作要求高，量大。另外，前一阶段各种职工活动也很多，自己感到十分辛苦。 经理前天通知你要讨论你的业绩考核，好像还没有到时间，不知会考核什么。 绩效面谈案例 2：经理 你是公司采购部的经理，王宁是你所管部门的骨干，加入采购部的时间与你差不多，你们以前是关系不错的同事。今年 1 月你提升为经理后，王宁的工作热情好像有不少变化，上班有时迟到，下班到点就走，部门的会上发言也不多。你原本希望王宁能把你原来的工作接过一部分，让你能有更多的精力用在部门的管理工作上，现在看起来王宁并不支持你的工作。有两个同事也暗示过你，王宁对你的提升有些嫉妒。 这两个星期，在准备王宁的业绩判定时，你发现王宁的工作质量还是不错的，各种技能也是部门中比较突出的，各项工作也都能按时完成。你知道王宁的能力很强，但是不清楚她为什么不能帮你一把？ 你和王宁约好今天讨论她的业绩考核。

作业提示 / 参考

绩效面谈案例 2：员工

你是公司采购部的业务骨干，在这几年的工作中，你一直工作非常努力，加班加点，使采购部从无到有，并建立了各种流程和供货渠道，你的工作表现也得到了充分肯定。

今年 1 月，公司决定提升与你同时加入采购部的同事为部门经理，这促使你重新考虑你的个人发展方向。经过仔细的考虑，你认为应该转到财务方面，因为财务领域是你的个人兴趣所在，你也有基础。同时，财务人员也是今后市场很需要的人才。从 2 月份开始，你参加了会计师的培训班，每星期要上三次课。你希望在完成本职工作的前提下，两年内完成这一学业计划。

天有不测风云，三个月前，你母亲生病住院需要有人陪护，你每个星期还要有两晚在医院。所以最近一段时间压力很大，工作有时做不完，你就自己周末在家里做。到目前为止，还是按时按质地完成了各种工作。

今天你要和经理讨论你的业绩考核，你希望他能了解你对工作的用心，对你的工作也还能满意。

绩效面谈案例 3：上级

你刚刚调任到公司市场支持部做经理六个月。许华是你部门的市场支持专员，负责支持市场数据系统。

许华在本季度的工作计划是：

主要工作任务	考核标准	权重
解决应用软件中的漏洞	软件运行正常，无错误	20
向市场工程师提供数据和报告	数据准确无误，10 日内保证更新	40
指导、协助市场工程师使用市场数据库	及时反映市场工程师提出的问题，95% 以上的问题在半个工作日内解决	30
临时性工作任务		10

在本季度中，你发现应用软件中的漏洞确实被很好地解决，但市场数据库仍有许多问题，特别是数据不够准确，更新不够及时，报告不能满足业务部门的需求。

你与许华就这些问题讨论了多次。你发现许华把精力集中在市场数据库的技术细节，特别是数据库的新的发展和技术，不久前她还提出要去参加一个为期两周的技术培训。许华认为更新数据库的数据和产生各种报告都是市场工程师的工作，目前最大的问题是他们不能高质量地完成工作。许华把她设计的各种流程手册（Process Manual）给你看过，并告诉你每位市场工程师都有一本，可惜他们就是不用。许华说她以前的公司，工程师们的水平高多了，所以市场数据库的应用就好得多。

当你与市场工程师们讨论这些问题时，他们抱怨说许华根本不了解业务的要求，她的手册基本是以前合同的手册修改版，与业务要求不符。向许华提出支持的要求，她总是说那不是她的工作范围，总有理由和借口交给别人。尽管许华技术方面很强，但大家久而久之都不找她帮忙了。

这样看来，许华最重要的两项任务都完成得不好，你觉得，本部门那个“C”的名额非她莫属。

你已经与许华约好今天进行本季度的绩效面谈。同时，你还必须对她提出的培训需求做出答复。

绩效面谈案例 3：下属

你是公司市场支持部的市场支持专员，负责市场数据的支持。

你在本季度的工作计划是：

作业提示 / 参考

主要工作任务	考核标准	权重
解决应用软件中的漏洞	软件运行正常，无错误	20
向市场工程师提供数据和报告	数据准确无误，10 日内保证更新	40
指导、协助市场工程师使用市场数据库	及时反映市场工程师提出的问题，95% 以上的问题在半个工作日内解决	30
临时性工作任务		10

数据库支持是你的本行，你对数据库技术很有兴趣，也用了很多精力去学习和练习，可以说，你是部门里技术水平最高的人，这一点你的上级也同意。

本季度，你负责的数据库在技术上从没有出过问题，应用软件中的漏洞也被修正了。市场工程师提出的有关技术问题得到了解决，尽管时间未能按照考核标准实现。你认为，主要责任不在你，而在于这家公司的市场工程师使用和维护市场数据库的水平太低了。他们不按照你提供的手册去更新数据库，也不能按照手册去生产各种有用的报告，反而自己都保留着各自的数据报表。公司的上级们也不给他们压力，使其改掉旧习惯，反而有时让你做一些报表、报告类的工作。但这些都不应该由你这样的专业人员来做。

公司总部最近通知要更换新的市场数据库系统，并要举办两星期的培训，要求各国的数据库技术人员参加，你两星期前告诉了你的上级。

今天是上级约好和你进行绩效面谈的日子，你想，你的业绩虽不是部门里最好的，但也还说得过去，起码比新来的赵东和刘丽强多了。你的上级应当给你一个不错的评价。

绩效面谈案例 4：上级

你所在的公司是一家家电公司，你是公司的人资部经理李林，负责公司的人力资源管理工作。小陈是人资部的招聘专员，主要负责招聘工作。

小陈来公司也有一年多的时间了，平日里都能认真完成自己的手头工作，做事非常努力，但为人沉默寡言，与公司其他部门的人员接触较少，是个埋头苦干的角色。前一段时间，小陈给几个有岗位空缺的部门招了一些人员，就能力而言，大多比较优秀，但都存在一个问题：适应性比较慢，在工作中经常出现问题，影响了部门的整体业绩。但招聘时间和成本控制均较好。

你知道小陈是一个踏实，但不太擅长沟通且较敏感的员工，你一直希望他的努力能够见到更好的效果，也希望他正视问题，调整招聘方法，寻找合适的员工，在招聘方面能够完全独当一面，但同时又担心影响他的情绪，你在考虑用什么方式跟他进行面谈。

绩效面谈案例 4：下属

你是一家家电公司人资部的招聘专员，主要负责招聘工作。你的上级是人资部经理李林，负责公司的人力资源管理工作。

你来公司也有一年多的时间了，一直负责招聘工作。你平日里都能认真完成自己的手头工作，做事非常努力。但你为人沉默寡言，与公司其他部门的人员接触较少，是个埋头苦干的角色，你觉得只要把事情做好，人际关系和沟通都是次要的。前一段时间，你给几个有岗位空缺的部门招了一些人员，就能力而言，大多比较优秀，但部门反馈都存在一个问题：适应性比较慢，在工作中经常出现问题，影响了部门的整体业绩。但你认为，你的职责是帮企业招到优秀的员工，他们做得是否好跟你没有太大的关系，并且你完成招聘时间和成本控制都比较好。

你的经理约你进行面谈，你不知道他会给你怎样的评价。

质量评价

- 脚本完整（20%）。
- 情景模拟生动（60%）。
- 小组成员积极参与、体现团队合作（20%）。

考核评价

项目评价说明：本项目的评价主要由教师评价与组内评价构成，评价内容包含过程与结果两个部分，涉及学生知识、技能、情感等内容，结合不同评价主体特征设定具体评价内容与权重。

项目考核内容采用“1+X”方式选取，“1”是指“项目作业单”，为考核必选内容；“X”是指每个任务模块的“技能训练”，为考核可选内容。教师根据学情或分层教育等要求进行选择和权重配置，不作为项目考核内容的百分比设置为“0”或不填。

项目八　考核评价表

<table>
<tr><th>项目名称</th><td colspan="2">绩效反馈</td><th colspan="2">操作人</th><td></td></tr>
<tr><th>考核内容</th><th>评价主体</th><th>评价指标 / 分值</th><th colspan="2">评分</th><th>总计得分</th></tr>
<tr><td rowspan="4">项目作业单
（　）%</td><td rowspan="2">教师评价
（　）%</td><td>完成质量 /80 分</td><td></td><td rowspan="2"></td><td rowspan="4"></td></tr>
<tr><td>完成时效 /20 分</td><td></td></tr>
<tr><td rowspan="2">组内评价
（　）%</td><td>贡献度 /50 分</td><td></td><td rowspan="2"></td></tr>
<tr><td>参与度 /50 分</td><td></td></tr>
<tr><td rowspan="4">技能训练 8－1
（　）%</td><td rowspan="2">教师评价
（　）%</td><td>完成质量 /80 分</td><td></td><td rowspan="2"></td><td rowspan="4"></td></tr>
<tr><td>完成时效 /20 分</td><td></td></tr>
<tr><td rowspan="2">组内评价
（　）%</td><td>贡献度 /50 分</td><td></td><td rowspan="2"></td></tr>
<tr><td>参与度 /50 分</td><td></td></tr>
<tr><td rowspan="4">技能训练 8－2
（　）%</td><td rowspan="2">教师评价
（　）%</td><td>完成质量 /80 分</td><td></td><td rowspan="2"></td><td rowspan="4"></td></tr>
<tr><td>完成时效 /20 分</td><td></td></tr>
<tr><td rowspan="2">组内评价
（　）%</td><td>贡献度 /50 分</td><td></td><td rowspan="2"></td></tr>
<tr><td>参与度 /50 分</td><td></td></tr>
<tr><td>项目总评</td><td colspan="4">项目得分＝项目作业单得分 ×（　　）%＋技能训练 8－1 得分 ×（　　）%＋技能训练 8－2 得分 ×（　　）%</td><td></td></tr>
</table>

09

项目九

绩效结果应用

任务一　绩效改进

任务二　绩效结果的基本应用

项目导入

项目名称	绩效结果应用	**项目任务**	任务一　绩效改进 任务二　绩效结果的基本应用
项目描述	• 绩效评估结果在管理实践中的应用非常重要，应用是否得当会大大影响绩效管理的效果。那么，绩效评估结果在实践中有哪些应用呢？具体又应该怎么做呢？通过本项目的学习，要求熟悉不同的绩效评估结果应用方式，掌握绩效改进的基本步骤，理解绩效评估结果与其他人力资源管理模块之间的关系，培养诚实信用、守正创新的职业价值观。		
项目准备	• 1. 回顾人力资源管理各大模块的主要内容。 • 2. 和父母、长辈或者已经工作了的亲朋好友聊一聊，了解他们所在的企业是否进行了绩效考评，考评结果通常和哪些事务挂钩。		
项目期待	• 学生对项目学习的期望，学习之前写一写。		
备　　注			

任务一

绩效改进

任务导入

任务名称	绩效改进	
学习目标	知识目标	• 理解绩效改进的基本原则； • 熟悉绩效改进的实施步骤； • 掌握绩效改进方案制定的方法； • 熟悉对考评主体进行培训的常见方法。
	能力目标	• 具备绘制绩效改进表的能力； • 具备在给定背景下制定绩效改进表的能力。
	素养目标	• 从绩效改进的作用出发，形成不断提升自我的意识，形成有则改之、无则加勉的理念； • 培养个人积极进取、追求进步的职业精神。

引导案例

绩效考核完成后该做些什么？

又是一个财政年度的年末，A公司除了忙着做好今年的会计决算和来年的财政预算外，经理和员工们开始了一年一度的绩效考核。

王经理直接管理着16名员工，因此他忙于填写16份内容相差不多的绩效考核表。由于人力资源部已经催了很多次，因此他必须在周末完成这些表格。

他想到了一个好办法。他把表格发给每位员工，让员工自己打分，然后收齐后在上面签上名，再交给人力资源部。问题似乎很快就得到了解决，纸面上的工作都按人力资源部的要求完成了，人力资源部也很满意，绩效考核工作就这样“完成”了。

王经理的绩效考核工作是不是真的完成了呢？如果你是王经理的上司，你会对他的这些表现满意吗？

我相信你不会！因为他的工作完成得并不出色。

实际上，在绩效考核结束后，直线经理仍有大量的工作需要做，因为绩效考核的完成并不代表着绩效管理的结束。

对于整个绩效管理工作来说，绩效考核的完成不是整个工作的结束，而是刚刚开始。如果后期的工作不能及时跟进，不做或者没有尽心去做，那么前面的工作都是无用功。

资料来源：赵曙明，赵宜萱．绩效考核与管理：理论、方法、实务．北京：人民邮电出版社，2018.

关键知识点

绩效改进计划（Performance Improvement Planning，PIP）就是采取一系列具体行动来改进下属的绩效，包括做什么、由谁来做和何时做。绩效评估仅仅是从反光镜中往后看，而绩效改进计划是往前看，以便在不久的将来能获得更好的绩效，而不是关注那些过去的、无法改变的绩效。

一、绩效改进的原则

（一）有针对性

绩效改进计划的内容要针对员工所存在的问题，与待改进的绩效相关。如果只是泛泛地进行培训或学习，提出大致的意见，这样是无法满足绩效改进计划的要求的。

（二）有时间性

绩效改进计划的时间性主要体现在绩效改进计划中必须有起始时间和终止时间，否则无从得知改进的效果。起始时间和终止时间的确定应由管理人员和下属共同来商定。

（三）要具体化

绩效改进计划中，该做的事必须述说清楚，要非常具体。举例来说，如果与下属沟通不良是需要改进之处，则要其读一本书是要采取的行动之一，那么，特别指定阅读的书名应该列出，而不是简单地说“去读一本有关沟通的书籍”；又比如沟通能力指标需要改进，不能只是说“多与顾客沟通”，不如说“通过沟通每天至少获得五个顾客的联系方式”等。

（四）获得认同

绩效改进计划要获得参与人员的认同。绩效改进计划的制订是建立在管理者和员工双方的沟通基础之上的，只有双方都对此表示认同并致力执行，才有获得成功的基础。

二、绩效改进的实施步骤

每个人都有被他人认可的需要，当一个人做出成就时，他希望得到其他人的承认。所以，在绩效反馈时，首先应对员工在绩效期间工作表现的成绩和优点加以肯定，从而对员工起到积极的激励作用。然而，员工想要听到的不只是肯定和表扬的话，他们也需要有人中肯地指出有待改进的地方，因此，接下来可以指出员工的绩效中存在的一些不足之处，或者员工目前绩效表现尚可但是仍有需要改进的方面。主管和员工可以就绩效评估表格中的内容逐项进行沟通，在双方对绩效评估中的各项内容基本达成一致意见后再开始着手制订绩效改进计划。绩效改进的实施步骤如图 9－1 所示。

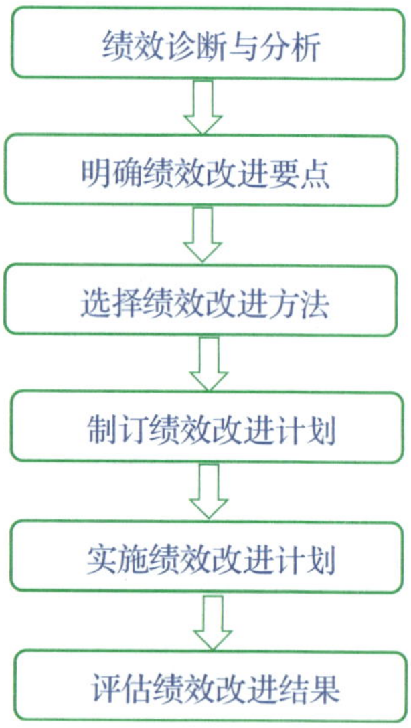

图 9－1　员工绩效改进实施步骤

（一）绩效诊断与分析

绩效诊断与分析是绩效改进过程的第一步，也是最基本的环节。在绩效面谈中，管理者和员工通过分析和讨论评价结果，找出关键绩效问题和产生绩效问题的原因，这是绩效诊断的关键任务。由于绩效具有多因性的特征，因此要快速有效地诊断绩效问题，必须对影响绩效的因素有所了解。也就是说，一个员工的绩效优劣并不是取决于单一因素，而是受制于来自主、客观方面的多种因素，并在不同情境下各类因素的影响作用各不相同。

例如，某企业引入一套新的设备，投入生产后，员工的工作绩效明显下降。经过各种调查研究和数据分析，企业发现并不是由于员工不熟悉设备致使绩效下降，而是由于员工害怕新设备提高生产率导致公司有意裁员而故意怠工。该企业通过各种沟通方法向员工解释了新设备投入使用的目的和必要性，员工排除了非正常裁员的可能性之后，员工的工作绩效才像预期的那样有所提高。由此可见，只有在充分研究各种可能的影响因素的前提下，才能够找到问题的真正所在，然后对症下药对其进行有效的管理。根据学者们的研究，诊断绩效问题通常有以下两种思路：

一是四因素法。四因素法是从知识、技能、态度和环境四个方面着手来分析绩效不佳的原因。管理者可以通过与员工一起分析下面的问题，寻找影响绩效的关键因素。

知识：员工有做这方面工作的知识和经验吗?

技能：员工具备运用知识和经验的技能吗?

态度：员工有正确的态度和自信心吗?

环境：有不可控的外部障碍吗?

二是三因素法。三因素法是指从员工、管理者和环境三方面来分析绩效问题。

在员工方面，员工所采取的行动本身不正确，工作过程中努力不够，或者因为知识、技能不足都可能导致绩效不良。而员工对组织、管理者的要求理解有误，或是目标不明确，缺乏激励，也可能是绩效不良的原因。

在管理者方面，通常对管理者的管理行为从两个方面加以分析：一是管理者做了不该做的事情，比如监督过严、施加不当压力等；二是管理者没有做该做的事情，比如没有明确工作要求、没有对员工给予及时反馈、不给员工提供指导以及教育和培训的机会等。

在环境方面，包括工作场所、团队气氛等因素，都可能对员工绩效产生影响。具体包括：工具或设备不良、原料短缺、不良工作条件（噪声、光线、空间以及其他干扰等）、同事关系、工作方法等。

上述两种方法各有特点，要想更加全面地分析绩效问题，必须结合以上两种思路，在管理者和员工充分交流的情况下，对产生绩效不良的原因达成一致意见。表 9－1 可以作为诊断绩效时的工具。

表 9－1　绩效诊断表

影响绩效的维度		绩效不良的原因	备注
员工	知识		
	技能		
	态度		

续表

影响绩效的维度		绩效不良的原因	备注
管理者	辅导		
	其他		
环境	内部		
	外部		

课堂互动

针对本学期的小组学习绩效，从不同因素层面分析，针对存在的问题提出改进措施。

（二）明确绩效改进要点

通过绩效诊断环节，发现员工需要改进的地方可能很多。员工有待发展的项目通常是指在工作的能力、方法、习惯等方面有待提高的地方，可能是现在水平不足的项目，也可能是现在水平尚可但是工作需要更高水平的项目，这些项目应该是通过努力可以改善和提高的。

一般来说，在一次绩效改进计划中应选择一项重要并且容易进行的项目事先开始，因为一个人需要提高的项目可能有很多，但不可能在短短半年或一年时间全部得到改善，所以应该有所选择。而且，人的精力有限，也只能对有限的内容进行改善和提高，如果多个问题同时着手，很可能由于压力过大而导致失败，这种情况下就存在挑选绩效改进要点的问题。

选择绩效改进要点就是综合考虑每个拟定项目所需的时间、精力和成本因素，选择用时较短、精力花费较少以及成本较低的项目，同时要争取员工的接受。

（三）选择绩效改进方法

通过上述环节对影响绩效的因素有了比较清晰的认识后，就要考虑解决问题的途径和方法。

将某项待发展或者说需要改进的项目从目前水平提升到期望水平可以采取多种形式。许多人一想到绩效改进的方法就会想到送员工参加培训，其实，除了培训之外，还可以通过许多方法提升员工的绩效，而且其中大部分方法并不需要公司进行额外的经费方面的投入，这些方法包括：征求他人的反馈意见、工作轮换、参加特别任务小组、参加某些协会组织、阅读相关的书籍、观摩他人的做法、适当调整人员分工、对工作设备和环境进行改善等。

（四）制订绩效改进计划

绩效改进计划是关于改善现有绩效的进展计划。一般绩效改进计划的主要内容包括：

（1）员工、直接上级的基本情况，计划的制订时间、实施时间；

（2）需要改进的项目；

（3）需要改进和发展的原因，可包含上期的得分和对该问题的描述或解释；

（4）改进之后要达到的目标，可以描述成之后的评价得分要求；

（5）绩效改进措施，包括责任人、改进需要的时间、需要的帮助和资源等。

表9－2为绩效改进表示例。

表9－2 绩效改进表

员工姓名：________ 职位：________ 所属部门：________

主管姓名：________ 职位：________ 制订计划时间：________

需要改进的项目	需要改进的原因	目前水平	期望水平	发展措施	所需资源	责任人	评估时间

值得注意的是，绩效改进计划要明确项目的评估期限。工作的能力、方法、习惯等方面的提高是一项长期的任务，须在一个较长时间段中才能得到准确评估。员工需要一个宽松、稳定的环境，不应增加太多的管制。因此，如果评估周期过短，有可能造成员工的逆反心理，这样不但分散了员工的精力，影响工作进度，还有可能使员工疲于应付评估，使得评估效果适得其反。所以建议将评估周期设定为半年到一年，这样安排也可以与企业半年或年终总结相衔接。

与此同时，还要列出发展所需的资源，“工欲善其事，必先利其器”，要落实绩效改进计划，必须要有必要的资源支持。这些资源包括工作任务的分担、学习时间的保证、培训机会的提供、硬件设备的配备等。在这方面，主管人员一定要统筹安排，提供帮助，尽量为员工绩效的改进创造良好的内外环境。

此外，还要进行正式的签约，签订绩效改进计划。当人们亲身参与了某项决策的制定过程并做出了公开的表态，他们一般会倾向于坚持立场，并且在外部的力量作用下也不会轻易改变。因此，在制订绩效改进计划的过程中，让员工参与计划的制订，并且签订非常正规的绩效改进契约，也就是让员工感到自己对绩效改进计划中的内容是做出了很强的公开承诺的，这样他们就会倾向于坚持这些承诺，履行自己的绩效改进计划。如果员工的计划只是口头确定，没有进行正式签字，那么就很难保证他们会坚持这些承诺。

（五）实施绩效改进计划

在制订了绩效改进计划之后，管理者还应该通过绩效监控和沟通实现对绩效改进计划实施过程的控制。这个控制的过程就是监督绩效改进计划是否能够按照预期的计划进行，并根据员工在绩效改进过程中的实际工作情况，及时修订和调整不合理的改进计划。管理者应该督促员工实现绩效改进计划的目标，并且主动与员工沟通，了解员工在改进过程中是否遇到了什么困难和障碍，需要管理者提供什么样的帮助。

（六）评估绩效改进结果

绩效改进计划作为绩效计划的补充，同样需要评价和反馈。绩效改进计划开始于上一个绩效评价周期的结束，结束于下一个绩效周期的开始。绩效改进计划的完成情况反映在员工前后两次绩效评价中得到的评价结果中，如果员工在前后两次绩效评价中得到的分数有显著提高，那么就可以在一定程度上说明绩效改进计划取得了成效。

评估过程中，可以采用四层次评估模型，从反应、学习、行为、结果四个方面展开。以销售员的服务态度为例，“反应”可以指接受改进计划的销售员认为关于礼仪相关培训是否满意、是否有效等；“学习”可以指其沟通技巧的掌握情况；“行为”可以指其工作中是否开始运用学到的技巧、行为有没有变化；“结果”可以是指其绩效差距是否因此而缩小。

案例评析

对于绩效考核差的员工如何进行绩效结果应用

深圳某高新技术企业 M，是以研发为主导的公司。公司绩效考核采取“末位淘汰”方式，公司会与考核不合格的员工，解除劳动合同。2019 年 4 月，研发部张经理给人力资源部提交本季度考核成绩最差的员工名单，人力资源部按照公司的要求劝退部分员工，同时，人力资源部又开始了研发人员招聘工作，并最终完成招聘工作。6 月份，研发部反馈本次招聘人员无法胜任本职工作，要求辞退新入职员工。这就意味着，7 月份的考核辞退员工后，研发人员缺口会更大。短短半年时间，研发部更换了一半人员，给人力资源部、研发部都带来了很大压力。研发部经理很困惑，公司的“末位淘汰”的考核方式是否合适？请结合本案例，分析对于绩效考核差的员工如何做好绩效结果运用。

本案例中，公司绩效考核采取“末位淘汰”的方式，绩效结果的运用只与员工的劳动关系挂钩（解除劳动合同、辞退员工），这样是不合适的。这样会由于硬性的人员淘汰，导致人员缺乏培训，难以积累经验。对于绩效考核差的低绩效员工，应该制订相应的绩效改进计划。

（1）研发部门经理应与低绩效员工进行沟通，制订详细的绩效改进计划，要有时间界限。

（2）通过培训提高员工的工作能力，如果这些员工在规定的时间内还达不到目标，便可以辞退他们。这种做法，既能够提升部门和组织的绩效，也能够保证公司对员工处理的规范化、合法化。

（3）与相关员工进行定期沟通，包括制订部门绩效计划，以及绩效结果反馈，让员工参与整个的考核过程。

资料来源：钟鑫，刘莉．绩效管理：理论与应用．成都：西南财经大学出版社，2020.

技能训练

任务名称	制作绩效改进表
训练目标	• 进一步认识绩效改进的意义，强化表格设计的规范性、合理性；培养良好的沟通能力和分析问题、解决问题的能力。
训练内容	• 根据以下背景，完成绩效改进计划表的制作： • 刘先生是 A 公司的销售主管，在 20×× 年的考核中，他顺利完成了公司给他下达的销售业绩指标，但工作中还存在着一些问题：一是以前不在这个行业工作，对本领域的专业知识还不够熟悉，有时客户咨询相关的问题时难免捉襟见肘（7 分）；二是在与客户沟通时不太善于倾听，对客户深层次的需求理解不够（7.5 分）；三是对自己的主管角色认识不够清晰，常常事必躬亲，不善于向下属授权（6.5 分）；四是在处理事情的轻重缓急方面不是很合理，常常忙得一团糟而任务还是积压（6 分）。针对这种现状，请你帮助刘先生一起制订绩效改进计划。
质量评价	• 表格结构合理、要素齐全（30%）。 • 内容描述准确、符合实际（50%）。 • 语句通顺、格式规范（20%）。
成果摘要	

任务二 绩效结果的基本应用

任务导入

<table>
<tr><td>任务名称</td><td colspan="2">绩效结果的基本应用</td></tr>
<tr><td rowspan="3">学习目标</td><td>知识目标</td><td>• 了解绩效结果应用的意义；
• 理解绩效结果与薪酬管理、人事调整、员工发展等的关系。</td></tr>
<tr><td>能力目标</td><td>• 具备能够清晰地说明绩效结果在各个人力资源管理其他模块中如何应用的能力。</td></tr>
<tr><td>素养目标</td><td>• 通过理解绩效评估结果应用的原则与方式，形成能者上、优者尖、庸者下、劣者汰的指导思想，树立和践行正确绩效观。</td></tr>
</table>

引导案例

某企业的绩效管理

某企业的绩效管理主要采用以下步骤和方法：

第一步，对于部门主管以上领导干部，年终由主管领导召集其下属员工开会。共同听取其述职报告，再由员工及上级领导根据其一年来的表现填写“年度领导干部考核评议表”。该表汇总后将分数按“领导、部门内同事、下属”(2∶3∶5的权重)加权平均得出总分。

第二步，全体员工共分四组排序：一般员工、主管、部门经理、高层领导。每组按考评结果分五个等级，每一等级所占比例如表9-3所示。

表9-3　考评等级比例表

等级	A	B	C	D	E
比例	10%	30%	54%	5%	1%

第三步，考评结果运用：A等级范围的人有机会获得晋升，而E等级的将被淘汰或降级。

你觉得该案例中的绩效考评存在哪些问题呢？

关键知识点

一、绩效结果与薪酬管理

一般而言，为了强调薪酬的公平性并发挥薪酬的激励作用，员工的薪酬中都会有部分与绩效挂钩。如何有效地发挥薪酬的激励作用，寻求绩效管理与薪酬管理有机结合的方式是企业人力资源管理的一个重要课题。

（一）绩效工资的计算

绩效工资是在基本工资中与绩效有关的工资，这部分工资收入是以员工的当期绩效表现为依据计算并一次性发放的。例如，有些企业对业务类岗位进行薪酬设计的时候将工资划分为基本工资和绩效工资两个部分，其中绩效工资占 30%，这就意味着，如果是 8 000 元的工资，那么其中的 2 400 元是根据其考核结果进行计算并发放的。

微课

绩效结果与薪酬管理

（二）固定薪酬的调整

当员工由于综合能力的提高而就职于高一级别的职位时，其固定工资将随之增加；而在本职工作上，如员工能不断提高工作绩效，也将有可能获得比上一级别的人员更高的工资。例如，某公司员工实行宽带薪酬，同一薪酬等级内部也有较大的薪酬差异，当某位员工获得公司规定的条件后，就可以在固定薪酬上获得提升。

值得注意的是，绩效工资是根据每个评价周期的绩效结果进行的一次性加薪或减薪；而根据绩效结果进行的固定薪酬的调整则是累计式地对基本工资进行调整，也就是在原基本工资水平的基础上加薪或减薪，从而形成下周期或年度的基本工资水平，因此其造成的影响会更加深远。表 9－4 是绩效工资与固定薪酬调整对薪酬增长影响的比较。

表 9－4　绩效工资与固定薪酬调整对薪酬增长影响的比较

以 2020 年员工 A 的基本工资额 8 000 元为例（计算结果取整数）：

加薪幅度（%）	绩效工资（元）	固定薪酬调整（元）
2020 年年底加薪幅度：6%	获得加薪量：8 000 × 6%=480 支付总额：8 000+480=8 480	获得加薪量：8 000 × 6%=480 支付总额：8 000+480=8 480
2021 年该员工的基本工资额	8 000	8 480
2021 年年底加薪幅度：8%	获得加薪量：8 000 × 8%=640 支付总额：8 000+640=8 640	获得加薪量：8 480 × 8%=678 支付总额：8 480+678=9 158
2022 年该员工的基本工资额	8 000	9 158
两次加薪后基本工资增加额	0	1 158

课堂互动

绩效工资与固定薪酬调整对薪酬增长的影响有什么不同？

除此以外，绩效结果也会用于奖金分配、长期激励计划等形式。

在绩效结果应用到薪酬机制的过程中，要注意以下问题：

（1）员工必须认为报酬是有价值的，符合所期望的。如果报酬不符合员工的期望，会影响激励的效果。比如随着人们越来越趋于改善物质生活条件、有关荣誉称号受欢迎的程度明显减弱等；当报酬高到超过一定的水平后，也会失去激励效应。

（2）报酬必须与工作的所有重要方面联系起来。如果报酬只是与利润或者收入挂钩，质量、客户方面的指标就会被忽视。很多企业在这方面不得要领，常常疑惑为什么质量、客户类的指标难以实现，其实大多数原因在于报酬与这些指标没有联系。变通的做法是将薪酬与分数或分类相联系，以保证整个绩效结果与报酬的完整联系。

（3）员工必须看到报酬与绩效结果是联系在一起的，也就是有关薪酬激励计划应当公开而且容易理解，便于员工看到绩效结果与报酬之间的关系，如果员工不理解这样的关系，那么计划的激励作用就大打折扣了。

（4）员工必须知道报酬量与他们的努力付出是相称的，这种相称有时取决于对绩效结果的沟通，不能排除主观因素的影响。

（5）在期望的绩效目标实现时，必须立刻把报酬付给员工，不要失约，只有及时兑现奖励，报酬对行为的影响才是最大的。所以有的单位实行季度性或月度性的奖金分配制度，在绩效结果与预期进度保持一致时就予以激励，以使员工保持工作激情。

二、绩效结果与人事调整

微课

绩效结果与人事调整

人事调整主要是指根据员工绩效考核结果的优劣，组织对该员工进行职位晋升、职位降低、职位调动以及解雇的调整。

（一）职位晋升

晋升是通过内部选拔得到职位提升，利用考评结果，需要注意程序和方法的科学性。企业在发展过程中，因业务扩大或原有职位的员工离职而产生职位空缺时，内部选拔和招聘往往是企业补充人才空缺的重要途径。选拔往往表现为职位的晋升或薪资的增加，相应地，被选拔者所承担的责任也增大，对所需的知识、经验、技能的要求也更高。在内部选拔和招聘的过程中，绩效结果发挥着举足轻重的作用。

很多企业常常将其中的业绩考核结果作为人才选拔的先决条件，以鼓励员工创造出更高的业绩。但是如果仅凭业绩高低选拔人才，企业可能会陷入彼得推论中。彼得指出，每一个职工由于在原有职位上工作成绩表现好（胜任），就将被提升到更高一级职位；其后，如果继续胜任则将进一步被提升，直至到达他所不能胜任的职位。由此导出的彼得推论是，“每一个职位最终都将被一个不能胜任其工作的职工所占据。层级组织的工作任务多半是由尚未达到不胜任阶层的员工完成的。”例如，一名称职的教授被提升为大学校长后，却无法胜任；一位优秀的运动员被提升为主管体育的官员，而无所作为。

业绩是过去行为的结果，业绩优秀表明该员工胜任现在的工作职位，但并不一定能证明他有能力胜任将要被任命的工作职位。因此在人才选拔的过程中，绩效结果中的能力指标和态度指标的评估分数也是选拔的制约条件。

（二）职位降低

在一个企业里，绩效优秀的员工可以升职，绩效低劣的员工也可以被降职。职位降低是把某位绩效低劣的员工调到低一级职位或保留原来职位而降低等级，由此，工资也会相应降低等级。一个人被降职时，通常会情绪激动，在同事中失去自尊，感到尴尬、愤怒和失望，其工作绩效可能会进一步降低。所以，企业在使用降职时通常应更加谨慎。一般来说，这种人事调动是以绩效结果为依据的，也是公正、合理、理所当然的，但是，人力资源部门在进行降职决定时也应该注意方式方法，事先征求当事人的意见，应该充分肯定当事人为企业所做的贡献，努力维护当事人的自尊，并说明晋升通道是永远畅通的，只要他在今后的工作中表现优秀，符合晋升条件，还有机会被提拔上来。这样，我们就可以在企业里营造一种员工能上能下、能降能升的良好工作氛围，真正达到通过绩效来激励员工努力工作的理想效果。

（三）职位调动

职位调动是指企业内员工的横向移动。调动可以由人力资源部门提出，也可以由员工提出申请。调动可以满足以下几种目的：第一，可以满足企业调整组织结构的需要。绩效评估可以反映出组织机构设置的效率。当组织机构不合理，影响整体运营效率时，企业就可以考虑对组织机构进行调整，相应地进行人员调动。第二，有利于优化人力资源配置，将合适的人调配到合适的岗位上。对于工作绩效总是表现一般的员工，也许换个岗位更有利于发挥他的潜能，在另一个岗位上，他的工作绩效可能会很出色。第三，有利于缓解紧张的人际关系给员工绩效带来的压力。

有的企业在实施绩效考核制度时，片面重视个人的绩效和能力，员工们为了个人绩效而互相排挤，尤其是在实行末位淘汰制的企业，人人自危，团队合作精神十分淡薄，员工关系十分紧张，有的人换个环境后可能绩效表现会更好。

（四）解雇

解雇就是淘汰企业中无法完成预期绩效目标或者表现出拙劣绩效水平的员工。常用的解雇员工的办法是末位淘汰制。随着市场竞争的加剧，末位淘汰制在全球企业界被普遍采用，包括高盛、微软、惠普等企业。越来越多的国内企业也开始采用末位淘汰这一方法。

但是，末位淘汰在实际运用中也有许多负面效应。第一，由于员工对末位淘汰制的误解，可能导致内部过度竞争，部门之间、个人之间不合作。例如，为避免教会徒弟、淘汰师傅，老员工不愿意“传帮带”新员工。第二，经验不足，导致操作过程的不公平。例如，有的企业通过员工互评来产生“末位员工”，留下了平庸的老好人，淘汰了有潜力的但不注意人际关系的“棱角分子”。第三，强制性的末位淘汰容易使员工人心惶惶，难以产生归属感和主人翁责任感，更不可能产生献身精神，因此员工的忠诚度很低。第四，企业实施末位淘汰制以后，对绩效差的员工直接淘汰，容易忽略员工的在职培训，从市场上招聘来的新员工可能又难以满足企业的需要，这样，企业可能会陷入“淘汰—招聘—再淘汰”的恶性循环，人力资源开发不足最终可能导致人力资源的长期匮乏。第五，新员工被招聘进来之后，往往并不能马上适应工作，工作绩效与老员工相比可能差距很大，新员工的绩效损失加上原来被淘汰员工的补偿，企业的实际管理成本会有所上升。

课堂互动

一些企业采用末位淘汰制进行员工的管理，你是怎么看待这种方式的优缺点的？

三、绩效结果与员工发展

微课

绩效结果与员工发展

（一）员工培训与开发

首先，绩效评估为人力资源培训与开发提供了针对性。要使人力资源培训与开发发挥应有的作用，必须要有针对性。即应针对员工的薄弱环节，使其能够获得急需的知识和技能。而要了解员工的优势和劣势，就必须通过对员工个人的绩效评估来获得，绩效结果为人力资源培训与开发提供了依据。通过对员工的绩效考评，主管可以发现员工在培训和发展方面不同的需要。例如，若某位员工的工作要求其具有较强的写作技能，而其考评只得到了一个勉强合格的评价，那么就应对其在书面交流方面进行额外的培训。如果人力资源经理发现，许多基层主管在管理纪律方面存在困难，那么就应建议在培训期间谈谈这个问题。通过识别那些对业绩有不利影响的缺陷，人力资源和直线管理人员有能力制定出人力资源发展方案，以帮助员工发挥优点、克服缺点。一种绩效评估制度并不能保证员工会得到适当的培训和发展，但当评估结果值得参考时，对于确定培训和发展需要的任务是有帮助的。

其次，人力资源培训与开发的效果可以通过绩效评估来判定。人力资源培训与开发主要是通过提高员工的工作技能，来提高他们的工作绩效。因此，检测人力资源培训与开发的效果如何，就可以通过绩效评估来判定。这样加强了对企业培训开发活动的管理，有助于提高培训开发活动的质量，也使企业的人力资本投资取得更大收益。

（二）职业生涯规划

将绩效结果与员工职业生涯规划有机结合，有助于实现员工和组织的同步成长和发展。将员工的个人职业发展纳入组织管理中，达到部门人力资源需求和职业生涯需求之间的平衡，将为员工的发展提供和谐、高效的工作环境。

职业生涯的发展是组织吸引和留住员工的重要手段。人力资源部门应该根据员工自身特点为其量身定做职业生涯发展规划，并且与员工定期保持联系以便及时对计划进行修正，确保员工职业生涯的成功。例如，人力资源部门可以依据绩效结果对员工进行横向工作岗位轮换，扩大和增加工作内容，为员工提供学习和发展的机会，做到人尽其才，人尽其用，极大地调动员工工作积极性。另外，人力资源部门还应针对不同员工采取不同的职业发展规划，例如对于优秀员工应该给予晋升和转聘，对于一般员工应该给予全面的绩效改进和提升计划，对于具有潜力的员工应该为其制定较为长远的职业规划，比如工作轮岗。

案例评析

A公司的绩效结果应用

A公司是一家有九年历史的人力资源管理公司，经过多年建设、改革与发展，已经成为河北省范围内网络覆盖最广、经营规模最大、运营最规范、最具品牌影响力和专业解决能力的人力资源服务公司。以“招聘—培训—人事外包”为主线的人力资源业务流程外包产品、以“培训—咨询—培训”为主线的人力资源管理咨询产品和以“代理代维—IT服务—物业服务”为主线的业务（项目）流程外包产品，正在成为A公司的主流服务产品。

在公司快速发展的过程中，A公司建立了一套符合公司发展的绩效管理体系。近期，年度考核正在如火如荼地进行中。B部门经理按照人力资源部下发的2012年年度绩效考核方案，以各级员工的岗位职责为依据，结合公司年度整体战略目标和部门重点工作，与员工沟通后制定了部门各级人员的KPI考核卡，对本部门员工进行了考核。考核成绩是：优秀1名、良好2名、称职5名，成绩汇总后报至人力资源部。根据A公司的考核制度关于考核结果的运用规定，被评为优秀的员工，基本工资将上调一级，并获得外派培训的机会，同时，如果该名员工在历次考核中均表现优秀，可自行申请职务晋升，公司将优先给予晋升。

附：A公司的绩效考核办法中绩效考核结果运用部分

4.9　绩效考核结果的运用

4.9.1　奖励

4.9.1.1　公司根据各部门及员工的绩效考核结果，依据《奖金管理办法》中规定的计算办法，核算员工绩效奖金，并进行发放。

4.9.1.2　对于半年、年度考核被评为“优秀”的员工，基本工资上调一级；年内两次考核均被评为“良好”的员工，基本工资上调一级。

4.9.1.3　对于历次考核中表现“优秀”的员工，可申请职位晋升，公司优先给予晋升机会。

4.9.1.4　对于年终考核被评定为优秀的员工，公司给予优先外出培训的机会。

4.9.1.5　公司从多方面对员工的表现给予多样化的奖励，鼓励员工全面发展。例如，设立单项奖奖励，年底设立销售状元奖、最佳客户服务代表奖、合理化建议奖、最具创新奖、学习标兵奖、优秀团队奖等多种单项奖，分别给予各种形式的奖励。

4.9.2　处罚

4.9.2.1　对于半年考核被评为“基本称职”的员工，基本工资下调一级。

4.9.2.2　对于全年考核被评为“基本称职”的员工，年终奖奖金减免。

4.9.2.3　对于考核评价为“基本称职”的员工，由部门经理监督其改善绩效，在下阶段的考核中进行跟踪评价，如连续两次被评为“基本称职”，视同为不称职。

4.9.2.4　对于年内两次考核均被评为“基本称职”的员工、考核被评为“不称职”的员工，实行待岗培训或转岗，经培训或转岗后仍不能胜任工作的员工，公司依法与其解除劳动合同。

4.9.2.5　未经公司审批同意，不参加考核的员工不发放绩效奖金。

资料来源：沈丽，勾景秀．绩效管理．北京：中国人民大学出版社，2013.

素养提升

ZY公司是改制企业，原来是国有建筑设计院，后改制为骨干员工持股的有限责任公司。公司改制后发展很快，员工收入得到较大增长，但公司发展也面临着隐忧。主要问题是项目质量越来越得不到保证，客户经常抱怨项目质量问题，有些设计人员屡次犯同样的错误，虽然每次会议都提到改善设计质量问题，但一直没有明显改观。

公司发展得益于市场的快速发展，同时得益于良好的激励机制，公司对业务骨干以及绩效突出者给予丰厚奖励，也制定了项目质量责任追究制度。在制度执行过程中，在奖励方面做得很到位，严格按照制度规定执行；但在质量问题处理上，从来没有真正处罚过个人，都是提出批评，没有在经济上进行处罚。造成这种现象的原因一方面是原事业单位企业文化特点，另一方面也与现任总经理倡导的人性化管理风格有关。

以上案例就是组织信用出现问题的典型例子。组织信用出现问题的后果很严重，会给组织带来严重损害，组织信用恢复也不是很容易的事情。商鞅“徙木立信”就是建立组织信用的很好的例证。

战国时期为改变秦国封闭、贫穷、落后的状况，秦孝公力排众议，大胆启用来秦国游学的士子卫鞅（商鞅）推行变法（废井田、开阡陌）。然而由于以往施政者留下的弊端，老百姓对施政者的言行不信任，使卫鞅的改革面临很大的困难。于是卫鞅便在栎阳城中立一长木，宣称只要将此木搬到北门，便可重赏。由于百姓不相信施政者的话，很久都无人问津。卫鞅只好将赏金不断上浮，由十金增力到一百金。这时候一位叫山甲的青年，因老父病重无钱医治，抱着将信将疑的心态将长木搬到了北门，结果分毫不少地得到一百金。事后，老百姓对施政者的信任大大增强，卫鞅的变法得到较快推进。

由此可见，维护组织信用对激励机制发挥作用是非常重要的，组织信用一旦丧失，会给组织带来严重损害，因此管理者一定要言必行、行必果。一方面，管理者承诺的奖励事项一定要如期兑现，不能打折扣，有些企业老板在员工业绩大大超预期情况下，会以各种理由折减员工相应的奖励，其实这是非常不可取的；另一方面，在处罚员工方面，也不能太碍于情面，经常对员工网开一面，长此以往，惩罚就不会对员工起到警示作用了。

资料来源：赵国军．绩效管理：理论与应用．北京：化学工业出版社，2016.

技能训练

任务名称	学生综合测评结果应用分析
训练目标	• 进一步熟悉绩效评估结果与人力资源管理其他模块如招聘、选拔、薪酬、人力资源规划等内容的关系，理解事物的相互联系性；形成团队合作意识，培养良好的沟通能力和分析问题、解决问题的能力。
训练内容	• 学生综合测评结果的应用分析： 学校每年都会对学生进行综合测评，这与企业绩效管理中的年度考评相似。综合测评结果会应用在学生管理的各个方面。结合自身经历，回答： 1. 本校的综合测评结果主要应用在哪些方面？ 2. 你认为现有的综合测评结果应用是否存在某些缺陷？具体说说看。
质量评价	• 结果应用阐述全面准确（40%）。 • 提出的问题有效，理由充分（40%）。 • 小组成员积极参与、体现团队合作（20%）。
成果摘要	

项目作业单

<table>
<tr><td>作业名称</td><td>《绩效管理制度》撰写（四）</td></tr>
<tr><td>作业说明</td><td>• 绩效管理制度共包含总则、考核组织与职责、绩效考核内容、绩效考核实施、绩效反馈、绩效结果应用、附则等七项内容，本次作业为撰写其中的一部分内容。根据项目匹配的分块内容完成后，即构成完整的绩效管理制度。</td></tr>
<tr><td>作业目的</td><td>• 进一步理解绩效反馈与绩效评估结果的基本应用；树立事物相互联系的理念，培养良好的文字能力、细致踏实的工作作风及精益求精的工匠精神，强化职业认知。</td></tr>
<tr><td>作业内容</td><td>• 参照组织绩效管理制度的撰写，完成小组“绩效管理制度”的“绩效反馈”“绩效结果应用”“附则”三部分内容的撰写；“绩效反馈”包含反馈面谈、绩效申诉；“绩效结果应用”主要为绩效评估结果在人力资源管理各个模块上的应用；“附则”部分说明文件制定、批准及解释权归属等。</td></tr>
<tr><td>作业提示／参考</td><td>• 某企业绩效管理制度撰写参考：
第五章　绩效反馈
14　反馈面谈
14.1　绩效考核工作完成之后，各级主管须通过绩效面谈的形式对其下属员工在考核周期内的工作业绩及工作表现等进行回顾、总结、评价和确认，同时确定下一周期的目标。
14.2　综合管理部考核负责人员应对各部门的绩效面谈提供相应的技术支持，解决与协调绩效面谈中遇到的问题。
15　绩效申诉
15.1　员工对绩效考核结果持有异议的，可以实名书面形式向综合管理部提出绩效申诉。
15.2　综合管理部是绩效申诉的协调处理机构。在收到员工绩效申诉后，综合管理部开展调查取证，并应在 3 个工作日内将处理结果反馈给申诉人。绩效申诉书不完整或缺少客观事实依据的，综合管理部可不予受理。
15.3　若发现考核者在考核过程存在不公平行为或数据弄虚作假的，一经查实，可采取相应的处罚措施。
第六章　绩效结果应用
16　绩效奖金
年度绩效考核结果作为员工绩效奖金发放的直接依据。具体计算方式如下：
……
第七章　附则
22　本制度是绩效考核工作的指导性文件，由综合管理部制度，经公司领导核准后实施。
23　本制度最终解释权归综合管理部所有，自发布之日起实施。</td></tr>
<tr><td>质量评价</td><td>• 结构合理、要素齐全（40%）。
• 内容描述准确、符合实际（40%）。
• 语句通顺、格式规范（20%）。</td></tr>
</table>

考核评价

项目评价说明：本项目的评价主要由教师评价与组内评价构成，评价内容包含过程与结果两个部分，涉及学生知识、技能、情感等内容，结合不同评价主体特征设定具体评价内容与权重。

项目考核内容采用“1+X”方式选取，“1”是指“项目作业单”，为考核必选内容；“X”是指每个任务模块的“技能训练”，为考核可选内容。教师根据学情或分层教育等要求进行选择和权重配置，不作为项目考核内容的百分比设置为“0”或不填。

项目九　考核评价表

<table>
<tr><th>项目名称</th><td colspan="2">绩效结果应用</td><th colspan="2">操作人</th><td></td></tr>
<tr><th>考核内容</th><th>评价主体</th><th>评价指标 / 分值</th><th colspan="2">评分</th><th>总计得分</th></tr>
<tr><td rowspan="4">项目作业单
（　）%</td><td rowspan="2">教师评价
（　）%</td><td>完成质量 /80 分</td><td></td><td rowspan="2"></td><td rowspan="4"></td></tr>
<tr><td>完成时效 /20 分</td><td></td></tr>
<tr><td rowspan="2">组内评价
（　）%</td><td>贡献度 /50 分</td><td></td><td rowspan="2"></td></tr>
<tr><td>参与度 /50 分</td><td></td></tr>
<tr><td rowspan="4">技能训练 9－1
（　）%</td><td rowspan="2">教师评价
（　）%</td><td>完成质量 /80 分</td><td></td><td rowspan="2"></td><td rowspan="4"></td></tr>
<tr><td>完成时效 /20 分</td><td></td></tr>
<tr><td rowspan="2">组内评价
（　）%</td><td>贡献度 /50 分</td><td></td><td rowspan="2"></td></tr>
<tr><td>参与度 /50 分</td><td></td></tr>
<tr><td rowspan="4">技能训练 9－2
（　）%</td><td rowspan="2">教师评价
（　）%</td><td>完成质量 /80 分</td><td></td><td rowspan="2"></td><td rowspan="4"></td></tr>
<tr><td>完成时效 /20 分</td><td></td></tr>
<tr><td rowspan="2">组内评价
（　）%</td><td>贡献度 /50 分</td><td></td><td rowspan="2"></td></tr>
<tr><td>参与度 /50 分</td><td></td></tr>
<tr><td>项目总评</td><td colspan="4">项目得分＝项目作业单得分 ×（　　）%＋技能训练 9－1 得分 ×（　　）%＋技能训练 9－2 得分 ×（　　）%</td><td></td></tr>
</table>

参考文献

［1］赵曙明，赵宜萱．绩效考核与管理：理论、方法、实务．北京：人民邮电出版社，2018.

［2］胡君辰，宋源．绩效管理．成都：四川人民出版社，2008.

［3］刘秀英．绩效管理．2 版．杭州：浙江大学出版社，2017.

［4］李文静，王晓莉．绩效管理．3 版．大连：东北财经大学出版社，2015.

［5］张倜，绩效考评．2 版．北京：电子工业出版社，2010.

［6］沈丽，勾景秀．绩效管理．北京：中国人民大学出版社，2013.

［7］钟鑫，刘莉．绩效管理：理论与应用．成都：西南财经大学出版社，2020.

［8］顾英伟．绩效管理．北京：电子工业出版社，2006.

［9］郑芳．资深 HR 手把手教你做：绩效管理．天津：天津科学技术出版社，2017.

［10］付亚和，许玉林．绩效管理．上海：复旦大学出版社，2006.

［11］杨明娜，绩效管理实务．北京：中国人民大学出版社，2008.

［12］李业昆．绩效管理系统研究．北京：华夏出版社，2007.

［13］黄维德．人力资源管理．上海：上海财经大学出版社，2006.

［14］王树印．人力资源管理．北京：北京邮电大学出版社，2012.

［15］胡久贵，苏元章．人力资源管理．长春：吉林大学出版社，2016.

［16］姚月娟，王克勤．人力资源管理．大连：东北财经大学出版社，2014.

［17］刘秀英．绩效管理实训．杭州：浙江大学出版社，2016.